澳大利亚青少年体育发展构架及人才队伍建设研究

——国家体育总局2017年精英教练员双百计划业余训练教练员赴澳大利亚培训班成果汇编

国家体育总局干部培训中心　编

北京体育大学出版社

策划编辑：吴　珂
责任编辑：田　露
责任校对：韩培付
版式设计：杨　俊

图书在版编目（CIP）数据

澳大利亚青少年体育发展构架及人才队伍建设研究：国家体育总局2017年精英教练员双百计划业余训练教练员赴澳大利亚培训班成果汇编 / 国家体育总局干部培训中心编. -- 北京：北京体育大学出版社, 2021.3
ISBN 978-7-5644-3374-1

Ⅰ.①澳… Ⅱ.①国… Ⅲ.①青少年－体育工作－中国－文集 Ⅳ.①G812.45-53

中国版本图书馆CIP数据核字(2020)第171318号

澳大利亚青少年体育发展构架及人才队伍建设研究
AODALIYA QINGSHAONIAN TIYU FAZHAN GOUJIA JI RENCAI DUIWU JIANSHE YANJIU
国家体育总局干部培训中心　编

出版发行：北京体育大学出版社
地　　址：北京市海淀区农大南路1号院2号楼2层办公B-212
邮　　编：100084
网　　址：http：//cbs.bsu.edu.cn
发 行 部：010-62989320
邮 购 部：北京体育大学出版社读者服务部 010-62989432
印　　刷：唐山玺诚印务有限公司
开　　本：710 mm × 1000 mm　　1/16
成品尺寸：170 mm × 228 mm
印　　张：22
字　　数：345千字
版　　次：2021年3月第1版
印　　次：2021年3月第1次印刷
定　　价：98.00元

前　言

为加强我国高素质教练员队伍建设，特别是优秀体育后备人才教练员队伍建设，有效提高我国青少年训练水平，培养一批具有创新思维、国际视野的领军型教练，积极学习澳大利亚青少年训练的最新成果，国家体育总局于2017年10月15日至11月4日举办“2017年精英教练员双百计划业余训练教练员赴澳大利亚培训班”。

本次培训班共有学员25名，由省、市各级体校教练员和相关管理人员组成，执教项目涵盖田径、射击、短道速滑、篮球、艺术体操、跆拳道、举重、排球、单板滑雪、赛艇、武术等11个项目。北京体育大学夏伦好副校长担任团长。

本次培训在澳大利亚悉尼、墨尔本展开，学习课程主要涉及精英运动员培养、青少年体育评估与监控、睡眠对青少年运动员运动表现的影响、青少年运动员心理辅导、澳大利亚教育与体育的有机结合、青少年运动员选材等方面。

为了将此次培训成果进行交流和宣传，并向有关职能部门提供咨询参考，我们将学员培训总结、课堂记录、经验交流编辑成集。在本书的编辑过程中，得到了国家体育总局青少司、人事司以及北京体育大学领导的关心和重视，并且得到了北京体育大学出版社的大力支持，在此一并致以衷心感谢。

由于水平有限，书中不当之处在所难免，敬请读者批评、指正。

目　录

学习成果与培训总结

专家讲课记录

科研成果交流

收获满满，学以致用

——国家体育总局2017年精英教练员双百计划业余训练教练员赴澳大利亚培训班总结

吴冀　许浒

全体学员悉尼大学合影

改革开放以来，在党和国家的高度重视和坚强领导下，我国竞技体育运动取得了举世瞩目的成就，体育人才资源成为推动我国体育事业科学发展的第一资源。为贯彻落实《2011—2020年奥运争光计划纲要》和《全国体育人才发展规划

（2011—2020年）》文件精神，使我国竞技体育可持续性发展，加强我国高素质教练员队伍建设，有效提高我国青少年训练水平，培养一批具有创新思维、国际视野的领军型教练，根据国家体育总局2017年培训工作计划，并经国家外国专家局批准立项，由国家体育总局青少司和人事司主办，国家体育总局干部培训中心承办的国家体育总局2017年精英教练员双百计划业余训练教练员赴澳大利亚培训班于2017年10月12日至11月4日顺利开展。现将培训班的学习情况与收获总结如下。

一、培训班概况

（一）培训班人员组成

本次培训班的学员是来自各省、市体校的教练员，共有学员25名，所执教的项目有田径、射击、短道速滑、篮球、艺术体操、跆拳道、举重、排球、单板滑雪、赛艇、武术等11个项目。其中，国家级教练员1名，高级职称教练员11名，中级职称教练员9名（见表1）。

表1　学员名单

姓名	性别	工作单位	职务/职称	团内分工
夏伦好	男	国家体育总局干部培训中心	副主任	团长
陈可奇	女	国家体育总局人事司	主任科员	学员
郭子龙	男	国家体育总局人事司	主任科员	学员
许　浒	男	国家体育总局教练员学院	助理研究员	后勤组长
吴　冀	男	河北省体育局田径运动管理中心	国家级教练员	教研组长
段锐波	男	北京市什刹海体育运动学校	中级教练员	学员
于　炜	男	山西省射击射箭运动管理中心	中级教练员	学员
崔　松	男	吉林省体育运动学校	中级教练员	学员
杨美贞	女	黑龙江省冬季运动项目 后备人才训练中心	高级教练员	学员
王颖毅	男	上海市体育运动学校	高级教练员	学员
温晓军	男	安徽省体育运动学校	中级教练员	学员
周志琴	女	福建省青少年体育学校	高级教练员	学员

续表

姓名	性别	工作单位	职务/职称	团内分工
俞华秀	女	福建省青少年体育学校	高级教练员	学员
孙本胜	男	山东体育学院体育运动学校	高级教练员	学员
陈艳春	女	广西体育运动学校	高级教练员	学员
付　娟	女	重庆市射击运动学校	中级教练员	学员
范　沛	男	陕西省青少年体育运动学校	中级教练员	学员
吴建军	男	甘肃省体育运动学校	高级教练员	学员
骆　懿	女	成都体育学院	高级教练员	学员
王葆衡	男	沈阳体育学院	高级教练员	学员
周松青	男	天津市体育运动学校	高级教练员	学员
刘志国	男	河南省体育运动学校	高级教练员	学员
王佳锦	男	湖南省体育运动学校	中级教练员	学员
刘美玲	女	广东省青少年竞技体育学校	中级教练员	学员
李志坤	女	吉林省体育运动学校	中级教练员	学员

（二）学习目的

全面、深入地学习和了解澳大利亚青少年体育发展的构架及各级别教练员的执教理念、培养模式，借鉴先进的教学方法，开阔视野，有效提高教练员的执教能力和理论水平，使体育人才在体育事业发展、体育强国建设中的基础性、战略性、决定性作用得到充分发挥。

细致分析和反思我国青少年体育发展的优劣，互通有无，扬长避短，使教练员对青少年体育发展的把控更加精准、更加合理，工作质量全面提高，能够培养出更多、更优秀的体育人才。

（三）培训内容

本次培训分为国内和国外两部分进行，共24天。

2017年10月12日至10月14日为国内培训阶段，在国家体育总局教练员学院培训中心进行，开班仪式上，国家体育总局人事司、青少司领导明确了这次出国培训的目的、培训形势和政策，北京体育大学副校长、国家体育总局干部培训中心副主任夏伦好对学员进行了出国前的教育并提出了一些具体的要求。出发前，全体参加培训的教练员就运动训练的研究成果和实践经验进行交流研讨（见表2）。

表2　国内培训日程

日期	时间	培训内容	授课人 主持人	单位/职务
10月12日 (周四)	8:00—11:30	报到		
	14:00—14:30	开班仪式		人事司、青少司、北京体育大学　领导
	14:40—16:20	出国教育	夏伦好	北京体育大学 副校长
10月13日 (周五)	8:30—11:30	大数据、大健康	李祥臣	体育科学研究所 研究员
	14:00—17:00	青少年科学体能训练理论与实践	李春雷	北京体育大学 教授
10月14日 (周六)	8:30—11:30	研讨会：运动训练的研究成果和实践经验总结	教研组长	
	下午	出国前准备	全体学员	
	21：00	乘车前往机场	全体学员	

10月14日晚上9时，全体参加培训的学员出发前往首都机场，赴澳大利亚参加国外阶段的培训，培训时间为10月15日至11月4日，为期21天，培训在悉尼和墨尔本两座城市进行。

全体学员首先到达澳大利亚的悉尼。悉尼不仅是澳大利亚的商业、金融、贸易、旅游和教育中心，也是澳大利亚第一大城市。学员以悉尼大学为中心，利用专家授课、参观、交流研讨等形式，深入地了解澳大利亚的校园体育文化及运动训练领域的发展情况。

完成悉尼的全部学习后，全体学员抵达澳大利亚第二大城市、维多利亚州首府墨尔本。墨尔本是南半球第一个主办夏季奥运会的城市，也是一年一度的澳大利亚F1赛车分站赛、澳大利亚网球公开赛、墨尔本杯赛马等国际著名赛事的举办地。学员们先后在墨尔本大学、迪肯大学、澳大利亚体育和水上运动中心、拉筹伯大学、维多利亚大学、维多利亚体育中心及澳大利亚国家网球中心进行了参观和学习，内容主要涉及精英运动员培养、青少年体育评估与监控、睡眠对青少年运动员运动表现的影响、青少年运动员心理辅导、澳大利亚教育与体育的有机结合、青少年运动员选材等方面（见表3）。

表3　国外培训内容

日期	时间	培训内容	主讲人
10月15日（周日）	全天	凌晨乘坐飞机飞往悉尼 下午抵达悉尼，办理入住，介绍培训注意事项，熟悉周围环境设施	
10月16日（周一）	上午	第一讲：澳大利亚体育事业发展、体育参与率及体育教育体制	史蒂夫
	下午	第二讲：澳大利亚青少年体育工作的政策、制度和发展规划	史蒂夫
10月17日（周二）	上午	第三讲：澳大利亚教练员培训计划、分级培训特点及培训方式（一）	唐纳·奥康纳
	下午	第四讲：澳大利亚教练员培训计划、分级培训特点及培训方式（二）	唐纳·奥康纳
10月18日（周三）	上午	第五讲：澳洲优秀青少年运动员人才基地现状	布兰登·霍根
	下午	第六讲：青少年运动能力分析与身体机能评定标准	唐纳·奥康纳
10月19日（周四）	上午	第七讲：澳大利亚各级各类体育运动学校、体育传统项目学校、青少年体育俱乐部、各运动项目后备人才基地建设	詹姆斯·爱德华兹
	下午	第八讲：澳大利亚重大综合性青少年体育比赛和体育交流活动	特里斯坦
10月20日（周五）	上午	第九讲：参观2000年悉尼奥运会场馆	卡尔
	下午	第十讲：青少年体育运动参与率（以跆拳道为例），青少年运动员运动能力提高的影响因素	乔利·奇泽姆
10月21日（周六）	全天	休息	
10月22日（周日）	下午	乘坐16：00点的航班前往墨尔本，18：00到达，入住酒店，熟悉周边环境设施	

续表

日期	时间	培训内容	主讲人
10月23日（周一）	上午	第十一讲：参观拉筹伯大学	南壁
	下午	第十二讲：参观墨尔本体育及水上运动中心	卡梅隆·克莱顿 纳塔南
10月24日（周二）	上午	第十三讲：发现和发展体育天才	约翰·扬
	下午	第十四讲：澳大利亚青少年体育教练认证框架，教练员资格认定制度	
10月25日（周三）	上午	第十五讲：参观墨尔本大学	默德维肯纳 布莱登 托尼
	下午	第十六讲：体育运动与管理	安德鲁·道森 罗伯特·安希 肖恩·燕 迈克尔·麦肯纳
10月26日（周四）	上午	第十七讲：维多利亚体育协会概况	
	下午	第十八讲：青年教练员的培养	宫明
10月27日（周五）	上午	第十九讲：澳大利亚教育与体育的有机结合，如何给年轻人当好教练员	迈克尔·格兰特 克里斯·纳恩
	下午	第二十讲：介绍墨尔本马瑞巴农学院，探讨州校园体育发展	布伦特·瓦尔兹茨 尼克·穆尼
10月28日（周六）	全天	休息	
10月29日（周日）	全天	休息	
10月30日（周一）	上午	第二十一讲：澳大利亚青少年运动员运动心理辅导	弗雷泽·卡森
	下午	第二十二讲：睡眠对青少年运动员运动表现和训练的影响及应用研究	沃尔什
10月31日（周二）	上午	第二十三讲：参观迪肯大学州际篮球体育中心	朱莉娅 盖伊 迈克
	下午	第二十四讲：运动量的管理和营养	唐 安娜

续表

日期	时间	培训内容	主讲人
11月1日（周三）	上午	第二十五讲：跳水青少年运动员发展，指导和监督学生体育健康标准的实施和学生体质监测	宫明
11月2日（周四）	上午	第二十六讲：参观澳大利亚国家网球中心	罗维姆
11月3日（周五）	晚上	20:15从墨尔本飞往北京，次日5:00抵达北京	

二、授课内容及培训地点选择情况

本次培训，国家体育总局教练员学院精心设计了丰富全面的授课内容，并选择澳大利亚当地极具代表性的院校、体育场馆作为参观学习地点，大大提高了本次赴澳培训的质量。

（一）授课内容安排

此次培训安排了多位澳大利亚体育行业的专家教授、管理人员及教练员授课，内容丰富全面，知识结构清晰易懂，且针对性较强，尤其是关于青少年体育发展的内容，包括校园体育文化发展、青少年运动员选材、训练项目及地点的选择、参训年龄划分、参赛形式和培养规划与设计等方面。

参加培训的学员大部分来自全国各省（自治区、直辖市）基层体校，所从事的也是青少年运动训练领域的工作，授课内容所学即所用，极大地激发了大家的求知欲，课上的提问、与授课专家的课下交流极为积极，内容深入、广泛，使学员们对澳大利亚整个体育行业的发展和运行结构有了全方位的认识和理解。

（二）学习、参观地点选择

1. 悉尼大学

2017年QS（Quacquarelli Symonds，简称QS，中文名夸夸雷利·西蒙兹公司）世界大学学科排名细分了46个专业，悉尼大学的体育学科排名（Sport-Related Subjects）为全球第一。

悉尼大学校园

悉尼大学是澳大利亚传统的体育强校，校内体育设施完备，且利用率极高，共有开放的体育馆3座、运动场8座；各项运动协会42个，其中英式橄榄球队和女子篮球队都取得过非常优异的成绩。悉尼大学的学生多次代表澳大利亚参加世界性运动竞赛，包括奥运会、世锦赛及英联邦运动会等，为国家和学校争得了无数荣誉。

悉尼大学体育馆

2. 迪肯大学

迪肯大学是体育管理教育方面的领航者，拥有25年的教育经验，是第一所将商务和体育学科结合起来研究的大学。目前该校研究生课程排名世界前十位，本科课程排名世界第三位，而运动与营养学院的体育学再次被评为全球第一。

体育管理专业的毕业生是目前就业市场最为抢手的人才之一，体育管理专业给学生培养一系列将运用到他们今后职业生涯中的至关重要的技能，包括决策、时间管理、团队建设、报告撰写、专业演讲等。迪肯大学商学院开设的商务硕士（体育管理）专业，多次被知名学术期刊*Sport Business International*评为全球体育管理课程前十位。学生毕业后可进入相关企业工作，如体育运动俱乐部、健身俱乐部、运动项目管理中心等。

3. 维多利亚大学

维多利亚大学是澳大利亚规模最大、学科最齐全的综合性大学之一，现有在校生45000多人，国际学生8500多人。维多利亚大学的教育质量在全澳大学中名列前茅，在“澳大利亚十佳大学”排名中被列为“为学生提供最佳课程”的大学。

4. 拉筹伯大学

拉筹伯大学始建于1967年，是澳大利亚一流大学之一，其出色的教学水平和创新精神在全世界享有盛名。拉筹伯大学被公认是教学研究方面非常活跃的澳大利亚大学之一。

5. 参观训练、比赛场馆

培训中还参观了2000年悉尼奥运会主赛场、维多利亚体育中心、澳大利亚国家游泳馆、维多利亚青少年训练中心等。

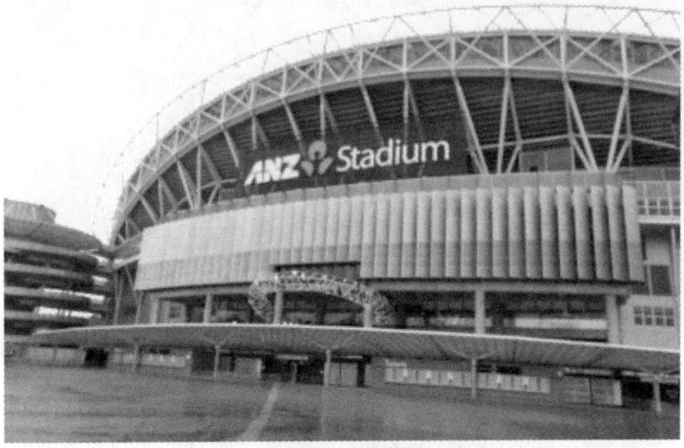

2000年悉尼奥运会主赛场

维多利亚体育中心

澳大利亚国家游泳馆

维多利亚青少年训练中心

三、参观、学习的主要收获

（一）澳大利亚，一个为体育疯狂、为运动痴迷的国度

澳大利亚人参与体育运动的热情极高，几乎是全民参与，体育运动已经成为他们生活中不可缺少的部分，也成为他们的一种生活方式。参与体育运动的过程也成为当地人沟通和交流的纽带，各个阶层都参与其中。澳大利亚人口的平均寿命高达83岁，排在日本和瑞士之后，位列2017年全球人口平均寿命排名的第三位。

澳大利亚随处可见体育场馆。当地城市商务中心区的面积相对较小，其余区域绿化率极高，到处可见各种形式的体育运动场所，人们距离最近的运动场所基本在15分钟车程以内，且场地的租赁使用费用较低，为人们运动提供了极为便利的条件。

澳大利亚人有极其丰富的项目选择。澳大利亚人比较喜爱的运动包括澳式足球、橄榄球、板球，由于整个城市的绿地覆盖率较高，气候条件优越，人们大多选择室外运动，上述运动对场地的要求较低，从而拥有比较庞大的参与群体。其次是篮球、网球、体操、跳水、羽毛球、跆拳道等项目，而游泳和跑步则是澳大利亚人的基础运动技能。

（二）澳大利亚严格、完善的教练员培养机制

澳大利亚体育教练员的岗位是面向大众开放的，拥有教练员岗位证书的人均有机会参与岗位竞聘。澳大利亚培养教练员比较倾向于有运动背景的人，他们认为这一群体的能力增长空间要远大于无体育经历的人。在培养过程中分为初级、中级和高级三个阶段，逐级晋升，层层培训。教练员必须获得相应岗位证书，才能从事各级别的体育训练指导。初级教练员的培训，以学习和实践相结合的形式为主，为期3个月，获得初级教练员岗位证书后，方可进入社区进行执教，但大多为兼职。具备一定实践经验后，再进行6个月的培训，中级教练员的培训内容更深、范围更广、学科更全，包括运动心理学、运动生理学、运动医学、团队组建、协调工作等方面的知识，还要进行实践带队环节的培训，具备带领运动员持续性发展的能力后，可进入各俱乐部、校园体育和专业训练机

构执教，带队参加国家各个级别的青少年体育竞赛。澳大利亚的高级教练员晋升过程相当漫长，不仅需要大量的学习、培训，还需具备极强的执教能力和团队领导能力，因为这一群体所面对的是世界一流的竞技赛事，他们的目标是培养出世界顶尖的运动员和顶尖的团队，并全面参与澳大利亚体育发展，高级教练员在澳大利亚为全职教练。

（三）澳大利亚对青少年体育发展的重视

1. 着重培养青少年参与体育运动的兴趣和意识

在观赏中提高兴趣，在参与中激发潜能，在竞争中体现价值，从体育文化宣传入手，通过组织观看训练、比赛和体育荣誉专栏等形式，全方位地引导青少年参与体育运动，并积极提供更多的参与机会，创造更多的参与平台，形式多样化、多元化。

体育荣誉专栏

2. 凸显体育的教育功能，塑造完美人格

在澳大利亚，青少年体育的基础属性被有效地开发和利用，不是仅局限于单一的体质健康功能，而是在青少年参与体育运动的过程中植入了培养人格、磨炼意志、公平竞争、克服困难、团结协作、心智成长、遵守规则等意识的养成，以体育运动为载体，塑造出完美人格。

体育宣传墙

3. 青少年体育运动平台的打造

澳大利亚青少年参与体育运动的平台分为两部分，一个是校园体育平台，另一个是社区体育平台，而这两部分也是澳大利亚体育的基础，是澳大利亚精英运动员培养、选拔的基石。

（1）校园体育。

澳大利亚校园的建设及各建筑的艺术形态、色彩给我们留下了深刻印象，整个校园气氛活跃、极富动感，焕发着浓郁的青春气息。校内的各个体育场馆，体育文化的宣传、校内体育荣誉的展示更是耀眼夺目，有效地激发了参与者的荣誉感和使命感。这些动感、夺目的体育场馆承担着各运动项目训练、比赛的职责。学校间的各种联赛和对抗赛极为丰富，为青少年创造了更多比赛机会。

体育荣誉展示

（2）社区体育。

城市的每个社区都建设了丰富的体育运动场所，并鼓励人们都参与体育运动，这些社区体育场馆大多数都组建了各运动项目的队伍，并有项目教练员专门指导，进行社区之间的竞技比赛。社区间的比赛基本每周都要举办，形式也是多样化的，这也是选拔精英运动员的第一步。澳大利亚社区体育在澳大利亚竞技体育发展中起着至关重要的作用，肩负着青少年运动训练最基础的发现、筛选与评估的任务。

社区运动场所

（四）澳大利亚精英运动员培养

1. 较高的精英运动员成才率

澳大利亚国土面积为769万平方公里，人口总数只有2400万（2016年北京市常住人口为2179万），但澳大利亚竞技体育在全球扮演着举足轻重的角色，澳大利亚运动员在各大世界级赛事中都有非常出色的表现。澳大利亚是从未缺席历届奥运会的国家之一，并成功举办过两届夏季奥运会。澳大利亚人最引以为豪的就是他们在人口基数极低的前提下，仍旧培养出大批的世界顶尖运动员。

2. 精英运动员培养模式

澳大利亚体育协会，多年来通过对精英运动员的培养过程、成才之路进行监控和分析，经过细致的研究、实践和论证，总结出一套选拔培养精英运动员的系统模式，名为FTEM，即该系统主要由基础训练（foundation）、专业训练（talent）、精英训练（elite）、高水平训练（mastery）四部分组成。

（1）基础训练。

这一阶段主要针对6～12岁热爱体育运动的少年运动员，注重培养的是他们参与体育运动的兴趣和意识，进行的是一些低难度、低强度、高趣味的运动训练。在这一阶段，每人至少参与3项以上的运动，且需跨大项参与。基础训练由校园体育、社区体育和体育俱乐部三部分组成，大部分基础训练为有偿服务，需支付相应的费用。而在基础训练阶段也有细致的划分：

F1：主要任务是培养兴趣，观摩赛事，养成习惯。

F2：主要任务是提高基础体能和基础技能。

F3：主要任务是培养团队意识，进行针对性训练，参加社区及学校赛事。

（2）专业训练。

这一阶段的主要对象为13～15岁有一定训练基础的青少年，由各单项协会、学校和社区训练中心负责培养和管理，通过较为系统的训练，使其达到一定水平，能代表学校、社区及俱乐部参加相应级别的比赛。竞赛成绩达到一定的标准，青少年会得到俱乐部免费服务、学校奖学金和政府资助。专业训练阶段分为四个级别：

T1：相关机构进行筛选、评估，主要任务为进行2～3个运动项目的培养。

T2：专业教练员进行指导，激发潜能，以运动基础理论教学等为主要任务。

T3：开始出现集中训练模式，增加训练时间，主要任务为培养良好的运动能力和技术能力。

T4：培养正确的体育观、价值观，并进行再次筛选和评估，选拔出更具发展潜力的青少年运动员，确定运动专项，引导其进入更高级别的训练和比赛。

（3）精英训练。

精英训练针对的是16岁以上具有较大成长空间的青少年运动员，每名运动员选定一个运动专项，由更高级别的单项协会、州体育运动委员会联合培养，为运动员提供场地、器材、医疗康复等服务。运动员由专职教练员团队进行指导，代表州或国家参加国内、国际各级别赛事。这一阶段，训练时间明显增多，每周训练6天，每天训练3～4小时。运动训练机构和高校紧密结合，科训运行机制和学训运行机制开始启动，为运动员提供文化教育和运动训练的双重保障，使其逐渐成长为职业运动员。

（4）高水平训练。

澳大利亚参与高水平训练的运动员，已经有极为优秀的运动表现，普遍为国际大赛中斩获前三名的选手，这也是此培养模式下的极个别群体，是澳大利亚培养精英运动员金字塔模式下的塔尖，由澳大利亚政府及奥委会负责提供全方位的服务和保障，他们的目标就是保证自己的职业生涯可持续发展。他们会得到各种形式的政府奖励、商业赞助和代言，收入丰厚，有着较高的社会地位和较大的社会影响力。他们除了全力提高自己的竞技状态，还肩负着传播澳大利亚体育文化的重要使命，在澳大利亚体育发展中扮演着不可或缺的角色。

澳大利亚运动员培养模式

3. 信息化设备在运动训练中的应用

随着信息技术的飞速发展，高科技信息化设备与运动训练之间的联系越来越紧密，对提高训练质量有至关重要的作用。信息技术的广泛应用，不仅给运动训练提供了更多、更准确的信息，而且为教练员组提供了更多解决方案。

（1）GPS定位系统在篮球训练中的应用。

我们在参观墨尔本迪肯大学州际篮球中心时，观看了维多利亚州女子篮球队的队内教学比赛。这支队伍拥有3名国家队队员和1名国青队队员，有着很强的实力，多年来稳居澳大利亚国内联赛三甲。教练员团队由6人组成，分别为1名主教练、3名助理教练、1名体能教练和1名科研人员。他们在队内教学赛中使用GPS芯片定位系统和专业软件，对运动员比赛数据进行采集与分析，比赛数据主要包括运动员的移动距离、移动速度、移动到位率、技战术到位率、疲劳发生的节点等方面的信息。

（2）气候环境模拟舱在耐力项目训练中的应用。

我们去维多利亚大学参观了校内的体育科学研究所，授课教授着重介绍了位于科研所四楼的“低氧宾馆”，这一区域包括运动员住宿区、就餐区和训练区三个部分。它主要服务于耐力项目的训练和监测，包括自行车、马拉松、竞走、铁人三项等项目。它的主要功能是模拟高原环境，在低氧、低气压条件下进行训练，运动员不仅需承受周围环境中氧气的不足，而且要承受运动训练负荷所引起的缺氧，双重刺激使运动员机体产生强烈的应激反应，进而充分调动人体的机能潜力，形成符合专项需要和专项发展的生物适应过程。其目的是通过低氧环境使体内促红细胞生成素浓度升高以刺激运动员骨髓造血功能，使身体获得更多的红细胞和血红蛋白，从而提高运动员有氧代谢能力和抗缺氧能力，达到提高运动成绩的效果。而且，这个区域的含氧量是可以调节的，可以实现常氧环境居住，有助于运动员的积极恢复；低氧环境训练，有助于提高运动能力。该研究所正在进行常氧、低氧交替使用节奏方面的研究。

维多利亚大学体育科学研究所“低氧宾馆”

四、思考与启示

（一）重视青少年体育发展

我国目前正在不断加大对青少年体育运动的投入，我们可以借鉴澳大利亚青少年体育发展的模式，大力发展校园体育、社区体育，以培养兴趣为出发点，以育人为落脚点，逐步使我国青少年主动走入运动场，并在运动场收获自信、乐观和健康。

（二）珍惜人才，转变执教理念

虽然澳大利亚青少年体育运动的参与率很高，但是由于人口基数低，他们的总参与人数仍远不如我国。澳大利亚人更加清楚这一点，所以，他们在指导青少年运动员训练时非常谨慎，尽量避免错误的发生，他们的执教理念永远是从保护运动员的角度出发的。少犯错误，必须建立在不断学习、多方面掌握知识的前提下，所以，澳大利亚教练员的学习动力很足。而在我国，大多数青少年运动训练的从业者仍采用“砸鸡蛋”式的教学方法，使我们太多的青少年运动员早期专项化，太多的运动员由于伤病远离体育，使我们的成才率以“碰运气”为标准，而失败率却无人问津。

（三）重新认识我们的职业，优化教学模式

1. 以“心灵”训练为先

奥林匹克的精神是“团结、和平、友谊”，格言是“更高、更快、更强”，这也成为教练员行业追求的唯一目标，教育是奥林匹克的起点和归宿，人文教育是教育的灵魂，我们要弥补“锦标主义”带来的育人环节的缺失，以优秀运动员成长过程为载体，以运动文化为手段，以育人与夺标的双重构建为目的，做到“灵肉统一”。

2. 育人与夺标为本

育人和夺标要紧密融合在一起，通过运动项目培养人才，完成运动训练、体育竞技、运动心理、运动生理等多学科知识的传递。我们有着宝贵的实践经验和较高的个人水平及体会，当今的竞技体育发展也提供了吸收多学科知识的平台，我们的教学理念要从“管一阵子”转变为“管一辈子”，“管一阵子”是夺标，而“管一辈子”是育人，但后者更加高效，能使运动员真正意义上成为优秀的体育人，不管走到任何地方都不会被高速发展的社会淘汰。

我们应该重新认识育人与夺标的关系，在夺标过程中育人，因育人而益于夺标。同时，在体教结合的大背景和大趋势下，育人与夺标两个因素应相互支撑，相互促进。

3. 优化教学模式

澳大利亚的教练员在指导运动员训练时，所采用的是以运动员为中心的教学模式，整个训练过程中教练员、运动员的信息互换非常频繁，形成互动教学模式，这一模式可以有效提高运动员的参与兴趣，强化参与意识。同时，这一模式可使运动员接收更多知识点，逐渐完善与训练相关的知识结构体系，提高对训练

的认知水平，充分认识体育丰富的属性和体育真正的魅力。

（四）教练员创新意识不足

我国高水平教练员以优秀退役运动员为主体，多年的训练实践证明，这部分群体最容易发生“基因突变”，因为他们有着太多的“过去经验”和丰富、全面的运动本体感受，这是把双刃剑，它是运动员向教练员转型的积淀，但也束缚着从教后理念与思路的拓展和更新。在这种现状下，我们需要训练中的创新精神，去打破思维定式，需要立足现在、面向未来的思维结构。

五、远在他乡，心系祖国

中国共产党第十九次全国代表大会于2017年10月18日至10月24日在北京召开。党的十九大的召开让我们在澳培训的所有学员心潮澎湃。远在他乡，心系祖国，我们真切感受到伟大祖国的强大力量，真切体会到身为中国人的骄傲和自豪!

由本次培训班团长夏伦好组织大家集中观看和学习了习近平总书记的重要讲话，并结合本职工作，就体育的政治功能性、教练与育人的关系、个人和团队的关系、理论和实践的关系四个方面进行了交流研讨。

夏伦好团长

六、结束语

为期21天的国家体育总局2017年精英教练员双百计划业余训练教练员赴澳大利亚培训班已经圆满结束，全体参加培训的学员，向提供这次宝贵学习机会的各位领导表示诚挚的谢意，向精心组织、辛勤筹备此次培训班的各位工作人员表示衷心的感谢。这次赴澳学习，让我们有机会走出国门，开阔视野，对于我们所有学员来说，这是国家体育总局给予我们最宝贵的礼物，充分体现了领导对我们的关心和支持，以及对业余训练教练员自身成长的重视。在本次培训中，所有学员都收获满满，回到自己的工作岗位上，会把此次赴澳大利亚的所学、所见、所想进行消化和梳理，学以致用。学习一直在路上，我们有决心、有信心，通过努力工作，培养出更多、更优秀的体育人才，为祖国的体育事业贡献自己的力量！

撰写人：吴冀　许浒

学习成果与培训总结

教练员艺术的反思与展望

广西体育运动学校　陈艳春

国家体育总局2017年精英教练员业余训练教练员赴澳大利亚培训班，一行25人于10月14日—11月3日在澳大利亚进行了为期21天的培训。学习分两个阶段：第一阶段在悉尼大学进行，第二阶段在墨尔本大学、迪肯大学、维多利亚体育协会、澳大利亚校园运动协会等地进行。来自全国十几个运动项目的精英教练员，共同学习、生活，相互交流，学习澳大利亚青少年运动训练的新理念、新方法，拓宽国际视野，有效提升了我国青少年教练员理论水平和执教能力。

一、学习内容节选

（一）澳大利亚体育事业发展、体育参与率及体育教育体制

（1）培养运动员的法规政策意识。

（2）如何让普通人参与体育。

（3）体育运动在澳大利亚的重要性。

（4）澳大利亚体育教育中所涉及的运动项目。

（二）澳大利亚体育的开展

（1）社区体育：社区鼓励社区的人都参与体育运动。

（2）学校体育：学校鼓励每个学生都参与运动，并要求每个学生都能游50米，学校每周安排2次体育课，学生可以代表学校参加体育比赛。

（3）澳式足球和澳式橄榄球深入澳大利亚人的生活。

（三）澳大利亚教练员培训计划、分级培训特点及培训方式

1. 到底什么是好教练员

问：在中国好教练员的标准是什么?

答：非常敬业、关注运动员、育才先育人、获得冠军、掌握运动项目规律的教练是好教练员。

还有些人认为一个好教练员要赢得多场比赛、获得多块金牌、培养出多个冠军，还要有多年的执教经验。

2. 教练员应当具备的各种素质与学识

（1）好教练员应具备的素质：

①是一个很好的老师并具有丰富的知识。

②语言简单明了，善于提问，交流清晰。

③擅长计划和准备，能针对不同情况做出相应决定和决策。

④能给出运动员更好、更精准的反馈，还要自我反省如何让自己下次做得更好并实现自我进步。

（2）好教练员应具备的学识：

①专业知识（对自身项目的了解程度、体育科学知识与技能、训练方法）。

②人际交流能力（有良好的社交关系，与运动员有良好的交流并具有比较高的情商）。

③自我反思（要懂得自我反思，及时发现自身问题，能够观察到运动员情绪、情感的变化）。

④自我评估和反省能力（评估自身行为和训练效果，不断改进和持续性学习）。

（四）教练员品质与思维模式的体现

1. 教练员具备的具体素质

（1）教练员自身具备的知识、技能、经验以及教学理念。

（2）能创造出合适的团队文化、训练方式和训练形式。

2. 具备教练员素质需要表现出的品质

（1）要有积极的态度。

（2）能给运动员更大的帮助和支持。

（3）知道如何进行个性化训练。

（4）有清晰交流的能力。

（5）公平（让每个运动员得到平等的机会）。

（6）改变自身不好的交流方式。

（7）心态有持续性。

（8）责任心（让运动员知道你是一个好的教练员、值得信任的教练员）。

二、反思——一个项目要想可持续发展，教练员的作用至关重要

在“突出重点”战略影响和推动我国运动训练整体水平进步与发展时，就训练工作而言，我们应该做什么？我们应该怎么做？下文结合当前训练工作的具体情况就上述问题进行反思、讨论和分析，阐述个人的认识与体会。

（一）我们应该怎么做

（1）青少年技术教学和训练工作——深刻认识技术是不断攀登高峰的重要基础。没有正确的技术，无论多好的身体条件都不可能达到竞技水平的巅峰。目前，从国家到省市，各级都设立了专门的青少年训练主管部门，更应该把精益求精的技术教学和训练放在最重要的位置，打好牢固的、正确的技术基础，把输送人才作为最重要的任务。

（2）青少年早期专门化训练是发展的趋势，但早期专门化训练不等于早期专项化训练。早期专门化训练最重要的任务是学习、熟悉和逐步掌握正确的专项基本技术，通过反复的训练形成牢固的神经肌肉系统动力定型，为进一步的专项化训练打好基础。青少年处于身体的生长发育时期，他们运动成绩的提高，包含身体自然增长的因素。我们应该合理地让身体自然生长，而不应该错误地干扰和破坏身体的自然生长。早期专门化训练应保证技术优先的原则，把更多训练纳入技术要求，力求做到素质训练技术化，不盲目追求能力提高和成绩进步，防止欲速则不达的现象。

（3）青少年的技术教学和训练无捷径可走，必须老老实实遵循事物发展的客观规律逐步推进（由点至面、由简至繁、由局部至整体、由分解至综合、由量变至质变）。所以，按部就班的方法是最快的方法。有时甚至需要手把手地教学，发挥正确动作的示范作用，注意神经与肌肉的协调配合。

（二）当前管理工作应该注意的问题

加强教育和引导工作，严格管理、严格要求，教练员是重点——教练员是训练工作的主体，在管理工作中也发挥着承上启下的枢纽作用。可以毫不夸张地说，教练员是决定训练和管理工作成败得失的关键。不断提高教练员的思想素质和业务水平，是中国运动训练进步发展的当务之急和长远之计。管理工作中教育引导的重点是教练员。首先，要求教练员必须树立远大目标、胸怀大局、不贪小利；必须从小事做起严格要求自己，要求运动员做到的，首先自己要做到且做好；与运动员建立相互尊重、互敬互爱、教学相长的师生关系，团结一心、凝聚合力，为进步与发展创造应有的和谐环境和奠定思想基础。其次，彻底改变目前教练员队伍中仍然存在的学习风气淡薄、创新意识不强、各自为政、故步自封的不正常现象，把克服部分非重点项目的“畏难”情绪与铲除个别重点项目的“忽悠”习气作为同样重要的任务来抓，提倡说实话、办实事、不吹牛、不泄气，提倡相互交流和学习，结合实际细致地抓好工作。最后，教练员应该带头改变过去沿袭多年的家长式管理作风和自闭式管理方法，努力加强学习，不断提高对新生事物的认知水平，主动加强与其他优秀教练员的交流和沟通，开阔眼界、相互借鉴，在管理方法上继承创新、与时俱进，进一步提高管理工作水平，促进人才培养和事业的发展。

三、展望——加强学习、提高素养，努力提高执教能力

转变教练员的管理理念，着力提高教练员的知识水平，使其将实践经验上升为运动理论再返过来指导实践。

（一）加强学习

提高教练员对现代运动训练及其发展趋势的认识，这是一项十分重要的工作，教练员的认识程度决定今后训练的走向，是个方向性的问题，实在是当务之急。经过这次培训，我更加坚持基础训练的理念，以培养高水平人才为第一任务。

（二）提高素养

体育教练员属于教育工作者，本身的职业道德会直接影响其施教的运动员，产生不同的社会影响。教练员在长期执教过程中，都能形成自己特殊的感觉和经验，教练员的经验一般由两部分组成，一部分是自身获得的对专门项目的特别感觉，如田径教练员看正在奔跑的运动员一眼，就能判断出他的即时体能状况、一般素质情况、肌肉力量情况；另一部分是处理自己及运动员项目感觉的能力，由知识、技能技巧、科学的思想方法三者组成。在这三者中，知识是基础，技能技巧是手段，科学的思想方法是主导。教练员在实践中，摸索到一些有效的方法和经验，是从知识上升到技能技巧，但是，没有科学的思想方法对这些方法和经验进行归纳和演绎，这些方法和经验往往是孤立的、零散的，往往只能用于一时一

地，难以变通，过了一段时间，这些方法和经验就老化了。

四、小结

教练员是终身学习的行业，一个专业的教练员应该通过自己的业务培训和学习来提高认知能力。如何做好教练员？一个好教练员能设计出适合运动员的训练方法。要反问自己的方式有什么不同，会给运动员带来什么样的不同。我与别的教练员的不同是，我更加了解我的运动员，我不仅教他们运动技能，还尽可能地给他们提供全方位的帮助。体育方面的那些技能和知识固然很关键，但这只是作为教练员最简单的部分。对我来说，如果仅仅在乎他们的技能问题，那就没有真正地培养他们，只有知道他们如何学习、如何思考，才可以让他们变得更好。要了解他们是怎么思考的，因为思维方式会影响其做事的方式，你真正地了解他们的思维才能帮助他们做到更好。你要塑造什么样的运动员？首先要统一认识：体校学与训的目的是培养优秀的体育人才，应学训并重。作为教练员把运动员招来，就要对他们负责。

教练员在工作中要善于发现每一个运动员的优点、特性，对他们的行为适时给予肯定和约束。注重发挥运动员主体作用，充分运用榜样的力量教育和管理运动员。加强思想工作，使运动员正确理解和明确训练的目的、任务，激发他们的荣誉感和责任心，用各种方法与措施，加强队伍凝聚力，培养运动员积极向上的精神，通过帮、带、促，形成良好的训练氛围，共同进步。通过各种方式、方法和运动员沟通，让他们知道自己是运动员并充满自信。

在澳大利亚期间，我们团队一起学习了习近平总书记在党的十九大上所做的报告，报告中指出要广泛开展全民健身活动，加快推进体育强国建设。秉承着“更高、更快、更强”的理念，国家体育总局精英教练员培养项目，对发展与提高青少年教练员理论水平和执教能力，推进我国竞技体育可持续发展具有重大的意义。作为一名教练员，我非常珍惜这次学习机会，希望能有更多的机会参加国内外交流学习，在交流中不断地提高自我，把学习到的体育教育的成功经验努力实施在今后的教学中。

交流促进思考

吉林省体育运动学校　崔松

从事一线田径教练员多年，此次有幸参加由国家体育总局组织的2017年精英教练员双百计划业余训练教练员赴澳大利亚培训班，不仅让我有机会同来自全国各地的优秀教练员交流经验，更让我系统地、科学地学习了与日常训练相关的专业理论知识。

如今各项目的世界纪录都不断被刷新，人类不断突破身体极限。如何科学有效地训练，使运动员拥有更长的运动寿命及更高的运动水平，是一线教练员最为关注的。很多一线教练员，都曾经是高水平的运动员，实践能力不容置疑，但是对于不断更新的理论研究，水平稍显薄弱。将理论与实践相结合，是我在出发之前，对于此次培训最大的期待。

一、培训内容回顾

此次培训分为两个阶段，第一阶段于10月12日—14日在国家体育总局干部培训中心进行。主要针对来此培训的教练员们在执教过程中所得出的研究成果和实践经验总结展开交流讨论。第二阶段于10月15日开始，至11月4日结束，这一阶段在澳大利亚进行。在澳大利亚的培训前半部分在悉尼开展，后半部分在墨尔本开展。培训内容主要围绕如何做一名合格的教练员，澳大利亚优秀青少年运动员培养，青少年运动员选拔、运动能力分析及提高等多方面展开。除此之外，我们还参观了2000年悉尼奥运会场馆、拉筹伯大学和墨尔本体育及水上运动中心。

二、对如何做一名优秀教练员的新思考

我们曾经认为，一名教练员优秀与否就是看赢过多少场比赛，培养了多少个冠军，获得了多少块金牌。但是现在的我认为，一名优秀的教练员首先要是一名很好的老师，要具有丰富的知识；在讲解技术动作或指导训练中，语言要简单明了，善于提问、交流。一名好的教练员，要擅长计划和准备，能对不同情况做出相应决定和决策，并能给运动员更好、更精准的反馈。除此之外，一名优秀的教练员还需要时常进行自我反思，如何让自己下次做得更好。

作为一名优秀的教练员，要充分了解自身项目及相关的体育科学知识与技能，要懂得如何科学地训练运动员；要有良好的社交关系，与运动员建立良好的沟通模式并具有比较高的情商；要能够发现自身问题并能够观察到运动员的情绪、情感变化；还要时刻评估自身行为和训练效果，不断改进并持续学习。

在品质与思维模式上，一名优秀的教练员要具有丰富的知识、技能、经验以及教学理念，能够为团队创造出合适的团队文化、训练方式和训练形式；要有积极的态度，能够给运动员更大的帮助和支持，懂得如何个性化训练；要有清晰交流的能力；在训练中要保证每个运动员都能得到平等的机会；在心态上保持平稳且有持续性，具有较强的责任心，让运动员知道这名教练员是一名好的教练员、值得信任的教练员。

固定性思维模式认为一切都是靠自身能力，在发展中不愿意接受挑战，只

能原地踏步。作为教练员必须要有成长性思维模式，保证运动员是有进步的，并告知其努力的重要性，鼓励每一个运动员，关注的目标是让每一个运动员都有进步。在工作中建立以运动员为中心的训练方式。更加关注运动员的需求，主动询问运动员更多的问题，偶尔以游戏的方式来进行训练等。

三、对青少年选材及训练的新思考

布兰登·霍根教授的讲解使我具体了解了澳大利亚的青少年运动员人才选拔模式。首先，运动是源于兴趣。澳大利亚是一个全民热爱户外运动的国家，这跟他们的历史文化、环境气候是有关系的。在澳大利亚，体育是基于社区的，很多的赛事活动由志愿者举办，甚至有很多父母独自举办体育活动并训练他们的孩子。澳大利亚国土面积与我国不相上下，但是人口却只有2400万，还比不上我国的一个大省。但是在奥运会上，澳大利亚所取得的成绩，却是可圈可点的。其次，澳大利亚体育机构的组织结构分为三个层次，第一层为联邦政府（国家级政府），管理整个澳大利亚的事务，由多个政党组成。每个州和领地都有地方政府，这是第二层，由他们来维护体育设施和场所。第三层是社区、学校和俱乐部，澳大利亚体育运动的基础是社区，第一推动力是学校。学校得到政府的支持，由此来提高体育项目参与率。俱乐部独立于学校体系，但会和学校一起比赛。这些俱乐部是业余的，需要志愿者帮忙，但这些志愿者也是有资质的，资质培训项目一直在政府中运作。另外，在澳大利亚，主管国家体育运动的是国家体育运动协会，下属机构是国家运动项目协会和残障运动机构，如澳大利亚游泳协会等，每项运动都有专门的协会。残障运动有专门的管理机构。很多运动员从地方层面上看是没有政府资助的，但是在相应的运动会上展现高竞技水平的运动员会得到政府的拨款。澳大利亚除了国家体育运动机构，还有国家奥林匹克协会。

作为从事青少年运动员训练的教练员，运动员选材和培养是工作重要的一部分。在培养运动员方面，澳大利亚采取不同的培养模式，不仅要选拔人才，更重要的是发展他们的天赋。大部分国家和运动项目的运动员选拔是金字塔模式，通常是从下到上，从学校到俱乐部，到省市，到全国，到世界，越往上人数越少。

层次越高，排除的人越多，如果没有好的基础，很难培养出高水平运动员。

而从一个层次上升到另一个层次，也要看个人的表现。想要成为这方面的精英要经过10年或1万小时的训练。不仅要注重训练时间，更应该注重训练质量。即使做了1万小时的训练，也不能保证成为更好的运动员，还应该注意思想因素。所以在澳大利亚有新的培养模式。

有人建议按年龄区分，6～12岁是尝试阶段，13～15岁开始接受专业化训练，16～17岁进行单一项目的专业训练。在6～12岁尝试阶段，让孩子从事不同的运动项目，以游戏为主，只有20%的时间进行专业训练。另一个全世界通用的培养模式是按照年龄分成三个阶段培养，有些项目运动员年龄很小便开始进行专业训练，比如体操。过早进行专业化的训练，容易使运动员受伤或失去兴趣，中途放弃。澳大利亚人希望孩子在6～12岁这一阶段能从事他所喜爱的体育运动。

在国内，有很多运动员在青少年时期表现得很好，但成年后的表现不好。就是说青少年在学校表现好并不意味着成年后表现很好。研究表明，75%的参加奥运会的田径运动员，专业化训练时间基本上是从17岁开始。专业化训练开始时，每周3小时田径训练，5小时其他项目训练。从16～19岁开始，田径训练占9小时，其他训练占3小时。20岁之后一周超过12小时的田径训练，而这12小时还不包括看视频和心理咨询。当然，项目不同时间长短也不同，不仅看时间，还要看质量，并要花很长的时间进行恢复，如按摩、冰敷、睡觉、理疗、拉伸等，这些都是很重要的。田径运动员参加奥运会的平均年龄是24岁。这之前大概要花10年的时间才能参加成年组的比赛。田径项目中大部分运动员一直从事田径运动，但有一小部分运动员是由其他项目转过来的。

在挑选人才的时候，先做假设，发现特质并进行量化。虽然一般情况下是根据一场比赛来挑选运动员，但是应该花更多的时间去观察。要做到能通过运动员13岁的表现去预测25岁时的表现，传统上主要从体格和技术方面考虑，而忽略其他方面的表现，所以可以看到有些运动员在被选拔出来的那一年发育比较快，但成人后表现就不突出了。

澳大利亚足球联合会表示要充分关注13岁孩子的技术技能。欧洲选拔人员表示现阶段的运动员在8～10年后也不会成为最优秀的运动员，所以他们只看现在的身体情况。还有人认为，现阶段能否做出正确的决定，要看赛场上的全局观以及这名运动员是否想继续从事这项运动。关注运动员的社会经济背景，倾向选择经济背景差的运动员。穷人的孩子会更有动力、更努力。

青少年运动员训练可以采用FTEM发展模式。FTEM发展模式也就是培养天赋、精英、专业运动员的同时提高民众的参与率。这种模式分三个阶段，在此之前是基础期，要鼓励大家积极参与活动。第一个阶段是天赋阶段，发展有希望成为优秀运动员的人才；第二个阶段是精英阶段，发展已经获得奖牌且进入国家队的运动员；第三个阶段是专家阶段，发展多次在奥运会和世界大赛中获得奖牌的运动员。这种模式有很多科学研究支持，因此是具备科学依据的。这种发展模式不仅适合一些娱乐性体育项目，更是一个综合性的发展途径。澳大利亚跆拳道项目已经开始使用这种模式。

四、参观场馆新体会

在澳大利亚期间，我们参观了悉尼奥运会场馆、拉筹伯大学、墨尔本体育及水上运动中心，近距离接触了澳大利亚完备的体育设施。悉尼奥运会场馆主要包括奥林匹克体育场、奥林匹克公园网球中心、奥林匹克公园篮球中心、奥林匹克公园体操中心。在参观悉尼奥运场馆时，最吸引人的莫过于长长的宣传走廊。在走廊中摆放了1870—2000年代表澳大利亚参赛的新南威尔士州各单项冠军运动员的照片。在游泳馆的进门处，非常醒目地摆放了全世界为游泳项目作出贡献的优秀运动员的照片，其中就有美国游泳名将菲尔普斯和奥运会五金得主索普。此外，还有一个宣传窗专门展示澳大利亚著名运动员参赛的服装。

在参观拉筹伯大学时我了解到，拉筹伯大学是澳大利亚维多利亚州最大的、发展最快的公立大学之一，创办于1967年，该学校以其出色的教学水平和创新精神在全世界享有盛名，也是教学研究方面最活跃的澳大利亚大学之一。在保健、护理、生物医学工程、应用科学、经济、教育领域，拉筹伯大学一直是国际知名的研究中心。拉筹伯大学是综合教育类大学，接受政府拨款，有150个项目的研究工作，500名科学家，还有各行业的精英都在这所学校里工作。参观时，我能够感到这所学校浓浓的研究氛围。

墨尔本体育及水上运动中心是集游泳、健身、乒乓球、曲棍球、排球、篮球、羽毛球及多功能康复中心于一体的综合性体育场馆。大部分场地都是对外开放的，这极大地满足了民众对体育活动场馆的需求。

我在参观这些场馆的过程中还了解到，在澳大利亚是没有专职国家队的，运动员都分散在各个州队，在比赛前选择一个地方集中训练，再参加比赛。州队优秀运动员训练不出费用，每个周五、周六、周日在一起集中训练，平时在各自的学校训练，澳大利亚的私人健身房也承接集中训练。

五、培训体会

在不到3周的赴澳大利亚培训中，我收获了很多科学训练的前沿知识和理论，受益颇多。这些知识于我来说，还需要一个消化与实践的过程，在这个过程中，我也会和澳大利亚及我国教练员多交流、多沟通，真正做到体育无国界，“走出去，引进来”，在自己的工作领域中，不断进步，培养出越来越多的适应时代发展的优秀青年运动员。

借鉴与发展

北京市什刹海体育运动学校　段锐波

非常荣幸能参加国家体育总局2017年精英教练员双百计划业余训练教练员赴澳大利亚培训班，本次培训目的是学习澳大利亚青少年运动训练新理念、新方法，拓宽国际视野，有效提升我国青少年教练员理论水平和执教能力。实地参观考察、听取介绍、座谈交流等，为期21天的澳大利亚之行使我受益匪浅，学习主要是在悉尼和墨尔本两个城市，这是澳大利亚体育和文化中心。我们了解了体育在澳大利亚的重要性，澳大利亚体育系统的架构，青少年选材和训练的新理念等，以下是我赴澳大利亚的收获与体会。

一、学习过程

本次培训共分为两个阶段。

第一阶段的学习是在悉尼大学，为期7天，10月15日—21日。学习以澳大利亚体育系统的专家授课，参观学校的体育场馆与训练中心，以交谈和提问多种方式进行。主要学习内容有：①澳大利亚体育事业发展、体育参与率及体育教育体制，青少年体育工作的政策、制度和发展规划。②澳大利亚教练员培训计划、分级培训特点及培训方式，澳大利亚教练员先进的训练理论和方法。③澳大利亚优秀青少年运动员人才基地现状，青少年运动能力分析与身体机能评定标准，青少年选拔标准及方式。④澳大利亚各级、各类体育运动学校、体育传统项目学校、青少年俱乐部的各运动项目后备人才基地建设。⑤澳大利亚青少年运动员足球项目人才选拔方式，通过六个方面讲述足球运动员的选拔及标准。⑥澳大利亚青少年体育运动参与率。专家应用全新的观点，进行了详细的阐述和说明。

第二阶段的学习是在墨尔本，为期14天，10月23日—11月4日。主要学习方式是参观墨尔本的大学，考察体育运动中心、体育场馆等。参观时，专家对每所大学进行了介绍，并讲解以体育运动为主题的课程。主要学习内容为：①实地考察拉筹伯大学，参观学校体育设施；学习发现、发展体育人才。②参观墨尔本大学体育设施；学习体育管理。③参观维多利亚大学、维多利亚州体育运动和水上中心。④参观澳大利亚校园体育协会；学习澳大利亚教育与体育的有机融合，澳大利亚学校体育在推动全国竞技体育发展中的重要作用。⑤在迪肯大学学习澳大利亚青少年运动员运动心理辅导，睡眠对青少年运动员运动表现和训练的影响及应用研究。⑥在维多利亚篮球中心看女篮队员训练；学习运动员运动量管理，运动营养与补水。

通过学习，我们了解了澳大利亚整个体育系统的架构、体育整体发展情况。专家的讲座内容丰富、新颖，气氛活跃，专家们特别注重与学员之间的交流与沟通，而参加培训学习的教练员态度也十分认真、勤奋，学员们都能积极地参与讨论，踊跃发言，提出问题，专家一一详细解答，形成了友好热情的互动氛围。

大家通过听讲座、提问题、共同研讨、参观校园以及与当地师生直接交流等形式，对澳大利亚体育模式有了感性的认识和广泛的了解；通过考察体育场馆、观看体育图片展示，澳大利亚尊重个性发展的体育教育理念，注重探索的学习方式，竞技体育的发展模式，快乐宽松的学校氛围，给予大家丰富的感触和深深的启发，下面是具体的学习体会。

二、学习体会

1. 了解澳大利亚体育体制

通过以上课程，我们学习与了解了澳大利亚体育发展的情况。澳大利亚地理条件和气候适合体育运动，游泳运动非常普及，澳式橄榄球、澳式足球、篮球、网球等运动在澳大利亚非常盛行，竞技水平处于国际一流。作为一个人口小国，澳大利亚体育动力强劲的原因与整个澳大利亚体育系统密不可分。和许多西方发达国家一样，体育运动在澳大利亚不是只兴盛于专业队，而是已经融入人们的生活，群众体育氛围好，基本上每个年轻人都有自己所擅长的运动。学校体育要求每一个学生都必须参加多项体育运动，这有利于更多人接触适合自己的体育运动。社区体育鼓励社区的每一个人都参与体育运动，群众参与率非常高，各个社区不定期组织比赛交流。大学的体育运动类专业涉及很多学科，并有针对性地培养参加过高水平比赛的运动员，这几个层次构成了澳大利亚体育运动发展架构。我认为这与我国体制虽有不同，但各有利弊。澳大利亚一些优势项目，如游泳、网球、橄榄球等，群众基础好、竞技水平高、国际大赛成绩较好。另一些弱势的运动项目在澳大利亚开展相对较差。例如，澳大利亚跆拳道的专业从业人员只有40多人，专业人员较少，竞技水平不高，也不利于项目发展，大众基础较差，与优势项目差距较大。与澳大利亚相比，我国利用举国体制，各项体育运动的发展比较均衡，专业从业人员较多，利于各项目发展。中国与澳大利亚有体制、文化等差异，我们要发现差异，进行理性、客观的分析，既要正视客观存在的差距，又要看清优劣，吸取澳大利亚体育先进的方面，又要继续发扬我们的优势。

2. 青少年体育

本次培训我重点学习了澳大利亚青少年运动员培养模式、青少年体育俱乐部后备人才基地建设、青少年选材和训练的新理念。澳大利亚青少年运动员的培养首先是从学校开始，学校鼓励学生参加多项体育运动项目，而不是只参加某一单项体育运动，让青少年多尝试不同运动项目，接触更多的运动项目，才能看出其在哪种运动中具有潜力。在整个培养过程中，首先要培养对运动项目的兴趣。培养过程根据年龄分为三个阶段，6～12岁为接触尝试阶段，13～15岁为尝试训练阶段，16～17岁为专业训练阶段。第一阶段属于尝试阶段，培养兴趣，不进行刻意训练。第二阶段为尝试训练，更多以游戏形式来训练，只有15%的专业训练。第三阶段为专业训练，对运动员进行针对项目的专业训练。澳大利亚有严格的培养制度，提出可以提前接触体育项目，但不提倡过早专业化训练的理念，防止过度训练青少年。过度训练的坏处是：①造成运动员过早对运动项目失去兴趣。②容易受伤，对运动员自身成长没有好处。过早专业化虽然出成绩较快，但运动员处于青少年阶段，随着自身的成长发育很容易被其他人超越，很难更进一步。对青少年不能拔苗助长，这给了我很大的启示。在今后的训练中，对青少年不能过早地要求成绩，要注重个人的发展规划，培养青少年全面发展的能力，才能在专业路上走得更远。

三、学习小结

在培训期间，正值党的十九大召开，我们认真学习了党的十九大精神，习近平总书记的重要讲话中提到，建设教育强国是中华民族伟大复兴的基础工程，必须把教育事业放在优先位置，加快教育现代化，办好人民满意的教育。作为一名党员，更应该以饱满的热情投入教育教学、教学管理工作中去，不断学习新的教学理念，切实提高自身的管理水平和素养。在此，感谢国家体育总局安排的走出国门的培训机会，为我提供了非常难得的学习机会！这次的赴澳大利亚学习不仅让我全面了解了澳大利亚体育发展情况和青少年培养情况，更学习了新理念、新方法，增长了知识，拓宽了视野。此次培训安排得非常紧凑、充实，内容特别丰富多彩，让我受益匪浅，正所谓“读万卷书，不如行万里路”，在澳大利亚的学习就像是一顿丰盛的大餐，精美地呈现在我们的面前，各位专家、教授把自己在学习和工作中的经验拿出来与我们分享，可谓是异彩纷呈。结合本项目思考，如何建立良好的队伍发展体系，让我们的运动员成功率更高。我认为可以在澳大利亚体系中找到适合我们的方法，青少年的选材和培养方式给了我很大的启示。通过本次所学，我明确了体育是教育的一部分，也进一步明确了自己今后体育教学的工作方向。

最后感谢一路陪我前行的领导和同事们，你们是我今后人生中的良师益友，我将以你们为榜样，以此来激励自己今后在体育教育教学工作中展示自己的才能！培训学习虽然已经结束了，但学习之路永远不会结束，我知道有更重要的学习和工作任务在后面。思想在我们的头脑中，工作在我们的手中，坐而言，不如起而行；路虽远，行则将至；事虽难，做则必成。我将继续不断地收集体育教育教学信息，学习先进的体育教育理论，储备体育专业知识，为做一名合格的教育工作者努力学习，为培养出更多体育人才努力工作。

项目可持续发展规律的再认识

陕西省青少年体育运动学校　范沛

2017年10月12日至11月4日，我参加了国家体育总局2017年精英教练员双百计划业余训练教练员赴澳大利亚培训班，本次培训分为两个阶段，国内阶段（北京体育大学）和国外阶段（悉尼、墨尔本）。感谢国家体育总局给我们搭建了这样一个内容充实、框架饱满的学习平台，感谢单位给了我本次宝贵的学习机会。

一、培训内容及学习体会

国内培训虽然只有短短2天，但国家体育总局和北京体育大学两位教授、专家的授课对我很有启发。运动训练是一项工程，我们要发现和追寻其规律，运动训练也是针对人的改造工程，现在已经进入了物联网大数据时代，是竞技体育与社会体育的黄金10年。数字化、自动化、智能化充斥着各个行业，对先进技术的掌握及运用更是我们体育人应当紧抓不放的尚方宝剑，作为一名教练员，更要熟知自己所从事工作的特殊性。教练员工作是超级复杂的系统工程，在指导训练的过程中要具备综合判断运动员训练状态的能力。人（运动员）也是复杂系统，要琢磨其中规律，刺激、适应、突变，运动的结构导致运动的变化。在这个科学迅猛发展的时代，我们要学会运用科学知识从事训练工作，要尽可能地做到科学选材、科学训练。

国外培训分为两个地点，悉尼和墨尔本，为期21天，这个阶段的培训内容安排得相当饱满，大学及各级别体育中心里的观摩、听课、交流、相互探讨、分组记录，这样的学习方式对我们来说既新鲜又充实。教练员一定要成为知识丰富、善于交流的高手，要在行动中反思，既能不断观察运动员表现并及时做出相应判断，也能在行动后反思，即在训练或比赛后、回家的路上或第二天清晨思考工作中的问题。教练员工作也是自我学习的过程，要不断回顾之前的训练过程，进行总结、提醒与反思，还要掌握一套属于自己的评估系统，即对运动员自信心的评估、训练表现的评估、社会行为的评估、生活能力的评估和思想品德的评估。要做一名成长型思维模式的教练员，开展以运动员为中心的训练，时刻关注运动员需求，以此作为训练依据；在训练中要设定目标：短期、中期、长期目标，个人、团队目标；要重视训练和比赛数据，经常性地对自己进行评估，要结合表面现象和成绩进行；在训练中应当做到自我反馈和认知，在比赛过程当中不断学习，提升训练计划质量，掌握运动员个体差异，和运动员建立良好关系。在长期训练过程中要有针对性，针对某种技能，经常性地采取模拟竞赛的形式。我们所从事的工作中，相当重要的一个环节就是选材，从小培养对体育运动的兴趣爱好是澳大利亚体育可持续发展的重要因素之一，父母对孩子从事运动训练的重要性，孩子的天赋和基因都是选材中必须重视的；发现运动员身上的特质并进行量化、观察和考虑综合，看重心理发展因素，采取新的培养模式。基础阶段、天赋阶段，要从小培养对体育运动的兴趣。在选拔到合适的运动员后，教练员要清楚地掌握运动员的个体特性及特点，再确定其适合从事的项目，对运动员不要有不切实际的期望，不能让运动员失去训练兴趣。不管在任何阶段，进行交流、提供知识环境都很重要，要让运动员知道知识、文化的重要性，注重发展竞争力和技术技能。运动员要有管控自己的能力，有毅力和自信，要专注，有决心、有动力。在青少年运动员的培养中要让运动员感到训练和比赛就像游戏一样，让其学会去享受，并积极参与其中，并且鼓励他们参与多项运动。要让运动员认识进步的重要性，要设定切实的目标。在训练的执行过程中应当注重安全防范，为运动员提供安全场所，保护性装备要齐全，时刻观察天气变化等。要关注运动员心理上的问题，教导运动员养成合理、健康的生活及饮食习惯。在执教过程中，教练员要摸索出一套属于自己的可行的训练方法。

二、对项目规律及特性的认识

链球项目是较为复杂的技术型投掷类项目，要求具备很高的综合素质，如果对技术的理解和运用不成熟，那么再刻苦训练也像井底之蛙，纵使跳得再高，也只有巴掌大的地方供你发挥。技术是决定因素，是训练的导向，必须建立良好的训练模式。要深刻理解技术的形成方式，根据理论消化技术特点。链球技术由四个技术环节组成：旋转半径、旋转轴、旋转节奏和最后用力。这四点构成了链球技术的基本特点，在训练过程中必须紧紧围绕这四个环节来制订行之有效的训练方法和手段。青少年运动员的训练重点是建立高水平的技术动力定型，体重和力量尽管在链球投掷里不是绝对因素，但仍然占有一定的位置。青少年运动员是否能够达到高水平乃至世界水平，这些都不是唯一的依据，只有建立良好的技术模式和高水平的技术动力定型才能逐渐接近这一目标。

（一）旋转能力是关键

链球与其他投掷项目有很大的不同，因而在训练运动员旋转能力时要格外慎重，在运动员最佳机能状态下给予该能力发展的最佳负荷，将起到事半功倍的效果。

（二）速度是核心

我国链球运动员大多体型较胖，技术虽各有特点，但也有相同之处，那就是旋转速度都比国外选手要慢半拍，甚至一拍。随着这几年国际赛事的增多，在国际赛场上我们经常能看到国外的链球运动员拥有看似不像投掷运动员的体型，但却具备相当高的水平和超快的旋转速度，这一趋势也应该引起我们对选材新的理解和认识。在专项速度的训练中，应及时培养运动员的心理意识，在完成技术与投掷的过程中要刻意强调以速度为核心。对青少年运动员来说，在早期训练中如果能培养他们对速度的认知和意识，对后期的发展是非常有力的保障。

（三）力量是保障

力量训练对于一名投掷运动员来说也是极为重要的，完成整个投掷过程需具备良好的身体素质，充足的身体力量可以增加旋转的稳定性，合理地运用力量也可以提高最后用力的攻击性，但怎么去发展能够为专项服务的有效力量素质是我们要认真研究和琢磨的。要抛掉只练大力量和杠铃力量的传统观念，将力量训练与专项练习合理、有效地结合起来，发展力量的同时可以提高专项能力，力量的提高完全为专项效力。只要认真琢磨、细心设计，搞清力量训练的目的，其实也就不难发现把力量训练与专项练习结合在一起的练习手段真的有很多。

三、对项目可持续发展规律的再认识

青少年时期表现优秀不一定进入成年就会成功，这一情况在我们的训练工作及培养过程中都遇到过。国外的训练培养模式非常严谨、系统、合理，从兴趣到专业，从初级到高级，从全面到专一，都有着一套相当完整和科学的执行体系，并且制定者和执行者都能够按照严谨、细致的原则，长期系统地执行下去，不会出现拔苗助长、过早夭折的现象，且能够很好地培养和保持运动员对所从事项目的热爱与激情。参与程度逐步提高，注重质量而不是数量，这些都是长期培养运动员的重要因素和手段。培养运动员去享受训练和竞赛的过程是让其延长运动寿命、长期发展的关键因素。总结经验，提高认识，运动训练是一个长期的复杂的工程，不可急于一时，掌握项目规律，运用台阶模式，遵循适时有效的训练原则，科学严谨地执行训练过程，只有这样我们的工作才有意义，我们的付出才有回报。

短短21天，既紧张又充实，学员间的团结友善，讲师们的热情敬业，所学所见都使我感到不虚此行。在回到自己的工作岗位后，我将细致分析，认真总结，及时更新，把学到的新理念、新方法进行消化并合理地转化，与自己的专项紧密结合，有效地为专项服务，让自己能够在这个高速发展、日新月异的时代跟上步伐，体现价值。

转变观念，拓宽思路

重庆市射击运动学校　付娟

受重庆市体育局的委派，我有幸参加了国家体育总局2017年精英教练员双百计划业余训练教练员赴澳大利亚培训班，同行共25人，于10月12日—14日在国内进行了为期3天的培训，于10月15日—11月4日在澳大利亚进行了为期21天的培训。学习分为三个阶段：第一阶段在北京体育大学进行，第二阶段在悉尼大学进行，第三阶段在墨尔本进行。此次培训有国内外数名专家、教授参与授课，涉及体育机构、体制的发展，青少年训练方法，如何提高教练员执教水平等内容，可见国家对教练员培养的重视程度，同时也给我们这样的基层教练员一次很好的学习机会。此次培训让我受益匪浅。

一、培训收获

培训班学员是来自全国11个运动项目的精英教练员，大家在一起共同学习，相互交流，向澳大利亚各大学、协会、俱乐部的体育专家、首席执行官、教练员、运动员学习理论和实践知识。除课堂学习外，还有参观和考察，课后大家还利用休息时间坚持学习党的十九大会议精神。各项目教练员对机构体制、场馆设施、青少年训练方法、教练员能力塑造等，都有自己的认识和独到的见解。大家各抒己见，增进了学习氛围，构建了一个多项目、多学科的国内、国际交流平台。通过学习、考察澳大利亚的体育运动发展，我们发现其中有不少方面值得思考和借鉴。

（一）澳大利亚先进的体育文化

澳大利亚总人口约2400万，是全球十大人口稀少的国家和地区之一，比现在的重庆市常住人口数量还少。在过去20年，澳大利亚在国际体育比赛中取得了令人惊叹的辉煌成绩：2000年悉尼奥运会获得16枚金牌，排名第4；2008年北京奥运会获得14枚金牌，排名第6；2016年里约奥运会获得8枚金牌，排名第10。其获得过游泳、自行车、澳式橄榄球、板球、网球、帆船、滑雪、冲浪等项目的世界冠军。培养出了索普、休伊特等一大批世界知名运动员。澳大利亚如此之少的人口数量，却培养出了不同运动项目、数量众多的优秀体育人才。很显然，澳大利亚人找到了培养竞技体育人才的有效方法。

1. 提高民众参与率

澳大利亚跆拳道协会首席行政官给我们讲了澳大利亚跆拳道运动员的发展途径。为了更好地提高民众的参与率和比赛成绩，澳大利亚跆拳道协会采用FTEM发展模式来促进跆拳道项目水平的提高。这让我们感觉到管理人员、技术指导人员、科研人员与教练员、运动员的互相配合、支持，各行其责已经深入澳大利亚的体育文化和从业人员的潜意识中。在这样一个复合团队中，大家从内心深处建立了对彼此的尊重和认同。具体来说，有两个方面让我们印象深刻：一是鼓励不同年龄段的人包括残障人士参与运动，使他们在运动中得到快乐，在快乐中提高兴趣；二是对天赋、精英运动员的各阶段训练监控模式，教练员重视运动员的反馈意见，不拔苗助长，合理利用时间，提高阶段训练质量。

还有，运动比赛体系深入民间。每周、每月都有学校与学校之间、社区与社区之间、州与州之间的比赛，这促进了青少年学生运动参与率的提高，提供了选拔后备人才的机会。就算一个运动员没能进入国家队，他还可以是社区队、州队队员，或者纯业余队员。这让澳大利亚人运动参与度非常高。

2. 注重青少年素质培养

“不能浪费任何一个青少年体育人才，因为不知道是否还会出现下一个”，这是澳大利亚体育管理者常挂在嘴边的一句话。也许正是这种人才的危机感，才让对体育人才的珍惜之情植入每一个澳大利亚体育人的内心，成为其竞技体育文化中的重要组成部分。

墨尔本职业教育中心的高级讲师约翰·扬就如何提高青少年素质训练谈了15个观点：①把运动作为游戏方式开展；②利用观看比赛的方式引导；③让孩子参加多个运动项目；④用鼓励的方式引导孩子坚持运动；⑤用竞争的方式引导孩子接受得失；⑥让孩子主动参与家务劳动，有计划地规划日常生活；⑦让孩子参与慈善活动，学会帮助、关爱他人；⑧鼓励孩子给自己做早餐，让他知道增加营养能满足一天所需的能量；⑨家长以身作则，给孩子一个积极面对生活的态度；⑩家长在孩子面前要尊重教练员，要有配合教练员的谦虚态度；⑪家长要奖罚分明地引导孩子做事；⑫要引导孩子主动与教练员、朋友交流；⑬家长要尊重教练员的训练手段，信任教练员；⑭要引导孩子遵守社会公德；⑮让孩子对家长有信任感。这15个观点明确了澳大利亚人“以人为中心”的培养理念，值得我们学习和借鉴。

3. 教练员应具备的素质

澳大利亚作为“骑在羊背上的国家”，似乎对“领头羊”有着特别的理解，非常重视优秀教练员的培养与服务。澳大利亚校园运动协会副董事兼田径总教练克里斯·纳恩给我们讲了如何做好青少年的教练员。其中谈到了两点，第一点是做一个好教练员的执教理念，即“给别人创造机会，让他实现自己的愿望”；第二点是做一个好教练员的职责，即“不管在哪里工作，目的都是帮助人实现愿望”。理念和职责的共同点都是为人“实现愿望”。这就明确了教练员的主要角色是为运动员的所需服务，教练员的能力发展和素质要求都有专门的机构统一培训，获得不同的资格认证，教不同阶段的运动员。可见，“以人为本”一直是澳大利亚人坚持的教育理念。

4. 不同年龄段运动员的培养方法

悉尼大学的副教授唐纳对各年龄段的运动员如何进行培养谈了四个观点：一是尽量避免小孩过早训练，导致伤病，失去兴趣；二是6～12岁进行游戏性训练，可提高兴趣；三是13～15岁进行专业训练，发展基础能力，培养上进心；四是16～19岁进行强度训练，发展抗压能力，培养比赛能力。这四个观点既是澳大利亚教练员培养运动员的基本模式，也是他们珍惜人才，以人的阶段性发展为主的科学理念。

（二）大学体育是澳大利亚精英运动员的摇篮

我们参观了悉尼大学、墨尔本大学、维多利亚大学、迪肯大学等。这些大学都培养出了获得世界冠军和奥运会奖牌的精英运动员。令我感触最深的是维多利亚大学的体育科学实验室，那里有各种辅助训练的科研设施，如生物力学，基因研究，有氧、无氧运动监测等设施，这些设施为就读于该校的精英运动员服务。大学把精英运动员、教练员和科研人员三者有机地整合成了一个整体，实现了真正意义上的科学训练一体化，使澳大利亚体育达到了新的高度。这种领先不仅体现在技术操作层面，更反映在澳大利亚体育最核心的文化层面。

二、学习的启发

中国正在由体育大国向体育强国迈进，竞技体育后备人才培养关系着我国竞技体育水平的提高和体育事业的可持续发展。作为一名射击教练员，我深感责任重大。中国的射击项目水平在世界居于领先地位，由于规则的不断改变，对运动员综合能力的要求也不断提高。为了选拔精英运动员，继续保持领先地位，对教练员能力的要求也不断提高。加强教练员队伍建设，转变观念，拓宽思路，着力提升教练员自身综合素质，提高运动水平，就应该具备以下三个方面的素质。

一是要提高学习能力，掌握教育学与方法学技能。用专业知识武装头脑，并贯彻落实到平常的工作中。把学习知识、提高素质作为生存和发展的主要任务，牢固树立终身学习的观念，不断提高理论水平，提高知识层次。

二是要提高创新能力，随着射击项目的世界竞技水平不断提高，我们面临的新情况、新问题将会越来越多，工作的任务也会越来越重。要使我国射击运动再上新台阶，我们必须提高创新能力。作为教练员，要利用科学训练来提高运动员的竞技水平，要发扬艰苦奋斗、埋头苦干、自觉奉献的优良作风，把心思用在工作和事业上。

三是要提高自律能力，进一步树立教练员的工作形象。为人师表，大到人生观和价值观的启发教育，小到穿着打扮、言行举止，都对运动员有着很深远的影响。要严格并幽默，严肃并体贴。要堂堂正正做人，走好人生之路，始终保持谦虚谨慎、戒骄戒躁的良好作风。

总之，要学会用全面的、发展的、联系的观点看人看事，提高辩证思维的能力和认识问题、分析问题、处理问题的能力。要不断地加强世界观、人生观和价值观的教育和改造，塑造教练员的人格魅力，以人格的力量影响和推动工作的落实。

整合、充实、完善教练员知识结构

吉林省体育运动学校　李志坤

我从事二线速度滑冰教练员工作多年，此次有幸参加国家体育总局2017年精英教练员双百计划业余训练教练员赴澳大利亚培训班，在感到荣幸与骄傲的同时也感到自己肩负的责任和压力，自己深知与高水平教练员仍有差距，希望通过这次学习来提高自己的理论知识水平。

中国将于2022年举办冬季奥运会，这是值得骄傲和自豪的大事，我们冰雪项目教练员为之振奋。作为二线队伍，我们有着承上启下的作用，为运动员打好知识和实战的基础，向高水平专业队、国家队输送高质量的运动员。这次培训正好赶上党的十九大胜利召开，在国外我们认真学习了党的十九大的重要精神。

一、培训内容回顾

此次培训一共分为三个阶段，第一阶段于10月12日—14日在国家体育总局干部培训中心进行，主要针对出国培训的教练员，主要内容为我国竞技体育可持续发展的重要意义，同时也对学员出国期间的学习纪律、外事纪律、组织纪律及日常管理提出了要求。第二阶段于10月15日—22日在澳大利亚悉尼进行，第三阶段于10月23日—11月3日在澳大利亚墨尔本进行，培训内容主要是澳大利亚青少年运动员选拔，青少年运动员培养，运动能力分析及优秀教练员的培养。除此之外，我们还参观了2000年悉尼奥运会场馆、悉尼大学、拉筹伯大学和墨尔本体育及水上运动中心。

二、如何成为优秀教练员

一名教练员首先要是一名很好的老师，要具有丰富的知识。教练员需要找到培养孩子体育兴趣的方法，尤其要考虑体育人才培养的潜在因素。教练员应该为所有孩子提供平等的机会，而不管他们的天赋是什么，教练员必须学会理解和管理这种微妙的模式。教练员要语言简单明了，善于交流，针对不同的情况，要做出相应决定和决策。教练员还需要时常进行自我反思，即如何让自己下次做得更好。教练员是在成长中指导运动员，并在不断成长的过程中，倾听运动员，了解他们的需要，然后帮助他们在运动中取得成功。教练员要在拥有自我的价值观、风格、品质、技能和能力的基础上，与他人进行长期有效的合作，其关键在于人际关系和人际交往能力。教练员的素质和技能有很多种：个人价值观、自律、尊重他人、沟通能力、应变能力、设定目标能力、领导能力、辛勤工作、管理能力、教学技能、人际关系技巧、心理技能、组织能力、自我认知能力、阅读能力、对运动的理解、学习意愿等。教练员要创造合适的条件来学习如何教授技能，激励更好的表现；要为运动员提供一种哲学思想和视野，让运动员坚定信心。

三、对青少年选材及训练的思考

通过培训，我们具体了解了澳大利亚的青少年运动员人才基地建设。在澳大利亚，运动首先是源于个人的兴趣，澳大利亚是一个全民都热爱体育的国家。在澳大利亚，体育以社区为基础，有很多志愿者参与、举办的赛事活动。澳大利亚国土的面积与我国不相上下，人口总数却只有2400万，但是在奥运会上取得的成绩却很多，澳大利亚体育机构的组织结构分为三个层次，第一级为联邦政府，是国家级政府，管理整个澳大利亚的事务，由多个政党组成。每个州和领地都有地方政府，这是第二级，由他们来维护体育设施和场所。第三级为社区，也是澳大利亚体育运动的基础。第一推动力是学校，学校得到政府的支持，来提高体育项目的参与率。除此之外，还有俱乐部和私立学校体系。学校和学校之间也会打比赛，所有服务于体育项目的人员都要经过资质培训，这些也都是政府在运作。年轻人有机会参加多个赛事，参加体育运动有利于青少年身心健康。鼓励青少年多参加赛事，也有很多家长参与比赛。在选拔人才的时候，发现特质并进行量化，挑选运动员的时候不能只看一场比赛，要花更多的时间去观察。挑选人才是通过13岁时的表现去预测25岁时的表现，传统上主要从体格和技术方面考虑，而忽略其他方面的表现，所以可以看到有些在一年中比较早出生的孩子发育更快，运动成绩较好，但成人后表现却不突出。选拔运动员，技术方面很重要，但另一个重要的因素是13～16岁孩子的成长速度，生长太快会不太协调，控制不好重心。心理素质也很重要，选拔运动员，技术和战术能力占6分，心理因素占10分。在澳大利亚选拔运动员要进行1周的比赛，前两天青少年运动员代表各个州进行比赛，后两天按照年龄分组进行比赛，都是15岁的孩子，年龄稍大的孩子在比赛上会取得一定的优势，但是当这些孩子的成长水平一致时，这些年龄稍大的孩子就没有什么成长空间了。在中国进行选拔时可以考虑这些因素，比如没有被选上的运动员要考虑可能是因为生长缓慢。教练员是否设立了专门的条件来评价、选拔运动员，选拔运动员是否经过培训，选拔体系是不断促进运动员发展，还是在毁灭运动员，在哪个年龄段来挑选运动员，这些是需要我们共同努力来解答的问题。

四、参观运动场馆的体会

在澳大利亚，我们参观了悉尼奥运会场馆、悉尼大学、拉筹伯大学、墨尔本体育及水上运动中心，体验了澳大利亚先进的体育设施，拉筹伯大学是澳大利亚维多利亚州最大的、发展最快的公立大学之一，也是教育研究方面最活跃的澳大利亚大学之一，还是澳大利亚政府投入研究基金最多的大学之一，在科研和职业培训方面处于领先地位，是享有国际声誉的综合性大学。拉筹伯大学，保持一流国际水平，发挥优良治学传统，重视教学方式创新，营造平等的学术气氛是其一贯的办学宗旨。墨尔本体育及水上运动中心，有多功能游泳池，泳池场地可以自由分割为三块，底部有升降功能，会有一些州际水平的运动员在此训练；还有综合健身力量房、多功能训练场地、多功能篮球场地、多功能羽毛球场地、多功能康复中心，大部分场地都是开放性的，可以满足民众对体育活动场馆的要求。

五、培训心得

在不到3周的培训中，我感受到澳大利亚很多先进的体育文化，澳大利亚以育人为本，珍惜每一位练体育的孩子，教练员尊重运动员的意见。中国的训练多是单方性教学，这是我们一贯的做法，但现在的运动员是多样化的，思维模式和以前大不一样，所以教练员要接受科技化的东西，管理运动员也要因人而异。这次培训使我开阔了思路。随着社会的进步，知识更新的日新月异，加强学习，更新观念，整合、充实、完善知识结构，全面提高教练员的综合执教能力，是现代竞技体育发展的趋势。不学习理论知识就不可能有创新，不学习就会被淘汰，只有不断提高自己的综合能力才能成为专家型、领军型教练员。我会全力以赴把自己该做的事情做好，在工作中高标准地要求自己。

言传身教，亦师亦友

广东省青少年竞技体育学校　刘美玲

国家体育总局2017年精英教练员双百计划业余训练教练员赴澳大利亚培训班，以北京体育大学副校长夏伦好为团长，全团共25名学员，其中3名是国家体育总局青少司的工作人员，其余都是来自各省（自治区、直辖市）各个项目的教练员。

此次学习本人以饱满的精神状态参与了每一节课，听完了全部授课老师的讲课。非常感谢国家体育总局领导及负责相关工作的老师的精心准备，让我们非常顺利、紧凑和高效地完成此次学习，澳大利亚三周的学习让我如海绵吸水一样，深深地吸收国内、国外不同项目的训练理念，让我的思路豁然开朗，三周的学习和生活，给来自各个省（自治区、直辖市）不同项目的教练员创造了一次非常好的交流机会，互相探讨不同项目的共同特征、训练手段，各个项目的最新训练理念，加深相互之间了解，取长补短。

一、对澳大利亚的认识

在悉尼和墨尔本学习的三周里，我们每天都早出晚归，坐车来回穿梭于城市中心与各大学之间，负责联络的小于和小宋都会在路上给我们介绍当地的气候、生活习惯、饮食习惯。听、看、行，这是我最初对悉尼和墨尔本了解的来源。

澳大利亚人口只有2400万，地广人稀，生态环境非常好，空气质量好，水资源非常丰富，市区的公园里天鹅、野鸭、鸽子、乌鸦等各种野生动物与人和谐相处。每个人都很热爱运动，澳大利亚最热门的运动项目是澳式橄榄球和水上项目，随处可见划赛艇的人。

良好的生态环境给热爱运动的澳大利亚人创造了很好的条件，全民参与运动的生活习惯也给澳大利亚体育奠定了厚实的基础，虽然人口只有2400万，但澳大利亚完整地参加了每一届奥林匹克运动，并且成绩排名世界前列。

悉尼大学合影留念

二、培训内容回顾

10月12日—14日在北京体育大学教练员学院培训中心培训。

10月16日—22日在悉尼大学参观及培训。

10月23日—11月3日在墨尔本参观及培训。

每天上午9:00—12:00和下午2:00—4:30上课，个别课程安排有区别，每天的上课时间不少于六小时。

上课的地点有悉尼大学、墨尔本大学、维多利亚大学、迪肯大学、墨尔本体育及水上运动中心、维多利亚体育协会、澳大利亚校园体育协会、澳大利亚国家篮球训练中心、澳大利亚网球协会等。

三周的学习安排得紧凑而有序，学习内容大多都围绕澳大利亚不同项目青少年训练手段和方法，以及优秀教练员应具备的条件。课程内容大概分为以下几个部分：①介绍澳大利亚的各级体育组织的现状；②如何成为一名优秀教练员，优秀教练员应具备的条件；③参观悉尼大学及维多利亚体育学院的场馆设施；④关于心理及康复的课程；⑤与悉尼及墨尔本各个项目的教练员、运动员交流，了解澳大利亚的体育机制及运动员的训练、学习安排。

在学习期间还安排了三次全体学员研讨会，出国前在北京进行了一次，在悉尼学习最后一天进行了一次，在墨尔本学习中段进行了一次。研讨会上，学员发言踊跃热烈，得到了夏团长的高度评价。

三、澳大利亚体育的基本情况

澳大利亚的体育机构及分级培养运动员的体制和我国基本相同，澳大利亚体育机构及项目经费同样也主要来源于政府拨款，其次是商业赞助。据了解，澳大利亚同样也会存在经费不足、室内运动场馆不足、个别项目拔苗助长等情况。

社区体育和学校体育双结合，每周末都会举办部分项目的比赛，使每一个孩子都参与活动，这些活动都是由志愿者组织的，这些志愿者都有自身的工作，举办这些活动，完全是义务的，但是每一个志愿者都很乐于做这样的工作。

澳大利亚非常重视教练员专业技能以外的、作为教练员应具备的沟通能力和交际能力，他们认为教练员和运动员、家长、社会媒体的沟通很关键。

澳大利亚的一级体育项目是赛艇、游泳。澳大利亚的水资源丰富，赛艇运动随处可见，划赛艇的并非都是专业运动员，很多是各个年龄段的社会爱好者。

澳大利亚运动员取得成绩的回报非常简单，物质奖励很少，更多的是精神上的鼓励，他们比赛获奖后，可获得协会的奖学金，奖学金只能用于支付第二年比赛的费用，和取得协会训练场馆及器材的使用权，但这没有影响他们的积极性。

澳大利亚对运动员上学并没有特殊优待，运动员不能减少学习科目和降低考试标准，他们不能因为体育训练而影响学业，如果比赛和学习冲突时，最多允许他们延迟毕业时间，或者利用网络完成课程，优秀运动员上大学可以加5分。

教练员非常重视青少年运动员心理健康和成长思维培养，职业教练员服务运动员的意识很强。

四、培训心得和启示

（一）深感中国的强大

此次国外之行，我深感中国的强大，作为中国人的骄傲油然而生。我行走在澳大利亚城市中心，参观了多所名牌大学和2000年悉尼奥运会场馆，还有各大体育协会场馆、设施和建筑。对比之下我更感到中国的快速进步，更加佩服中国人的智慧。学习期间正逢党的十九大召开，我们住宿的酒店没有中国电视台，但澳大利亚的新闻频道大幅报道了党的十九大开幕时习近平总书记的讲话，可见国外对中国国情的重视。当天，我们团队还利用课余时间，组织学习党的十九大精神。

（二）对教练员工作的新定义

教练员是需要终身学习的，以往我们认为教练员的好坏就看其培养了多少冠军，获得了多少奖牌，但澳大利亚人并不完全这么认为，尤其对于从事青少年训练的教练员。澳大利亚的教练员非常注重运动员的成长过程，教练员会与运动员和家长建立良好的沟通平台，了解运动员生活、学习和训练情况。

作为教练员，必须是一个正直、公平的人，对待每一个运动员都一样认真和用心，同时要做到言传身教，树立威信的同时也要有亲和力，这样运动员才会信任你，亲近你，敬佩你。还有，对自己的工作要有长期的规划和短期的规划。

在澳大利亚，一个优秀教练员要具备八个要点，其中一点是，必须具备良好的沟通能力和良好的交际能力。一开始我有点儿怀疑，沟通能力和交际能力与优秀教练员的关系有这么重要吗？听完所有的授课，再结合在国外学习期间与二十位不同省（直辖市、自治区）、不同项目的教练员接触，发现每个教练员都有共同的职业特征，但如果一个教练员能够很好地与同行交流学习，你会发现他的带队成绩也比较好。

回想自己当运动员的时候，教练员对我们的要求就是从难、从严、从实战出发，训练上、生活上都不允许有一丝松懈。教练员给我们的印象是非常严肃的，我们从来不敢在教练员面前放松，表达自己的真实想法，其实这种情况很容易增加运动员的心理压力。

现在我自己当教练员了，意识到这方面我也有不足。亦师亦友，教练员在训练场上要做运动员的教师，生活上要做运动员的朋友。

五、结束语

非常感谢国家体育总局和广东省青少年竞技体育学校对我的栽培，我一定会消化本次培训内容，萃取精华，将适合国情的经验用在我的工作上，挖掘、培养更多好苗子，为一线、为国家队输送更多全方面发展的优秀运动员。体育不是政治，但其政治功能强大，为国争光是我们每一个体育工作者的责任。

让体育精神感染更多的人

河南省体育运动学校　刘志国

我非常荣幸地参加了国家体育总局2017年精英教练员双百计划业余训练教练员赴澳大利亚培训班，通过在澳大利亚三周的学习和考察，开阔了视野，吸收了新的理念，也加深了对澳大利亚青少年体育工作有关政策、规章、制度及发展规划的了解。通过观摩优秀运动队的训练，我了解了运动员的训练及饮食的要求，训练上的方法与手段，以及如何进行受伤后的恢复及训练。这些学习内容让我们重新审视一些训练理念，使我们树立了科学训练的自信心，让我们从训练负荷的生物学效应角度出发，科学设计训练计划，把握训练负荷。在学习期间，我明显地体会到澳大利亚的竞技体育一方面成为经济产业，另一方面也吸引了更多的人关注和参与体育运动，使之得到不断发展。我感触颇多，受益匪浅，对跆拳道训练有了更为深刻的认识，对本项目的科学化训练进行了更加深入的思索。现将本人参加此次培训的体会总结如下。

一、承担培养体育后备人才的责任和义务

在澳大利亚的每次讲座都反映出一个共同的理念，任何一个运动项目都在用自己的方式营造体育氛围，宣传体育魅力，吸引社会各阶层的青少年都来参加体育活动，推动体育训练的普及，形成良好的体育习惯，打造健康的体魄。因此，走进澳大利亚可以看到很多热爱体育的人士，每一个俱乐部不仅仅是培养优秀运动员参加国际赛事，还要担负起一份社会责任，全民健身促进大众体育，人们在积极参与的过程中展露才华，这也为及时发现人才、实现早期培养提供了渠道。总之，澳大利亚因为体育机制健全，俱乐部运行有序，后备人才培养严谨科学，使该国在世界体育的舞台上占据了重要位置。

二、运动训练的核心问题

不同的运动项目都有各自不同的特点，每个运动员都有自己的独特性，尤其是高水平运动员，因此在训练中要安排针对性的训练，且运动员的训练计划是可以改动的，需根据具体情况不断调整，充分体现相互的尊重。任何情况都可能使前期的训练失去意义，科学的管理和科学的训练才能更好地提高运动成绩。在发展技术的同时，心理素质的培养也要从少儿时期开始，需特别注重培养运动员的自信心，激发运动员展现自我的欲望。另外，提及在训练中对运动员的保护关怀问题，授课专家说，澳大利亚人口少，每个孩子都是希望，所以强调每个体育工作者都要有这种意识，把运动员当成自己的孩子，精心培养。这种良好的体育环境才能吸引大量的青少年积极参与体育运动。培训让我得到了很多启示，如何更好地保护我的学生，采用什么样的方式、方法，尽自己的能力避免其受伤；少一些权威式的教育，多一份爱心、耐心，等待孩子们的成长，不要急于求成，更不能拔苗助长，要让运动员们快乐地成为跆拳道项目的获益者，享受跆拳道带来的乐趣。

三、教练员的工作作风及团队意识

教练员们的真诚用心让人感动，有很多教练员是凭着一种兴趣和爱好默默地努力奉献着，有些体育工作者还是无偿服务。在执教中，他们会不断地学习和参加培训，也会面对很多问题。一个俱乐部如果没有很好的成绩，就会面临会员减少、资金短缺的问题，没有政府的扶持，自身承受的压力是很大的。作为一名中国的教练员，我们面对的问题就简单很多，有着不同待遇的工资，整个运动训练过程都有物资保障。我们需要的是参加培训，更新知识，提高自己的业务水平。

澳大利亚竞技体育的发展离不开团结协作。每一个项目的发展都离不开团队支撑，科研专家、教练员、心理专家、生物力学专家等，从小到大的很多决策，甚至一个训练计划都由大家来讨论决定，他们意识到只有团结才有力量，一个人的力量是有限的，团队合作体现了每个人的价值、重要性。

认知　创新　提升

成都体育学院　骆懿

为贯彻落实《2011—2020年奥运争光计划纲要》和《全国体育人才发展规划（2010—2020年）》，加强我国高素质教练员队伍建设，培养一批具有国际视野、创新思维和较高执教水平的领军型教练员，推进竞技体育可持续发展，国家体育总局于2017年10月12日至11月4日组织精英教练员赴澳大利亚培训，本人有幸成为其中一员。在为期21天的赴澳大利亚培训中，我们先后来到悉尼和墨尔本的高等学府、体育俱乐部、运动体育委员会及有关教学科研部门进行学习、观摩，学习、了解澳大利亚青少年运动员训练的新理念、新方法及澳大利亚体育人

才培养模式等。这次培训让我开阔了眼界，拓宽了思路，更新了观念，使我受益匪浅。

一、澳大利亚国家情况简介

澳大利亚位于南半球大洋洲，四面环海，国土面积769万平方千米，居世界第六位。澳大利亚是英联邦的一个后起发达资本主义国家，农牧业发达，自然资源丰富，有“骑在羊背上”“坐在矿车上”“手持麦穗”的国家之称；澳大利亚地广人稀，气候温和，目前全国只有2400多万人口，其中新南威尔士州的悉尼和维多利亚州的墨尔本占据了人口总数的四分之一，是整个澳大利亚经济、政治和文化发展的中心。

二、澳大利亚体育运动简介

澳大利亚是一个为体育运动而疯狂的国家，体育锻炼是他们生活中必不可少的一部分，不论白天还是晚上随处可见参与体育活动的人。澳大利亚四面环海、地面平坦、气候温和，自然条件也非常适合运动。澳大利亚是移民最多的国家，不同的人种、不同的地域文化，需要一个支点让大家团结起来，体育运动就是拉近距离、传播友谊的最好纽带，因此澳大利亚人认为体育运动可以让他们团结一致。澳大利亚也是为数不多参加过每一届夏季奥运会的国家，并承办过1956年墨尔本和2000年悉尼两届奥运会。目前澳大利亚的优势项目有游泳、板球、赛艇、澳式足球、澳式橄榄球、网球等，同时也开展体操、跳水、羽毛球、跆拳道等奥运会项目。澳大利亚体育运动主要由澳大利亚全国体育委员会、各州体育委员会、各项目协会、俱乐部、社区体育、学校体育负责管理、开展，这些组织既是独立单位，也相互合作。资金主要由政府拨款、企业赞助、自主创收三部分组成。

三、澳大利亚运动员FTEM培养机制

FTEM是foundation（基础）、talent（专业）、elite（精英）、mastery（高水平）的英文缩写，是澳大利亚通过多年训练实践、研究论证总结出的选拔、培养运动员的系统模式，其主要由基础训练、专业训练、精英训练、高水平训练四部

分组成。

（一）基础训练

基础训练主要是针对6～12岁所有喜爱、热爱体育运动的青少年，由学校、社区、俱乐部负责提供场地，教练员负责开展实施。青少年体育活动的开展主要以课余有偿培训为主，政府资助为辅，依靠个人兴趣参与训练。初级训练是按时间付费的。基础训练分为三个级别，不同的级别有不同的训练要求及目的。F1为基础训练的第一阶段，主要以学习基本的运动技能、了解所学项目、建立兴趣为主；F2为基础训练的第二阶段，主要以扩展运动技能、提高运动水平为主；F3为基础训练的第三阶段，主要从有针对性的训练为主，可以参加学校、社区之间举办的各种比赛。基础训练阶段鼓励所有青少年参加，每人至少参与3～4项体育运动。

（二）专业训练

专业训练主要针对13～15岁有一定基础的青少年，由各单项协会下属俱乐部和学校负责训练管理，随着训练水平的提高，青少年参加各级比赛并达到相应标准，就可以获得免费俱乐部训练、奖学金和政府资助等奖励。专业训练分为四个级别，T1为专业训练的第一阶段，主要以发掘潜能，提高运动技能，通过训练展示生理、心理和运动潜力为主；T2为专业训练的第二阶段，教练员会给予进一步的指导，要求青少年形成良好的技术能力，有信心、决心，以积极的心态对待训练，对自身有一定的自我管控能力；T3为专业训练的第三阶段，通过前期训练的积累，青少年有了一定的训练经验，运动技能也有所提升，会参与各协会或俱乐部组织的集中培训；T4为专业训练的第四阶段，青少年进一步提高运动技能、体能、心理等方面的综合水平，突破自身能力，参与更高级别的比赛，获取更加优异的成绩。在这阶段中，教练员会通过多次比赛，仔细观察，找出具有发展潜力的青少年，让其继续参加更高级别的训练和比赛。此阶段的青少年一般会参与2～3项体育运动。

（三）精英训练

精英训练主要针对16岁以上，在专项上有继续发展潜力的青少年，由各单项协会和州体育运动委员会合作管理，并提供场地、医疗、教练员、比赛等服务。训练活动的开展主要在早晨7—9点和下午4—6点，一周训练6天，每周都训练。参加全国比赛达到相应比赛成绩就可以入选国家训练营，得到政府支持。精英训练主要以专项化训练为主，以提高运动水平，成为职业运动员，代表州或国家参加国际、国内比赛为目标。此阶段的青少年要选定1个项目进行训练，开启职业运动生涯。

（四）高水平训练

高水平训练主要针对训练多年，并已经在世界大型比赛中证明自己，可以比较稳定地获得世界前三名的国家高水平运动员。对他们已经不存在选拔的问题，而是考虑如何保证他们运动生涯的可持续性发展。政府免费为高水平运动员提供文化学习和运动训练，在运动营养、理疗恢复及心理辅导方面给予重点照顾，高水平运动员可以获得国家给予的奖学金，以及企业赞助，有较高的工资收入。这些运动员每天都要参加训练，每天训练2～3次，每次2小时，只有在一次重大比赛结束后才能休假。

四、澳大利亚教练员培养模式

在澳大利亚，教练员必须获得教练员岗位证书才能从事体育运动的教学，教练员岗位的招聘面向所有人，无论是否曾经从事过体育运动，只要能考取教练员岗位证书，就有机会受聘为教练员。教练员岗位分为初级教练员、中级教练员、高级教练员三个等级。初级教练员培训期为3个月，要学习与训练有关的课程，如从事项目的理论、心理学、训练学等，同时还要参与实践课程，其目的是进入社区开展群众体育运动、推广体育运动，这样的教练员一般为兼职。中级教练员是在获得初级教练员证书的基础上，再进行6个月的培训学习，培训的目的是让教练员熟悉教练员团队的各方面职能，能够协调配合工作，能够帮助运动员可持续性发展，并且带队参加全国青少年比赛。高级教练员也是在获得中级教练员证书的基础上，再继续进行培训学习，培训的目的是让教练员能够帮助运动员在全国比赛、世界比赛中取得好成绩，同时参与世界级高水平教练员会议，帮助他们成为世界一流的教练员，这样的教练员一般为全职。教练员培训的对象分为两种，一种为有训练经历的人员，如退役运动员，另一种为无训练经历的人员。

五、以运动员为中心，建立复合型团队

澳大利亚运动员不仅仅是为了获取金牌而训练，澳大利亚体育运动主张以运动员为中心，培养健全的人格，塑造对社会有用的人。因此，在澳大利亚无论是否是优秀运动员，都要和普通青少年一样学习、考试。在进入学校学习后，所学课程也和普通青少年一样，要学完所有课程才能毕业。另外，还为运动员建立医疗、体能、康复、营养、训练等复合型团队，整个团队以运动员为中心，训练安排、计划制订等都有运动员参与。尊重运动员，事事为运动员着想，处处为运动员创造条件。

六、勇于创新，成就未来

在澳大利亚培训期间，我们还参观了悉尼奥运会场馆及新南威尔士州体育协会。以我国目前的发展来看，澳大利亚的很多场馆设施已不如我国。但授课专家说，尽管澳大利亚的场馆设施不如中国，但他们勤于思考，霍顿在2016年里约奥运会前在维多利亚体育协会练了4周的时间，为了提高成绩，他们绞尽脑汁，终于有一天发现转身时的水浪会形成阻力，影响转身速度。找到了问题就在这上面下功夫。功夫不负有心人，通过反复实验、分析，最终确定降低转身位置，可以减少水浪阻力。这一改变使霍顿一次转身就可以提高0.8秒，200米三次转身，共提高2.4秒，就这一点点的提高让霍顿拿到了奥运会金牌。由此可见，勇于创新才能领先。

七、积极研讨，相互取经

在整个培训期间，除了认真学习既定课程，还在紧凑的学习之余组织了三次研讨会。由于这次培训的学员来自全国各地，涉及排球、篮球、田径、赛艇、艺

术体操、滑雪、射击、跆拳道等多个项目，都是各个项目的优秀教练员，其中不乏奥运会冠军、国家队的教练员，有着丰富的执教经验。研讨会上除了对所学知识进行分析总结外，还互相交流执教心得，如三级跳远教练员吴冀老师给大家分享了他的“懒人执教理念”，将对学生的单向教学转变为双向互动教学，让学生自己提问自己找解决方法，调动学生的积极性，将被动训练转变为主动训练。链球教练员范沛老师建议在训练中录像，不仅录运动员的训练情况，也录教练员的执教情况，这样除了检查、分析运动员的技战术情况外，还可以给教练员提供自审自查的机会，从另外一个角度检查自己的执教情况，找出问题、分析问题、解决问题，因为只有知道自己哪里不好，才能去改进。

在悉尼期间，正遇党的十九大胜利召开，由于没有电视、报纸的报道，夏伦好团长就组织大家用手机看视频学习党的十九大会议精神，并积极讨论，指导大家以党的十九大精神，促进学习、促进训练，不卑不亢地在澳大利亚人民面前展现国人风采。

八、小结与建议

这次学习让我感触颇深的是澳大利亚人对体育运动的热爱，澳大利亚总人口不足我国人口的2%，奥运会奖牌数排名前五，这和这里的地理气候、生活方式、政府的倡导有很大的关系。另外就是以运动员为中心，以运动员为主导，尊重理解他们，这是需要我们好好学习总结的。再有就是澳大利亚对运动员的培养理念值得我们借鉴，他们以培养德、智、体全面发展，对社会有用的人为主导思想，不会因为一个人是优秀运动员或是奥运冠军而有特殊待遇。

为期21天的澳大利亚学习之行即将结束，大量的知识信息还需要回去后慢慢消化，将所学知识吸收、转化，运用到实际的训练、比赛中。每一次的学习，都在不断地扩大自己的视野，更新自己的观念，相信通过这种“走出去”的学习方式，能更快地让教练员们与国际接轨，结合我国国情，形成具有国际化视野、中国特色的精英教练员团队，为中国的体育事业贡献自己的力量。

以人为本，全面发展

山东体育学院体育运动学校　孙本胜

2017年10月中旬本人有幸参加了国家体育总局2017年精英教练员双百计划业余训练教练员赴澳大利亚培训班，在澳大利亚第一大城市、新南威尔士州首府、澳大利亚经济、金融、航运和旅游中心悉尼及澳大利亚维多利亚州的首府、联邦第二大城市墨尔本进行了为期三周的培训学习。漫步在澳大利亚街头，感受别样的人文风情。澳大利亚平均约100万人就能产生一位奥运会冠军，是当之无愧的体育强国。以奥运会为例，这个当前仅有2400万人口的国家，在历史上曾两度举办奥运会，近几届奥运会上获得的奖牌数也较为可观，显示出澳大利亚运动员的综合竞争力。澳大利亚被称为“体育运动的天堂”。走进澳大利亚校园，体验开放的异国教育。通过聆听专家、教授的理论讲座，参观实训基地、体育中心，与学院相关教师交谈等多种方式，对澳大利亚体育有了更深的了解，我们在开阔视野、解放思想、增长见识、更新知识、提升理念的同时，也认识到我们在理论和实践上与之存在差距，我国现阶段的体育教育还大有可为，有很大的提升空间。这更加坚定了我做好教练员的信心与决心，力争把自己受到的启发，专业、实际地落实到今后的教学实践工作中。此行收获颇丰，启示深刻。

一、澳大利亚体育的基本情况

澳大利亚体育成绩骄人，成因众多。澳大利亚人有着热爱体育运动的悠久传统。在澳大利亚，体育可以是竞赛，也可以是一种生活方式。92%的成人都会有一个自己热衷的运动项目。体育已经成为澳大利亚人生活中不可缺少的一部分。其中，澳式足球和澳式橄榄球是澳大利亚人最喜欢的运动，因为赛季都在冬天，气候比较适宜，一到赛季人们都会戴上自己喜欢球队的围巾，见面的问候语基本都是“你喜欢哪支球队”。体育爱好者中近一半喜欢澳式足球。每年大约有800万人去现场看比赛，即使很偏远的地方也有体育俱乐部，志愿者也达180万人。在澳大利亚的周末，商店无人上班，大多数人会去踢球或看球，因为体育带给他们健康的享受。调查显示，小时候喜欢运动的人比普通人的健康概率高10%，体育运动能使人保持积极、健康的状态，并促进经济发展。澳大利亚校园文化和团队文化对体育成绩有很重要的影响。澳大利亚的孩子们5岁开始上学，1～6年级是小学，7～12年级是中学。小学、初中体育课往往采用开放、自由的方式，教学以玩的形式进行， 在开心、愉快的气氛中让学生对体育产生兴趣， 然后发展为特长。在澳大利亚，他们的训练是重在参与，只有17岁以上的青少年才会有专业的训练。19岁左右的青少年可以确定主项参加全国比赛。澳大利亚的体育，“人是核心要素”，围绕这一核心，处处体现出对人的尊重和重视。拥有FTEM发展模式，也就是培养天赋、精英、专业运动员的同时发展民众的参与率，其分为三个阶段，开始是基础期，鼓励大家积极参与活动。第一个阶段是天赋阶段，培养有希望成为优秀运动员的青少年；第二个阶段是精英阶段，培养已经获得奖牌且进入国家队的运动员；第三个阶段是专家阶段，培养多次在奥运会和世界大赛中获得奖牌的运动员。这个模式经过了很多科学研究的论证，不仅适合一些娱乐性体育项目，更是一个综合性的发展途径。目前，跆拳道已经在开始使用这个模式。

二、学习培训的主要收获

此次培训内容丰富，安排紧凑。既有理论学习，也有现场考察，既能现场提问，又能师生互动，让我们从多个层面对澳大利亚的体育体制进行了学习和了解，使我们对澳大利亚的体育有了初步的认识，了解了澳大利亚体育的成功秘诀，让我们既丰富了知识、提升了理念，又坚定了信心。

我们首先来到首屈一指的学术殿堂、传统的体育强校、以“繁星纵变，智慧永恒”为校训的悉尼大学。我们在这里认真聆听讲师、教授们对澳大利亚体育事业发展、体育参与率及体育教育体制，青少年体育工作的政策、制度和发展规划，澳大利亚优秀青少年运动员人才基地现状，青少年运动能力分析与身体机能评定标准，青少年运动员选拔标准及方式，以及各级、各类体育运动学校、体育传统项目学校、青少年体育俱乐部、各运动项目后备人才基地建设，澳大利亚重大综合性青少年体育比赛和体育交流活动等内容的介绍。乔利·奇泽姆以跆拳道为例为我们讲解了青少年体育运动参与率。通过介绍我们得知，澳大利亚是一个联邦制国家，跆拳道项目有一个国家级的协会，各州和各领地都各有协会，共8个，各协会下属还有俱乐部，注册俱乐部共有330家。澳大利亚跆拳道运动员在2000年悉尼奥运会上获得一金一银，现在澳大利亚的一些跆拳道运动员世界排名前20，还有一些运动员在伦敦集训。他们的发展目标是重树跆拳道精神，争取在2021年东京奥运会取得优异成绩，同时为教练员、运动员建立长期的、可持续的发展道路。唐纳·奥康纳副教授以新英格兰爱国者队为例为我们分析了成功教练案例，并带我们深入讲解了澳大利亚好教练员应当具备的各种素质和学识以及如何培养运动员，使我们受益匪浅。

在墨尔本大学，我们了解了澳大利亚体育运动与管理、澳大利亚教练员的现状及教练员创新模式。在澳大利亚校园体育运动协会学习了澳大利亚教育与体育的有机融合、澳大利亚学校体育在推动全国竞技体育发展中的重要作用及维多利亚体育协会是如何提升青少年运动队教练员执教水平的，同时学习了他们先进的康复训练手段和方法。澳大利亚校园体育协会是各个州大学体育协会推升的产物，直接向各个州的教育部门汇报。澳大利亚校园体育协会还邀请大学精英运动员给我们进行了讲解。尼克·穆尼教授给我们介绍了维多利亚州校园体育发展情况。维多利亚州有八大体育分区，覆盖全州。其他的州也是用这种分区法来管理事务。无论贫富，青少年都有平等的机会接受体育教育。

来到澳大利亚年轻且最具有活力的大学之一的迪肯大学，教授们为我们讲解了运动心理辅导和睡眠对青少年运动员运动表现和训练的影响及应用研究。

三、学习得到的启示

通过本次学习，我了解到教练员是终身学习的行业，一个专业的教练员应该通过学习来提高认知能力， 并总结出了一个好的教练员应该要做好以下八个方面：①要有好的理念和职业道德，如不能让运动员服用兴奋剂等；②要防止运动员受伤；③要关注运动员身体的状况；④要考虑青少年的受伤会影响其以后的运动；⑤教练员要具备教授和交际技能；⑥在运动技能方面要有熟悉的教学方法；⑦要有组织能力及评价能力；⑧要管理好运动员的行为，如禁止吸烟、喝酒等。作为教练员我要以身作则，有责任心，懂得与运动员沟通，了解运动员心理情况，甩掉固定性思维模式，运用成长性思维模式，鼓励每一位运动员，保证每一位运动员都有进步，要以运动员为中心，根据运动员的身体条件制订计划，要教会运动员合理摄入有营养的食物，并时刻观察天气对训练和比赛的影响，为其提供安全的器材和场所、保护设施以确保安全，要学会评估运动员受伤的情况。

在竞技体育人才培养方面，澳大利亚更加重视训练与文化知识学习的有机结合。澳大利亚在竞技体育人才培养方面有着完备的法律、法规、制度，大、中、小学的课外业余训练与各级俱乐部有着良好的衔接，各级人才培养层次也十分分明，运动员输送渠道更是公平、公开。这些理念、机制、方法等都值得我们学习。我们要建设成为体育强国，应以运动员的全面发展为培养理念，以推行“以人为本，全面发展”的新型体教结合培养模式为主导，切实解决竞技体育人才培养中出现的问题。

在景色美丽的澳大利亚培训学习的三周中，我们珍惜机会，端正态度，讲文明礼貌，时刻严格遵守纪律，服从组织安排，通过课堂、老师、学校、国家几个方面，粗略地窥探了澳大利亚的体育教育体系。虽然了解得没有那么全面、深入，但澳大利亚以学生为主体的教学方式，规范、务实的学校管理，人本化的课程设置，先进的教育理念，还是深深吸引着我们，并给予我们深刻的启示。希望通过我们体育人的努力，大家都能将体育融入生活，体验到运动所带来的快乐！培训学习结束后，我将努力把“体育教育寓教于乐”，发展包容性的体育教育与教学方法等学习到的体育教育的成功经验，在后续的教学中实施。

四、结语

在澳大利亚期间，我们认真听取了习近平总书记在党的十九大上所做的报告，深受鼓舞，倍感振奋，心潮澎湃。习近平总书记在党的十九大报告中指出，广泛开展全民健身活动，加快推进体育强国建设，筹办好北京冬奥会、冬残奥会。这是习近平总书记对我们体育战线发出了动员令，吹响了冲锋号。体育强则中国强，当前我国的体育事业已经进入快速发展的阶段，全民健身也已成为大家的共识， 作为体育工作者，我们正赶上在体育强国建设征程中再立新功的最好时机。要把加快体育强国建设，作为担当和必须担负的政治责任，把个人的奋斗目标和梦想，融入体育强国梦和伟大中国梦。

澳大利亚的先进理论对运动员训练、选拔方法的启示

沈阳体育学院　王葆衡

本人有幸于2017年10月参加了国家体育总局2017年精英教练员双百计划业余训练教练员赴澳大利亚培训班。10月12日—14日在国家体育总局干部培训中心进行了为期3天的培训后，于10月15日到达澳大利亚开始了为期21天的培训学习。在悉尼大学，教授讲授了澳大利亚体育事业发展、体育参与率及体育教育制度，青少年体育工作的政策、制度和发展规划，教练员培养计划、分级训练特点及培训方式，教练员先进的训练理论和方法，青少年运动能力分析与身体机能评定标准，青少年运动员选拔标准及方式，各级、各类体育运动学校、体育传统项目学校、青少年体育俱乐部、各运动项目后备人才基地建设，重大综合性青少年体

育比赛和体育交流活动等内容。在新南威尔士州体育协会学习了澳大利亚青少年教练员如何评估青少年运动员的个人能力并制订初步训练计划和后续训练计划。在墨尔本学习了青少年运动队教练员综合素质和创新能力培养，青少年体育教练员认证框架、教练员资格认定制度，青少年体育运动训练模式，青少年运动技能和运动技术课程纲要，青少年运动员选材与人才培养渠道，青少年业余训练管理制度，青少年业余训练体系，如何提升青少年运动队教练员的执教水平和训练工作能力，教育与体育的有机结合（体教结合）。参观了维多利亚体育协会，并学习了以澳大利亚学校体育在提高全国竞技体育水平中的重要作用为主题的课程。最后，在迪肯大学学习了青少年体育竞赛体系，教练员课程设置和等级划分，学校在竞技体育后备人才培养中的重要作用，澳大利亚教育系统在合理利用利益协调机制培养体育后备人才方面的成功经验；并观摩了优秀运动队的训练，与教练员探讨相关训练技巧等。通过这21天的学习，结合自己的专项，有以下几点心得体会。

一、澳大利亚青少年运动员的选拔标准及方式

在培养运动员方面，澳大利亚采取与中国不同的培养模式，不仅是选拔人才，重要的是发展他们的天赋。通常来讲，各个国家和运动项目的培养模式大部分是金字塔模式，从学校到俱乐部，到省，到全国，到世界，基础人数多，越往上人数越少。根据青少年运动能力分析与身体机能评定标准，层次越高，排除越多的人，如果没有好的基础，就很难培养出高水平运动员。而从一个层次上升到另一个层次也要看个人的表现。想要成为这方面的专家需要10年或1万小时的训练。不仅是训练时间，更要注重训练质量。即使做了1万小时的训练，也不能保证成为更好的运动员，还要注意思想因素。所以在澳大利亚有新的培养模式。儿童时期为基础阶段，这阶段学习基础技能，如果表现出巨大潜力就会进入下一个阶段。下一个阶段更看重心理素质。到第三个阶段，即天赋阶段更加注重的是练习和训练，以保证继续从事这个运动项目。进入精英运动员阶段要看国际赛事和专业赛事的成绩。在第二个阶段，即精英阶段要看运动员能否得到更多的奖牌和是否一直表现良好。最顶层的专家级运动员，可能参加过几次奥运会。这样的发

展途径，运动员选择很多，可选择其他行业。在澳大利亚，每一个运动项目都有自己的规划，只有这样才能获得政府资金。

二、澳大利亚青少年运动员的选拔机制及评定标准

找出17岁以下的运动员所遇到的困难。传统上说，基因在体育上有绝对重要性，虽然后天环境很重要，但父母赋予的天生的东西是无法复制的。虽然先天、后天存在争议，但这两者对所有运动的影响都很重要。在挑选人才的时候，要发现特质并进行量化。挑选运动员的时候往往只能看到一场比赛，只根据这场比赛的表现和身体条件进行挑选，但应该花更多的时间去观察。在挑选人才的时候，要通过13岁时候的表现去预测25岁时候的表现。传统上来讲，这主要从体格和技术方面考虑，而忽略其他方面的表现。所以，可以看到有些孩子在这一年比较早的时间出生，且发育比较快，但成人后表现就不突出了。

在进行选拔时可以考虑的因素。比如：没有被选上的运动员，是否是因为生长缓慢？是否设立了专门的条件，来评价选拔运动员？选拔人员是否经过培训？选拔体系是在不断发展运动员还是在毁灭运动员？在哪个年龄段来挑选运动员？是否认为运动员的发展比运动员更加重要？是否会花更长的时间来进行选拔？不同年龄段的选拔是否不同？在既有体系下，人才选拔是否可以做得更好？传统的澳大利亚足球选拔上只专注技术和理解能力，而专家团队使其变成6项，让选拔更全面。选拔面对的是12～14岁的孩子，谁能准确预测出接下来的12年他会变成什么样子？这是需要我们共同努力的目标。

三、澳大利亚优秀青少年运动员人才基地现状

澳大利亚体育机构的组织结构有三个层次。第一层为联邦政府、国家级政府，管理整个澳大利亚的财务，由多个政党组成，首都堪培拉。澳大利亚由几个州和领地组成，每个州和领地都有地方政府，管理各个地方事务等。地方政府维护体育设施和场所。这是第二层。第三层是社区及学校。由于各种原因，现在的澳大利亚也产生着变化。比如，年轻人喜欢的足球是过去20年间逐渐兴起的运动。澳大利亚在20世纪50年代来了很多欧洲移民，所以足球渐渐兴起。2017年，

澳大利亚5～14岁踢足球的人数远超参与其他运动的人数。澳大利亚有国家体育运动机构，有州立体育运动机构、地方区域协会和体育运动俱乐部。联盟层级是发展精英体育运动。州政府也重视发展体育项目，在每个州的首府提供体育赛事场所，地方政府组织以社区为单位的体育活动。想要参与体育活动的孩子越来越多，就会出现设施短缺的压力。在北海岸区，要把高尔夫球场改为适合所有体育设施的体育场所，矛盾产生了，小孩子想参加多项体育活动，但岁数大的人只想打高尔夫球，所以政府承受了很大的压力取消了这项决议。于是，政府升级改造体育设施，现有的场馆可以在任何天气下进行体育运动，开放到晚上10点。澳大利亚体育运动的基础来自社区，第一推动力是学校。学校得到政府的支持，来提高体育项目参与率。俱乐部独立于学校体系，但会和学校一起比赛，有了这些俱乐部，澳大利亚国家体育事业的基础也出现了。这些俱乐部是业余的，需要志愿者来帮忙，这些志愿者也是有资质的，资质培训项目一直在政府中运作。运动研究院可提供四个层级的课程。其中的一个证书就是可以指导年纪非常小的孩子从事体育运动。这些课程的宗旨是让孩子在快乐中参与体育活动。俱乐部的参与者必须获得急救证书，所以这些志愿者也有相应的资历和证书。很多社区体育俱乐部会和其他俱乐部进行比赛，表现好的可以参加州际比赛。州际比赛冠军可以参加全国冠军赛。

2016—2017财年，澳大利亚的体育预算是3.4亿澳元。这个预算分两个部分，政府拨款2.5亿澳元和体育研究院创收9400万澳元。其他收入包括体育赛事门票收入、商业化服务收入、奥运会标志收入、转播权收入。澳大利亚体育水平的提高是增加体育拨款的依据。2016年发展高表现体育运动的资金大概为1.7亿澳元。从事体育工作的人员在580人左右。拨款的重点是奥运会和联邦运动会，其次是各体育机构、各个项目。

四、个人的体会

就我所从事的项目而言，中国于2003年成立了单板U型槽项目国家队，仅用了3年的时间就打入了2006年都灵冬奥会，但只取得了第28名和第30名的成绩。4年后，2010年温哥华冬奥会我们取得了第4名和第6名的好成绩。之后我们的项目成为冬季雪上项目的重点项目，国家给予了很多的重视和关心，这其中包括经费预算的支持和器材、外教的配备。作为在一线工作的教练，我要通过这次澳大利亚的学习进一步了解和消化吸收国外教练员的培养体系和方式，为国家输送能适应当下体育发展的优秀人才。

对竞技体育职业化的思考

湖南省体育运动学校　王佳锦

2017年金秋十月，我十分有幸参加了国家体育总局2017年精英教练员双百计划业余教练员赴澳大利亚培训班。培训班先后在澳大利亚的悉尼大学、墨尔本大学、维多利亚大学、迪肯大学等知名高校以及澳大利亚新南威尔士州体育协会、维多利亚体育协会等体育运动管理机构安排了授课讲座和观摩学习，历时21天，学习课程十分紧凑，内容十分丰富，我收获颇丰。

学习培训期间，所有学员都非常认真地做好笔记、积极踊跃地提问发言，都希望能通过这次学习，增长见识，开阔视野，进一步提高自己的执教能力。通过本次学习培训，我对澳大利亚的体育教育体制、教练员培训、青少年运动能力分析、青少年运动员选拔标准、体育运动参与率等方面有了进一步的了解和认识。

除此之外，我们还参观了澳大利亚悉尼奥运会场馆以及各城市配套的体育场馆和设施。在此过程中，仿佛还能看到当年中国体育代表团在悉尼奥运会上夺得28枚金牌、16枚银牌和15枚铜牌，首次进入奥运会金牌榜前三名，取得了历史性的突破的一幕。

本次学习共分两个阶段。第一阶段重点在悉尼大学，主要对三个方面进行了探讨：①澳大利亚体育管理体制。澳大利亚体育管理机构主要有三个层次。第一层次是联邦政府机构（澳大利亚奥林匹克委员会和国家体育运动协会）对整个国家的体育运动进行宏观调控、有效管理及投入；第二层次是州立体育运动机构，由地方区域体育协会和体育俱乐部等组成，以社区和俱乐部为单位开展体育活动和组织赛事；第三层次是社区及学校，作为学校体育和社区体育的主要组织者和参与者，涵盖体育组织的多个方面，包括教练员的培养认证、志愿者的培训以及青少年体育比赛组织。②青少年体育运行情况。澳大利亚根据年龄层次举办相应的锦标赛和国际青少年赛事，也组织参加青奥会，已经参加了2010年(新加坡)、2012年（因斯布鲁克）、2014年（南京）、2016年（利勒哈默尔）4届青奥会；共举办过5次青少年奥运节，为青少年提供参赛机会，同时为青少年提供奥林匹克教育，让青少年与奥运冠军面对面交流和对话；设立顾拜旦奖励基金，激励青少年积极参与体育运动。③青少年体育运动的参与率和青少年运动能力的评估。第二阶段主要对墨尔本大学、维多利亚大学、迪肯大学等学校的体育组织机构进行了详细考察，也对青少年体育运动培养模式、提升青少年运动队教练员能力的方法进行了细致探讨。下面我就几方面谈谈自己的体会和收获。

一、对青少年体育训练动机的重新认识

通过学习，我了解了澳大利亚是这样鼓励青少年参与体育活动的：

（1）让孩子体会运动的乐趣，教练员和家长都不要给孩子压力。

（2）让孩子观看比赛。

（3）让孩子参与多项运动。

（4）鼓励孩子把运动当成一种乐趣。

（5）鼓励孩子有一定竞争意识，有赢的动机。

（6）鼓励孩子从事日常劳动性的体育运动。

（7）让孩子参与慈善活动，鼓励孩子做自己能做的事情，如做早餐等。

（8）给孩子做一个好榜样，如做到准时、诚信、认真。

（9）不要挑战教练员的威信。

（10）不要当孩子的面说教练员的不好。

（11）不要过分地吹捧自己的孩子，可以给他一定的肯定。

（12）让孩子自己表达意愿，家长不要过多代劳。

（13）不要告诉教练员如何对待孩子，让教练员自己决定。

（14）鼓励孩子正确的社交礼仪，如握手和眼神的交流。

（15）让孩子感到你积极地支持他。

澳大利亚青少年参与体育运动更多倾向于自我主动需求，无论是国家还是父母、学校老师，都期待他们把参与体育运动作为他们享受生活、融入社会的必需品，而且一边乐在其中，一边塑造人性品质。

二、对从事青少年体育训练的教练员的进一步认识

在当今竞技体育的激烈竞争中，教练员的执教能力和水平越来越重要，如何运用各方面知识和训练理念，提高青少年运动员的竞技能力，使之成为竞技体育领域的专业人才，是摆在我们基层业余训练教练员面前的一个重要课题。在这次学习培训中，不少专家均对青少年体育训练教练员的综合能力和素质进行了阐述，总结起来，我认为，作为青少年体育训练教练员要具备如下几个方面的能力:

（一）高尚的人格魅力和敬业精神

教练员的人格魅力和敬业精神在日常的训练、学习、生活以及各方面起着督促、鼓励运动员的作用，对运动员有潜移默化的影响，教练员所表现出来的荣誉感、事业心、责任感和勇于拼搏、顽强向上等品质是运动员学习的榜样。

（二）丰富的专业知识和良好的专业技能

目前，国内60%以上的业余训练教练员来自专业队的退役运动员，专业理论知识相对欠缺，也未进行过系统的专业理论知识学习培训，导致训练水平无法提

高，人才培养效果不明显。

（三）较强的教学训练能力

优秀的教练员在训练过程中注重理论结合实践，善于用理论去指导实践，也勇于用实践去提高理论水平，训练中有科学的方法和手段，熟练掌握青少年生理、心理发育的规律，有针对性地、科学地开展教学训练。

（四）强大的抗压式心理素质

当今的竞技体育比赛是十分残酷的，要求教练员具备强大的心理承受能力，面对许多无法预知的困难和问题、考验和挑战，教练员必须要懂得控制自己的情绪，充分掌控自己的情感。在各种比赛训练时要不骄不躁，遇到挫折时要坚持不懈，为青少年运动员在比赛训练中营造积极向上，胜不骄、败不馁的正能量心理环境。

（五）良好的沟通、处理各种人际关系的能力

在实际的青少年体育训练工作中，教练员必须具有超强的沟通交际能力。运动员的焦躁、家长的质疑、同行的误会、文化教师的不理解等，都需要教练员逐一有效地解决，不能为青少年的训练留下任何的顾虑和后患，为运动员专心投入训练创造优质的社会环境。

（六）必要的创新能力

作为青少年体育训练整个过程的指导者和监控者，教练员必须不断提高自己的创新能力，因为这直接关系到青少年体育运动人才培养和竞技体育水平的提高。教练员根据实践经验，不断推出新的见解、得出新的结论、发现新的规律，从而创新训练方法和手段，提高青少年人才培养水平。当然，要达到这种目的，教练员需要善于学习思考，更新训练理念，树立创新训练意识；不断地提高教练员的文化素养，对专业技术动作有更深层次的理解，这样才有创新的可能；要充分重视科研能力的培养，只有掌握和了解青少年运动员生理、心理等数据，才能制订出更符合运动员成长规律的训练计划。制订周密的训练计划，科学地实施，

客观地总结，这样才能在青少年体育人才培养的道路上少走弯路。

总而言之，教练员作为青少年体育运动训练的组织者、指导者、管理者和人际关系的协调者，在训练过程中发挥主导作用。教练员的能力、素质和执教水平直接影响一个国家竞技体育的发展水平和国际体育竞争力。我国经历了50多年的实践探索，在市场化和职业化的进程中，教练员该如何定位？要成为职业教练员，专业教练员还需做哪些工作来弥补成长结构中的不足？诸如此类问题还需要进一步探讨。

三、对竞技体育社会机制的再认识

从世界各国竞技体育发展的历史来看，追求商业化的职业化发展俨然成为一种普遍规律。商业化的基本属性是社会大众愿意购买竞技体育产品，而这种产品又同一般产品不一样，具有投入成本高、淘汰率高、群众基础好、观赏性强和难以预测等特点。竞技体育的职业化改革，涉及的不仅是对运动项目的改革，也包含对运动员管理的改革和教练员职业化、市场化的改革。长期以来，大家对举国体制的理解有所偏差，认为举国体制是造成竞技体育无法职业化和市场化的枷锁。但李娜的成功，是竞技体育职业化和市场化的一次很好诠释。李娜可以自由行走在职业发展的道路上，可以选择赛事和教练员，可以专注于比赛和享受比赛。诚然，李娜的职业化，并不能说明中国竞技体育已普遍开始职业化。其实我们仍在“隔岸观火”，职业化的进程阻碍重重，但最关键的问题，除了担心竞技体育成绩波动较大之外，各利益相关者也不愿意看到自己的“奶酪”被动。因为职业化不仅把运动员推向市场，教练员也必须在市场上证明自身的价值。李娜就可以自由地选择、签约国际教练员，如果没有实现目标，也可以轻松地把教练炒鱿鱼。教练员的执教水平靠成绩来证明，这就是职业化。由此来看，竞技体育的职业化和市场化同样是职业教练员培育和成长的土壤。

通过发展职业体育，优化教练员素质，改善教练员结构，形成教练员长期稳定的竞争态势，不仅有利于我国竞技体育的发展，也是推进教练员成长的理想模式，同时还可加快我国教练员与国际接轨的步伐。很多人担心，竞技体育一旦步入职业化和市场化，我国优秀教练员流失的速度会加快，竞技体育的发展面临空前的危机。西方国家职业化和市场化的竞技体育，并没有影响教练员的成长；相反，却造就了一大批大牌职业教练员。尽管很多大牌职业教练员到他国执教，但并未影响本国竞技运动水平的持续提高。当国家需要时，职业教练员通常会选择回国效力。市场是相通的，我国的优秀教练员流向他国，其他国家的优秀教练员也会流入我国；短期内我国的优势项目可能会经历阵痛，但是长期来看，这对我国教练员开展国际合作，吸收和分享国际先进执教理念大有裨益。

目前，我国足球、篮球、排球、乒乓球等项目，均进行了职业化运作的尝试。可以想象，能够成为一名职业教练员，是我国许多教练员梦寐以求的；但在一个竞技体育职业体制还很不完善的环境下，制约我国职业教练员发展的瓶颈与困难很多，这使得一旦我国竞技体育职业化进程加快，众多教练员必将面临新的挑战。因此，我们必须正视的现实是：加快体育社会化进程，让一大批专业教练员能够融入群众体育，通过普及来促进提高。这本身也是体育运动的发展规律，没有普及的职业化是没有基础的。当然，加快我国竞技体育职业化和市场化的进程并不是让所有竞技体育项目都职业化和市场化，这也不现实， 因为职业体育对运动项目的职业化和市场化有一定要求，即必须有市场、有明星、有传统、有关注、有成绩、有社会基础，具备了这些特征的运动项目，才有可能被市场所承认，具有这些特征的运动项目虽然不是很多，但其拥有的运动员和教练员数量却在所有运动项目中占比极高。由此可见，成为职业运动员和职业教练员的竞争是极其残酷的。破解这样的难题，除了加大这些项目教练员的职业培训外，还必须让部分专业教练员回归社会，从普及到提高，逐步迈入职业化。

我国竞技体育职业化和市场化发展中，教练员培养该走向何方，这的确是值得探讨的问题。特别是我国竞技体育发展变革的拐点即将出现的时候，这种探讨显得尤为必要。当然，这个探讨的前提是，尊重市场经济和竞技体育自身的发展规律，同时，结合我国竞技体育改革的发展进程，使部分竞技体育项目教练员逐步迈入职业化，让整个社会都能分享竞技体育发展的成果。

提高体育参与率，重视青少年运动员的培养

上海市体育运动学校　王颖毅

国家体育总局组织的2017年精英教练员双百计划业余训练教练员赴澳大利亚培训班，于10月15日出发赴澳大利亚进行培训。本次培训分为两个阶段进行：第一阶段的培训时长一周，在悉尼进行；第二阶段的培训在墨尔本进行，时长两周。本人觉得此次培训内容丰富，受益匪浅！

一、内容与收获

（一）培训内容与流程

第一阶段培训内容与流程见表1。

表1　第一阶段培训内容与流程

日期	时间	地点	内容
10月16日（星期一）	上午	悉尼大学	澳大利亚体育事业发展、体育参与率及体育教育体制
	下午	悉尼大学	澳大利亚青少年体育工作的政策、制度和发展规划
10月17日（星期二）	上午	悉尼大学	澳大利亚教练员培训计划、分级培训特点及培训方式
	下午	悉尼大学	澳大利亚教练员先进的训练理念和方法
10月18日（星期三）	上午	悉尼大学	澳大利亚优秀青少年运动员人才基地现状
	下午		青少年运动员选拔标准及方式
10月19日（星期四）	上午	澳大利亚奥林匹克委员会	各级各类体育运动学校、体育传统项目学校、青少年体育俱乐部、各运动项目后备人才基地建设
	下午		澳大利亚重大综合性青少年体育比赛和体育交流活动
10月20日（星期五）	上午	新南威尔士州体育协会	参观2000年悉尼奥运会场馆
	下午		青少年体育运动参与率（以跆拳道为例），青少年运动员运动能力提高

第二阶段培训内容与流程见表2。

表2　第二阶段培训内容与流程

日期	时间	地点	内容
10月23日（星期一）	上午	拉筹伯大学	参观拉筹伯大学
	下午	墨尔本体育及水上运动中心	参加墨尔本体育及水上运动中心
10月24日（星期二）	上午	墨尔本职业教育中心机构	发现和发展体育天才
	下午	墨尔本职业教育中心机构	如何让年轻的运动员在运动和生活上都能取得成功

续表

日期	时间	地点	内容
10月25日（星期三）	上午	墨尔本大学	澳大利亚青少年运动选材人才培养渠道
	下午	维多利亚大学	澳大利亚青少年业余训练管理制度、青少年业余训练管理体系
10月26日（星期四）	上午	维多利亚体育协会	参观维多利亚体育协会
	下午	维多利亚体育协会	如何提升青少年运动队教练员的执教水平和训练工作能力
10月27日（星期五）	上午	墨尔本学院	澳大利亚教育与体育的有机融合（体教结合）
	下午	墨尔本学院	探讨州体育校园发展
10月30日（星期一）	上午	迪肯大学	澳大利亚青少年运动员运动心理辅导
	下午		睡眠对青少年运动员运动表现和训练的影响及应用研究
10月31日（星期二）	上午	迪肯大学州际篮球体育中心	参观迪肯大学州际篮球体育中心
	下午		运动量的管理和营养
11月1日（星期三）	上午	维多利亚体育训练中心	青少年跳水运动员发展、如何指导和监督学生体育健康标准的实施和学生体质监测方面
	下午		
11月2日（星期四）	上午	澳大利亚国家网球中心	参观澳大利亚国家网球中心、澳大利亚网球协会与学校青少年运动的管理
	下午		

（二）学习收获

1. 悉尼学习收获

（1）什么是优秀教练员？唐纳·奥康纳系悉尼大学教授，世界科学大会足球指导委员会成员，以及国家橄榄球联盟研究委员会成员，其研究方向为运动员能力、训练效率、青少年体育指导等。此外，唐纳·奥康纳教授还有丰富的教练员与顾问经验，曾与澳大利亚女子篮球队、加拿大奥林匹克运动队、澳大利亚联合足球队及澳大利亚男篮、女篮联盟队合作。能如此近距离地听唐纳·奥康纳教授讲课并与其交流，我们都倍感荣幸。唐纳·奥康纳教授在其讲座开始就设了一个问题："什么样的教练员才能称得上是好教练员？"我们就此展开讨论，把话题引入了"中国人眼中的好教练员是什么样子"，得出的答案诸如：非常敬业、关注队员、育才先育人、获得冠军、掌握运动项目规律的教练员。唐纳·奥康纳教授总结了，作为一名优秀的教练员需具备的理论知识和实践素质。首先，优秀教练员应该是一名很好的老师并具有丰富的知识，语言简单明了，善于提问、交流清晰，擅长计划和准备，能针对不同情况做出相应决定和决策，能给运动员更好、更精准的反馈；其次，优秀教练员具备过硬的专业知识和人际交流技能，能与运动员良好交流；最后，优秀教练员要懂得自我反思，及时发现自身问题，并能观察到运动员的情绪、情感变化，及时进行调整，通过评估自身行为和训练效果，不断改进和持续性学习。

（2）青少年运动员选材。唐纳·奥康纳教授为我们分享了他们之前做的一个研究——教练员如何在比赛中选材。其对20名教练员进行了访谈，最后的数据显示，教练员们最关注的是运动员的技能水平，除了技术过硬外，兼有不断学习意愿的、13岁以下的运动员也比较容易被选中。唐纳·奥康纳教授等人去欧洲后发现，欧洲的选拔方式与他们的相似，也是通过观察运动员在比赛中的表现进行选材。简而言之，选材不仅要考虑运动员的先天优势、技能水平，还要考虑运动员的心理因素，如参与动机、是否有赢家思维、情绪的稳定性、是否自信、对比赛的理解力、抗压能力等。

2. 墨尔本学习收获：发现和发展体育天才

约翰·扬教授向我们介绍：墨尔本人热爱体育运动，特别是澳式足球，因为赛季都在冬天，一到赛季人们都会戴上自己喜欢球队的围巾，见面问候语基本是"你喜欢哪个球队"，体育是澳大利亚人生活不可缺少的部分，92%的成人都会有一个热衷的体育运动项目。这是令我很震惊的，中国拥有一项热衷的体育运动项目的成人比例远不及墨尔本。约翰·扬教授主要讲授了两部分：如何挖掘体育天才及如何让年轻的运动员在运动上和生活上都能取得成功。首先，约翰·扬教授认为精英并不代表成才，如何找到一个有效的模式发现体育精英，目前还没有统一的标准，但他推崇一个理念：教练员、管理者、家长三者共同鼓励孩子对运动的兴趣。教练员应投入情感、实践、信息、时间等，通过基本技能、身材特点、心理状态等来发现天才。约翰·扬教授详细地为我们传授了十多条经验：

（1）让孩子体会到运动的乐趣，教练员和家长都不要给孩子压力。

（2）让孩子观看比赛。

（3）让孩子参与多项运动。

（4）鼓励孩子把运动当成一种乐趣。

（5）鼓励孩子有一定竞争意识，有赢的动机。

（6）鼓励孩子从事日常劳动性的体育运动。

（7）让孩子参与慈善活动，鼓励孩子做自己能做的事情，如做早餐等。

（8）给孩子做一个好榜样，如做到准时、诚信、认真。

（9）不要挑战教练员的威信。

（10）不要当孩子的面说教练员的不好。

（11）不要过分地吹捧自己的孩子，可以给他一定的肯定。

（12）让孩子自己表达意愿，家长不要过多代劳。

（13）不要告诉教练员如何对待孩子，让教练员自己决定。

（14）鼓励孩子正确的社交礼仪，如握手和眼神的交流。

（15）让孩子感到你积极地支持他。

二、启发与思考

（一）提高体育参与率——“从娃娃抓起”

我国于1995年通过了《中华人民共和国体育法》，并颁布了《全民健身计划纲要》，此后又有一系列体育法规和规章相继出台。随着时代的进步，人们健康意识的增强，我国的青少年体育参与率稳定上升，但青少年儿童的肥胖率也在增长。所以，在狠抓体育参与率的同时，我们应该考虑到青少年儿童参与的运动是否科学、合理，且由参与带来的运动效益是否为正。

（二）切实提高竞技体育产出效率

竞技体育产出效率不是运动员、教练员等单个因素努力就能提高的，国家、社会、家庭的支持也占据相当重要的地位。首先，运动员自身不仅应该努力训练，还应该合理转化教练员、国家、社会和家庭的支持为动力，严格要求自己；其次，教练员应该在科学、合理、有效训练的同时，不忘自我评价、反思和学习；最后，国家、社会和家庭都应该重视和支持运动员的培养，这里所说的支持不是“我给你多少人力、物力和财力，你去做好这件事就行”，真正的支持是物质和精神上的支持，竞技体育产出效率的提高需要运动员、教练员、国家、社会和家庭团结一致，都“撸起袖子加油干”，缺少一方都会降低竞技体育的产出效率。

（三）科学评估青少年运动员的个人能力

传统和常识并不一定是科学的，但其背后很可能隐藏着人们还未发现的科学规律，需要随着科学的发展而更新。现阶段，我国评估青少年运动员个人能力的方法和标准，要么依靠教练员的执教经验，要么照搬国外先进的评估方法和标准。前者不够全面，后者与国内现状结合不够。因此，研究者要敢于怀疑和批判，敢于运用已证明的科学原理将传统的和先进的评估方法、标准进行结合，并在此基础上力求精准评估。

（四）积极引进青少年运动员初步训练计划和后续培训的新技术、新方法

青少年运动员的培养是一个长期的过程，精英运动员的培养更是时间长且路途艰辛，这就要求教练员制订科学、高效的训练计划。当前我国在后备人才培养时所采用的是周期性的模块训练，这样的培养方法相比其他方法而言能全面发展运动员的每项素质和技能，但每位运动员都是独一无二的个体，学习效率、发展速度不尽相同，所以实际训练中教练员往往会忽视一部分理解能力较差或是提升较慢的运动员。因此，教练员们应积极创新和引进青少年运动员的训练方法，结合其他运动项目的训练方法或特点，大胆“走出去，引进来”，创新和完善训练计划和方法。

（五）注重青少年运动队教练员综合素质和创新能力培养

纵观我国青少年运动员的教练员团队，几乎都是高水平运动员退役后转型过

来的，所以都具备过硬的专项知识和技术，唯一不足之处就在于很多教练员会继承他们以前教练员的执教方式或方法，过于注重经验教学和训练，在运动员的心理发展方面的训练还有所欠缺，青少年本就处于身心发展的特殊时期，且心理发展是落后于生理的，所以，应该提升自身心理训练的能力，同时创新训练方法和手段，将运动心理辅导运用到平时的训练过程中。

（六）“精准选人”——细化青少年运动员选材

我国在运动选材方面也有相应的方法和标准，国际性大赛中越是获得好成绩的项目，越注重运动员选材，但在形态测量方面，测量的器材、方法和从事测量的工作人员的专业性都有待改进和提升，小的方面要力求测量精准，大的方面要注重选材的整体性、长期性和系统性。最后，“精准选人”的同时也应该注意“科学用人”，二者相结合才能提高我国运动员选材的水平。

更新理念，科学训练

安徽省体育运动学校　温晓军

随着我国体育体制改革的深入推进和对青少年体育的逐步重视，国家、社会、青少年都对教练员提出了更高的要求。在国家体育总局相关部门的组织安排下，我参加了国家体育总局2017年精英教练员双百计划业余训练教练员赴澳大利亚培训班。为期21天的学习培训，使我对澳大利亚体育的发展现状、组织框架和青少年体育工作情况有了进一步了解，对澳大利亚青少年体育工作的教学模式、教学方法、思维特点有了更清晰认识。现将个人的主要认识与体会总结如下。

一、转变思想，更新理念，进一步明确了“以人为本”的教学出发点

第一，要让青少年热爱运动，而不是为了竞赛、名次而参与体育运动。约翰·扬教授就提出让年轻的运动员在运动上和生活上都能取得成功，通过让孩子体会到运动的乐趣，教练员和家长都不要给孩子压力，让孩子观看比赛、参与多项运动等方法，让青少年主动参与运动，而不是被动接受训练。第二，要学习、借鉴澳大利亚的青少年教育的社会性特点。澳大利亚通过社区体育、建设活动场地、根据年龄举办一些相应的锦标赛，组织参加太平洋学校运动会、青奥会、青少年奥运节等方式，给青少年提供较多的参赛机会。这是我国青少年体育工作相对缺乏的，仅仅依靠政府和学校开展青少年体育，作用和影响相对有限。澳大利亚的大学和一些运动协会也有较强的适应人才市场的教学模式和办学体制，以及鲜明的教育方法和理念。其中，教学“以人为本、因材施教”的特点最为突出。澳大利亚的教练员较为注重信息的反馈和个人训练计划的制订实施，在教学过程中也注重采用互动式、提问式方法，让学生在课堂上的自主学习讨论占有一定的比例，提高学生学习的主动性。这与国内被动式、填鸭式的教学理念有显著的差别。

二、认真分析，主动干预，做好青少年运动训练、竞赛心理辅导工作

我认为，撑竿跳高是田径运动中一个技术难度大、培养周期长的项目。优秀运动员的培养是一个复杂的系统工程，而且随着训练水平的不断提高，比赛竞争日趋激烈，运动员心理素质的差别往往就是能否取得比赛胜利的关键。运动心理学研究表明，在撑竿跳高运动员获得比赛成功的诸多因素中，心理因素约占40%，其他因素约占60%。著名撑竿跳高运动员布勃卡说过，他能在比赛中获胜，80%要归功于心理素质。因此，在重视运动员体能、技能训练的同时，应重视运动员的心理训练。

结合在澳大利亚期间的学习，我认为要从以下几个方面做好运动员的心理训练。

（一）为青少年树立长期目标和短期目标

不论是长期目标还是短期目标，都要有明确的表现形式和具体要求，这样有利于掌握青少年在训练、竞赛中整体的表现，然后根据发挥情况做好分析，向青少年反馈，使其对自己的情况有清楚的认识。

（二）制订科学正确的干预措施

对撑竿跳高训练中出现的担忧倾向，如助跑起跳、竿上动作不连贯或空跑等无法正确完成完整技术动作的原因进行分析，逐一逐人提出解决办法，制订干预措施。

（三）消除思想顾虑，建立自信心

建立自信心，必须把激发运动员内在的动机放在首位，并根据其动机制订出有针对性的解决措施。可以通过正确示范和重点讲解，使运动员不感到动作的复杂与惊险，增强运动员的自信心。倾听运动员倾诉，结合其实际情况，帮助其分析自己的实际能力和运动基础，使其相信自己是能够完成技术动作的。在训练中，教练员还要注意自己的精神状态和情绪。当运动员遇到挫折时，应当理解运动员的心情，并通过各种方式，如关切的目光、贴心的问候、解决问题的建议等，给运动员以及时的鼓励和支持，而不是横加指责，以免挫伤运动员的训练积极性。

（四）采取积极的保护与帮助措施

在日常训练中将流程固定化、细致化，使运动员在比赛时的状态和训练中的保持一致，减少心理压力。采取切实可行的保护与帮助措施，使运动员消除疑虑，增强信心，顺利掌握动作。不同的运动员要有不同的准备，采用不同的方法。对于一些掌握动作尚不熟练以及胆怯的运动员，除助力帮助外，还可借助语言进行帮助，使运动员的心态与完成动作的速度、力量、节奏同步。

（五）利用正诱导刺激，转移动作失败情境

运动员在练习时，有时握竿点的提高或竿子磅级的提高，会使动作发生变化，运动员会感到危险不敢再跳。在这种情况下，教练员言行举动要尽量温和平

静，减少消极语言提示，以安定情绪为主，不能给运动员施加心理压力，更不能简单行事，否则会给运动员造成逆反心理和不良情绪。教练员要帮助运动员分析失败动作的原因，树立继续学习的信心。在练习时注意环境改变的刺激，利用正诱导的方法改换练习，并且进行技术和理论指导；让运动员反复观察其他人的练习，重新建立正确动作概念。重新练习时，由易到难，直到建立正确条件反射，消除心理障碍。

三、张弛结合，严格要求，科学提高青少年运动训练质量

科学化的体能、技能训练包含很多内容，例如，要考虑训练者的身体条件基础、承受能力、训练目的、预期效果等。在国内由于教练员所带运动员数量较多，对一些非重点培养的运动员有可能放松要求。对一些重点培养的运动员，教练员往往要求十分严格，但可能会忽略训练强度、训练节点的把握。应让每个运动员都能保质保量地完成训练任务。研究表明，睡眠对运动员的运动状态、心理状态都有很大影响。所以，在高强度训练的同时，也要注意运动员状态的调整，要把握好训练节奏，做到张弛有度，合理安排时间。

四、借鉴经验，科学运用，努力提高撑竿跳高项目青少年训练水平

结合自身多年的执教经验，我认为在撑竿跳高青少年训练中，必须做到“五个注重”。

一是注重把握青少年运动员训练规律。根据青少年运动员的特点，采用各种训练方法和手段，使青少年运动员对撑竿跳高项目产生浓厚的兴趣，享受挑战新动作的乐趣。抓住素质发展敏感期，着重发展动作速度。学习与掌握完整技术要点，规范技术动作。加强全面身体素质训练，提高运动水平。采用综合素质训练和小周期训练，基本做到训练无伤病，使运动员健康水平进一步得到提高。

二是注重抓实青少年运动员专项素质。由于青少年运动员速度素质、力量素质比较薄弱，所以要加强速度素质、力量素质训练，进一步提高专项素质和专项

能力。撑竿跳高训练的指导思想就是以此作为突破口，在打好全面身体素质的前提下提高技术水平，达到专项素质直接为专项技能服务的目的，经过实践已取得明显效果。

三是注重规范青少年运动员的技术动作。训练过程中，注意技术训练的动作细节要求，做到技术动作规范，保持个人技术特点与风格，完善技术动作节奏，不断提高专项技术水平。

四是注重运用青少年运动员训练监控。强化对训练过程的监控、检查与评定。注意收集训练过程中的信息及时进行检查和评定，并加以诊断，随时进行计划的修正。制订合理训练计划，做好教学日记和训练日记，利用科技方法和手段对运动员的机能状况实施监控，配合医生做好医务监督。积极做好赛后小结，找准问题，研究对策，努力提高训练的针对性和实效性。

五是注重青少年运动员的训练恢复。没有恢复的训练是有害的训练。可见训练恢复在整个训练过程中是一个重要环节，不容忽视，必须加以重视。采用热水浴、桑拿等手段促进训练后的恢复，抓实生活作息制度，保证充足的睡眠时间，注意营养调节补充等。认真抓好每堂课的准备活动和整理活动，防止运动伤病的发生，保证训练质量。

新认识，新起点

甘肃省体育运动学校　吴建军

2017年10月，本人有幸参加了国家体育总局2017年精英教练员双百计划业余训练教练员赴澳大利亚培训班。在为期20多天的学习考察中，我们在悉尼大学、墨尔本大学、维多利亚大学、迪肯大学聆听专家讲座，参观学校的体育场馆与训练中心，与学校相关教师交谈。通过这些方式，对澳大利亚体育制度、体育训练有了一定认识，下面就从以下几点简单谈一谈自己的感想和收获。

一、出国前的准备工作

国家体育总局和北京体育大学领导在出国动员培训会上对所有参加培训学习的教练员提出了殷切希望。我在网上也查阅了澳大利亚的国情、地貌和风土人情的有关知识，了解了其体育制度、体育政策，研究了悉尼大学、墨尔本大学等大学的相关资料，为出国培训做好准备。

二、培训地点简介

一踏上澳大利亚的土地，我便被其独特的景色所吸引，澳大利亚是一个体育大国，虽然其人口少且地理位置偏远，但其体育的国际成就却举世瞩目。这是因为澳大利亚有着全世界独一无二的体育制度。澳大利亚通过不断发展全面而有效的国家体育制度，来鼓励全民性的体育参与。同时，体育对澳大利亚经济有着显著贡献。澳大利亚被称为“体育运动的天堂”，体育是澳大利亚人日常生活的话题之一，是不可缺少的一部分，已全部融入了澳大利亚人的血液中，阳光、沙滩、棕褐色的肌肤，已成为世人对澳大利亚的深刻认识之一。

悉尼大学是传统的澳大利亚体育强校，校内开放的体育馆有3座，运动场有8座。悉尼大学有运动协会42个，悉尼大学的学生组织——悉尼大学体育健身会下辖43个体育项目俱乐部，各俱乐部都由学生组成，负责组织校队的训练、竞赛和联谊，参加各个项目的校外比赛，以及州队和国家队的选拔。

多年来，悉尼大学的学生代表澳大利亚和其他国家参加了多次世界性的体育比赛。悉尼大学参加奥运会的历史始于1904年的圣路易斯奥运会。在2008年北京奥运会上，悉尼大学有21名学生运动员参加比赛，其中20名代表澳大利亚，1名代表斐济。在2012年伦敦奥运会上，悉尼大学有30余名运动员代表澳大利亚参加比赛，夺得一银、一铜。此外，悉尼大学也长期参加英联邦运动会。在2006年英联邦运动会上，其学生运动员夺得二金、四银；在2010年英联邦运动会上，其学生运动员夺得了十二金、九银、二铜的历史最佳纪录。

墨尔本大学，始建于1853年，是位于澳大利亚墨尔本市的世界顶尖研究型大学，是维多利亚州最古老的大学。墨尔本大学在历年各大权威机构世界大学排名中稳居世界前50，并且拥有8位诺贝尔奖获得者。

三、培训主要内容概述

培训学习分两个阶段。

第一阶段为2017年10月16日至22日在悉尼大学，每天的学习时间是9点至12点、13点至17点。我们聆听了专家学者的讲座，讲座的主要内容有以下几个方面：①介绍悉尼大学体育设施，各项体育运动队发展的概况，重点介绍了2016年田径队、女子篮球队、女子水球队取得的辉煌成绩；②介绍澳大利亚体育产业的发展和体育教育体制；③介绍澳大利亚各类体育运动学校、体育项目学校和青少年体育俱乐部，以及各种俱乐部对发展青少年体育作出的贡献，即各项运动项目后备人才基地建设，澳大利亚青少年体育比赛和社会交流活动等内容；④介绍澳大利亚优秀青少年运动员人才基地的基本现状；⑤介绍足球项目青少年运动员人才选拔方式，从六个方面讲述足球运动员的选拔以及标准：青少年的赢家思维，心理稳定性，自信、热情（性格、品德），身体具备的爆发力，比赛的理解能力，技术；⑥介绍青少年体育运动参与率（以跆拳道为例）及青少年运动员运动能力的提高。

第二阶段为2017年10月23日至11月4日。主要内容有以下几个方面：①参观拉筹伯大学和墨尔本体育及水上运动中心。②参观墨尔本职业教育中心机构，并介绍如何发现、发展体育天才。③应用全新的观点，阐述体育运动与管理。

在悉尼大学、墨尔本大学等大学和机构的讲座与观摩中，专家讲座内容丰富、新颖、前沿，课堂气氛活跃，学员思维活跃，积极参与教学，专家与学员积极互动，大家踊跃提出问题，专家一一解答，专家特别注重与学员之间的交流与沟通，友好热情。大家通过听讲座、提问题、共研讨、观校园、进课堂以及与当地师生直接交流等形式，对澳大利亚体育模式有了感性的认识和广泛的了解。通过对体育场馆考察、观看体育图片，我们对澳大利亚尊重个性发展的体育教育理念、注重探索的学习方式、竞技体育的发展模式、快乐宽松的学校氛围、内外链接的课程设置等有了直观的感受，受到深深的启发。

四、培训、学习、交流的收获

学习主要是以理论为主，我在悉尼大学、墨尔本大学等大学和机构中聆听了多位专家和教练的讲座，对体育场馆设施的经营与管理，青少年体能训练，运动员选材，各个竞技体育项目的发展、联系与区别，运动员生理，运动员心理辅导，运动员睡眠的重要性及其与运动员表现的关系等先进的科学知识有了新的认识。例如：澳大利亚体能训练的先进性、系统性、复合性、专项性、精细性及规范性等特点都值得我们学习，可以促进我国体能训练科学化水平的提升。澳大利亚在核心力量训练、功能性力量训练、力量平衡、损伤预防、运动伤病体能康复等方面提出了新的理念，而澳大利亚体能训练体系的文化背景所体现的通过运动促进人类身体发展、以人为本、健康保护，以及围绕竞技表现能力目标，以力量为核心，系统整合安排训练计划的理念也对我产生了巨大的冲击。

澳大利亚调动社会力量参与体育的政策措施很完善，体育社会化水平高，支持、培育体育社会组织发展的机制完善，竞技体育结构布局科学合理，体育产业总体规模大，结构完善，体育服务业比例高、种类多。体育人才队伍发展迅速，高素质复合型的体育管理人才充足。

我要立足于体育科研与实践相结合，将此行的感悟和学到的新理念融入工作中，有所发展，积极地反思在田径项目训练实践中遇到的问题。

今后希望能加大对外交流的力度，能够长期与国外高水平运动队进行交流学习。我根据自身的专业特点，主动与外国院校相关专业老师取得联系，以便长久地对口学习。

学习的东西要有选择，在国情不同的情况下，选择适合我国运动员发展的部分，敢想、敢试、敢做，不断地与外界交流，更好地完善自己。

此次澳大利亚之行是一个大开眼界的过程，带给我最直接的视觉冲击，但是消化和吸收不是一蹴而就的。中国与澳大利亚有制度、体制、人文等方面的差异，我们要发现差异性，进行理性客观的分析，既要正视客观存在的差距，又要看清优劣；既要吸取澳大利亚体育先进的方面，又要继续发扬我们的优势。

五、结束语

在澳大利亚培训期间，恰逢党的十九大隆重召开，全体培训人员认真听取了习近平总书记在党的十九大上所做的报告，我在异国他乡感到非常激动，倍感振奋。习近平总书记在党的十九大报告中指出，广泛开展全民健身活动，加快推进体育强国建设，筹办好北京冬奥会，这是习近平总书记对我们体育战线发出了动员令。体育强则中国强。作为体育工作者，我们正赶上在体育强国建设征程中再立新功的最好时机。回国后，我们要努力将学习的知识、理念等运用在今后的训练中，争取培养出更多、更高水平的运动员。

赴澳大利亚学习对我执教的帮助

黑龙江省冬季运动项目后备人才训练中心　杨美贞

作为冰上运动，短道速滑这一项目是中国冬季运动中的强项之一。它是一项需要速度、耐力、配合、碰撞、超越与反超越快速反应能力的智慧型运动，是既要突出个人能力，又要配合集体取得胜利的项目。短道速滑这个项目，中国在世界上属于强国之一。其技战术变化之快可以用日新月异来形容。作为短道速滑教练员，如果没有与时俱进，很快你所带领的队伍就会落后。所以我很珍惜每次提高理论水平与实践能力的机会。

我认为一名优秀的教练员，是能把每一名运动员的潜能发挥到极致，这样的教练员能培养出一批又一批优秀的运动员，而不是只能培养出天才型的运动员。“育人先强己”，只有不断地全面提高、夯实自我能力，才可能培养出优秀的运动员。作为一名教练员，我带着对教练员这一领域的求知，开启了这次澳大利亚学习之旅。

一、培训内容

悉尼和墨尔本是这次学习的两个主要城市。培训分别在悉尼大学、墨尔本大学、拉筹伯大学等地进行。授课的主题是：①澳大利亚体育事业发展，体育参与率及体育教育体制，②澳大利亚教练员培训计划，③澳大利亚优秀青少年运动员人才基地现状，④青少年运动能力分析与身体机能评定标准，⑤青少年运动员选拔标准及方法，⑥澳大利亚教练员如何评估青少年运动员的个人能力并制订初步训练和后续培训计划，⑦青少年运动员运动能力的提高，⑧澳大利亚青少年运动员运动心理辅导，⑨睡眠对青少年运动表现和训练的影响及应用研究等。我们还参观了悉尼奥运会场馆、墨尔本大学、迪肯大学、墨尔本体育及水上运动中心等体育训练场馆。

二、对澳大利亚体育体制的初步了解及训练场地的运用

澳大利亚拥有2400万人口，地大人少，很爱运动。运动已成为澳大利亚人生活中很重要的一部分。澳大利亚对体育项目的支持机构主要有四个：社区、院校、俱乐部、政府。运动员在少儿时期会选择多种运动项目，经过一段时间的训练挑选出他们适合发展的运动项目。教练员之间每周会在一起研讨一次训练中出现的问题，高级别教练员会提供解决方案给提出问题的教练员，也会把训练中比较好的方法分享给大家。

澳大利亚人对训练场馆的利用率比较高。例如墨尔本体育及水上训练中心，场地设施多为多功能场地。一块90米泳池，泳池底部的高度可以升降，根据不同训练、比赛的要求自由分割成3块场地。室内训练场地多数是多功能训练厅，可以提供给不同运动项目的运动员进行训练、比赛。场地不仅提供给专业运动员训练，也提供给各个院校的学生以及需要锻炼的群众，极大地提高了场地的使用率。

综合性训练场地

三、学习之后的思考

澳大利亚人在最初接触体育运动时会选择多种运动项目。例如，一个澳大利亚儿童在练习板球的同时还会练习澳式橄榄球以及田径等多种运动。这样的训练方式很普遍。在经过一段时间的训练后，澳大利亚的青少年会选择更适合自己的体育项目继续练下去。反思中国的青少年训练是否过于单一化，大部分人只是选择一项体育运动，经过几年的训练发现这项运动并不适合他，然而他已经过了再练其他体育项目的年龄，没其他的选择。我们经常会遇到一名运动员的身体素质很好或者超出其他运动员，经过几年的训练后，却发现他在这项运动中的成绩不如身体素质低于他的运动员，超龄的运动员也不可能再选择其他运动项目进行训练。我们可以认为，这名运动员只是从事了一项不适合他的运动。如果他在训练初期选择多项运动，经过一段时间的训练后选择更适合他的运动项目，将来他很有可能成为一位运动高手。运动员在训练初期多选择几项运动项目是不是可以避免拥有较好身体机能的运动员的人才流失？

四、教练员应该具备的能力

（一）扮演者

很多时候我觉得教练员这一职业更像是一名演员，在特定的环境里扮演着不同的角色。12岁到17岁，这个年龄段是青少年形成世界观、人生观、价值观的比较关键的时期，一名优秀的运动员能否成长为一个积极向上、思想品德端正的人，教练员给予运动员的影响远远超过他的父母及其他人，因为在他成长的这段时间里，跟教练员接触的时间最多。在生活中教练员要扮演家长的角色，引导运动员形成正确的思想品德，关心运动员的身体健康。教练员又要像朋友一样了解运动员的思想状态，运动员出现不良心理状态时要进行疏导，让运动员能够充分信任教练员，最大限度地互相配合。

通过学习，我更清晰地了解，作为一名优秀的教练员，不仅仅是要看赢过多少场比赛，培养了多少冠军，获得了多少金牌。一名优秀的教练员还要是一名好的老师，要具有丰富的知识，在讲解技术动作或指导训练中，语言要简单明了，善于提问、交流。一名好的教练员，要擅长计划和准备，能针对不同情况做出相应决定和决策，并会给运动员更好、更精准的反馈。除此之外，一名优秀的教练员还需要时常进行自我反思，即如何让自己下次做得更好。

一名优秀的教练员要充分了解自身项目及其相关的体育科学知识与技能，要懂得如何科学训练运动员。要有良好的社交关系，与运动员建立良好的沟通模式并具有比较高的情商。要能够发现自身问题并能够观察到运动员的情绪、情感变化。还要时刻评估自身行为和训练效果，不断改进并持续性学习。

一名优秀的教练员还要具备知识、技能、经验以及教学理念，能够为团队创造出训练方式和训练形式，并要具备积极的态度，能够给运动员更大的帮助和支持，懂得如何个性化训练，有良好的交流表达能力。在训练中要保证每个人得到平等的机会，并要改变自身不好的交流方式，在心态上保持持续性，具有较高的责任心，让运动员知道这名教练员是一名好的教练员、值得信任的教练员。

固定性思维模式认为一切都是靠自身能力，在发展中不愿意接受挑战，只能原地踏步。作为教练员必须要有成长性思维模式，要保证运动员是有进步的，并告知运动员努力的重要性，鼓励每一名运动员，关注的目标是让每一名运动员都有进步。在工作中建立以运动员为中心的训练方式。要更加关注运动员的需求，主动询问运动员更多的问题，偶尔以游戏的方式来进行训练等。

（二）掌握心理学

运动心理学主要有四个大的方面：

（1）行为控制和放松。

（2）精力集中度。

（3）选择动机。

（4）目标设定。

（三）动机和目标设定

1. 选择动机

尊重运动员自我选择，使其对自己的选择付出不懈的努力，让运动员集中精力，让运动员明白他应该在哪个地方努力。再分析寻找运动员的积极性在哪里，有些人永远只会选择一定会赢的挑战，惧怕失败。这样的运动员，担忧比较多，容易焦虑。有些人注重自己的临场表现，教练员只需要给予他更多的鼓励，让他有足够的信心去完成梦想。

2. 目标的设定

有些运动员以自我为中心设定目标，只选择自己能力范围之内的目标，惧怕失败，当他们遭遇困难时，只会逃避，会丧失信心，甚至会远离体育。而有些运动员是以任务为中心进行目标设定。无论他是什么水平都有较好的表现，且持之以恒，勇于拼搏。我们更希望更多的运动员以任务为中心，这样的运动员可塑性比较高，会设定更高的任务目标。

（1）任务目标，运动员要完成一个什么样的任务及其成果。

（2）过程表现目标，运动员在完成过程中，设定一个具体的表现目标，看运动员的表现是如何一步一步达到的。

（3）长期目标，为运动员设定一个长期目标，阶段目标与其相吻合。

（4）培养运动员的领导能力，注重其个人的发展，让运动员表现自己的能力，并让运动员互相学习，使运动员意识到自己的发展。

（5）为目标设定时间范围，做好记录，设定一些阶段性目标，并关注目标的进度，随着时间调整目标，使运动员保持积极性。

（6）根据具体过程表现，进行量化，评估目标完成情况。

（四）目标设定的策略

（1）让运动员自己提供一些反馈，让他们保持兴趣，让他们自我判定是否成功。

（2）避免目标设定得太难，这会打击运动员的积极性，使其丧失信心。

（3）长期目标与短期目标要合理，要相互促进。

（4）训练结束后，要反思一下目标是否达到。

（5）尽量避免在同一时间段内设定过多的目标。

（五）建立团队文化

团队文化是一支队伍的信念和价值追求，是道德修养和意志品质的整体表现，是团队成员思想作风、凝聚力和士气的体现。在运动训练、文化育人的过程中不可缺少团队文化。一名优秀的教练员能够培养出一批又一批高质量的运动员，必须建立自己优秀的团队文化并取长补短地传承下去。那是一个团队必不可少的精神支柱。

五、小结

以上是我对怎样成为一名优秀的教练员这一方面内容的体会。我一直认为，成为一名优秀的教练员是能够培养出一批又一批高质量的运动员，而不是只能培养出天才型运动员。让身体素质、能力、天赋不是很高的运动员发挥出最大的潜能，这是一名优秀教练员应该具备的能力。

这次赴澳大利亚学习，开阔我的眼界，拓展我的思维，让我体会到澳大利亚这个国家的文化，让我感受到澳大利亚的体育精神和培养运动员的理念，让我知道怎样去保护一名运动员的身体，避免一名优秀的运动员在成长的过程中因受伤而夭折。我会利用我所学更好地培养那些信任我并把最宝贵的青春时光托付给我的运动员们。我还要让运动员们知道，学习文化知识对他们的成长以及以后面对生活的重要性。学习文化知识和提高运动成绩应该同步进行。只有这样，才能在结束运动员这一职业后更好地融入其他行业。

注重自身成长，树立正确价值取向

山西省射击射箭运动管理中心　于炜

我作为一名教练员，有幸参加了国家体育总局在2017年10月15日—11月4日组织的国家体育总局2017年精英教练员双百计划业余训练教练员赴澳大利亚培训班。我们的培训分为两个阶段，在北京学习的国内阶段和在悉尼与墨尔本学习的国外阶段，以下是对这次培训的总结。

一、培训概况

这次培训让我们全面了解了澳大利亚运动训练的理念、方法、趋势和体育运动机构的组织管理以及运行机制，实地考察了澳大利亚的训练场地、场所和器材，并积极探索研究符合我省射击项目，乃至山西省竞技体育可持续发展所需要的专业人才培养和管理模式，以促进我山西省运动训练水平的提高。

培训班学员由国家体育总局干部培训中心领导、工作人员，各省专业队教练员和业余体校教练员组成，一行25人。

国内培训期间，国家体育总局人事司领导、青少司领导及北京体育大学领导在开班仪式上进行了动员讲话，阐述了这次培训的重要意义，分析了业余教练员对我国竞技体育发展的重要意义。国家体育总局教练员学院领导夏伦好同志介绍了培训的课程和相关的要求，对我们进行了出国前教育，对出国期间的学习纪律、外事纪律、组织纪律和日常管理等都提出了具体的要求。李春雷教授讲解了体育运动研究概况和培训笔记及总结的基本要求和方法。我们所有学员就各自在运动项目训练方面所取得的研究成果和实践经验总结进行了专题讨论。

国外培训主要在悉尼大学、拉筹伯大学、墨尔本大学、墨尔本职业教育中心、维多利亚大学、维多利亚体育协会、维多利亚体育学校等地进行。

培训的主要内容是讲解澳大利亚体育运动的体系体制，从国家层面到基层的体育机构的组成和整体框架，也讲到澳大利亚教练员培训、青少年运动员天赋的发现和培养等。

教学过程中，培训班全体成员与悉尼大学教授及墨尔本各大学的教授、专家进行了充分交流，实地参观了悉尼奥运会比赛场地、维多利亚州的体协训练场地，较全面地了解了澳大利亚的运动训练状况和教练员、运动员的培养机制。

二、培训特点

针对这次培训的目的，结合我省现阶段运动训练教学理念和方法更新的实际需求，我进一步了解了国际先进的体育管理、训练方法和操作方法的理念，开阔了视野，更新了观念。此次培训取得了预期的效果，总结以下特点。

培训时间和时机非常恰当。这次培训由国家体育总局人事司和青少司主办，国家体育总局干部培训中心承办。培训计划、课程设置及学员的学籍管理，均由国家体育总局干部培训中心负责。培训班的组织是在我省队伍在第13届全运会后具有初步运动训练成功经验，着眼备战陕西全运会以及东京奥运会的新形势、新需求的背景下进行的。

培训课程、行程让我们开阔了视野，更新了观念。我们都是来自各个层级、备战在一线的优秀体育工作者，本次培训班集中了我国运动训练领域的精英教练员和管理人员，其中不乏奥运冠军的教练员。大家都具有较多的实践教学经验，对我国的运动训练现状十分了解，对我国竞技体育训练和比赛中亟待解决的问题也都很清楚。这次培训，通过了解澳大利亚体育教育的理念，进一步激发了我们全体学员的责任感、使命感和紧迫感，我们努力把有价值的训练理念消化、吸收，并转化到今后的教学工作中。

管理有序、高效，顺利完成各门培训课程。为了提高培训班管理效率，在开班伊始，国家体育总局人事司和青少司领导做了动员，对我们提出了明确的要求。教练员学院的领导就培训工作做出了周密细致的安排，要求我们对全部培训内容进行逐次课堂记录，保证学习资料的完整性和可传承性。培训班是团长负责制，同时设立教学研究和后勤保障两个工作组，统筹负责课堂记录、研讨整理、资料汇编和交通饮食、护照安全等问题。培训手册中明确标明哪个人哪天要做哪项工作，分工清晰，落实到人。团队管理讲究效率，使得学习任务顺利完成。

三、培训心得体会

通过国内和澳大利亚的培训学习，再对比以前自己的训练，我对以往的工作有了新的认识。

我所从事的射击项目，本身就是一项比较特殊的运动。表面上似乎看不出更高、更快、更强的奥林匹克精神具体体现在哪里，因为它体现奥林匹克精神的方式不像其他体育运动项目那样，是张扬的、激情四射的，恰恰相反，它是内敛的、隐藏在表面平静下的激烈竞争。它更多展现的是一个人内心的更高、更快、更强。常言道，“牧心者，牧天下”。内心相对于肌体更为难以驾驭。

以前，我对射击的理解，它是一项技术活，就像欧阳修笔下的“卖油翁”一样，“无他，唯手熟耳”。在整个运动生涯中，我一直拼命地追求娴熟的境界，推崇“一万小时理论”，甚至要深刻到“十万小时”，非得把自己练成一台射击机器不可。但通过这次培训学习，我认为自己没有实现儿时梦想、没能成为顶尖射击运动员的最大原因，竟然是价值观的错位。

关于射击技术，我在青少年时期就已经掌握了正确的射击动作要领，但在比赛中一直也发挥不出自己的技术水平。为此，我无限度地增加自己训练的时间和难度，也不停地寻求心理方面的帮助，但都没有达到预期的效果。带着没能实现远大理想的遗憾，我又走上了教练员岗位。我在新的工作岗位重复着曾经的工作方式，继续不停地追求动作的娴熟与完美，从难、从严、从实战出发，以大运动量训练我的运动员，而恰恰忽略了影响比赛最重要的因素：对情绪的调控。

曾经的训练过程中，我也非常注重对情绪的控制。比赛时，心情紧张，我就运用放松入静的手段来让自己松弛下来，但这无法在比赛中维持，稍有个害怕失败的念头冒出来，瞬间又紧张起来。我也对自己说，比赛本身没自己想象中那般重要，没关系，放轻松，输了也不要紧。但这些对自己的宽慰谁不知道是假的？输了能不要紧吗？单位领导、教练员、亲朋好友，哪个不是眼巴巴地望着，盼你能打出好成绩？而生活中又总有些不希望你成功的、处在对立面的人，他们想看你的笑话。因此，自己想打出好成绩，想回报所有爱我的人；又怕打出坏成绩，害怕让对立的人的愿望得逞。这样低层次的认知，让我永远逃脱不掉“想好怕坏”的魔咒。要改变情绪，就得釜底抽薪，从“调”上入手。我要向澳大利亚的体育人学习，改变自己的认知，注重自身的成长。

10月25日上午，在墨尔本大学上课，老师给我们介绍学校的优势项目时说，我们培养的精英运动员今年在全国锦标赛中取得优异了成绩。当问及是什么成绩时，他不无自豪地说，第四名，差一点点就能获得奖牌啦。我能感到他真正注重的是该运动员的成长，而不是他有没有获得金牌。是否获得金牌，在他们看来不重要，重要的是他们的努力没有白费，取得第四名的成绩已经很不错，是有收获的。这样注重成长，而不注重成绩的价值观，让运动员的训练、学习、生活都处于快乐的情绪当中，比赛中得到的是对生活的热爱，而不是痛苦地纠结。这样就从根本上让比赛的压力减小到最低或消失，这正是正确价值取向的结果。所以，要在比赛中有更多的参与感，让自己真正地享受比赛，就必须调整自己的价值观，注重自身的成长，不去在乎外界的评价。这样既不用在比赛中费力控制自己的情绪，也不会分心去想与比赛无关的事情。

通过在澳大利亚的学习，我认识到，努力拼搏不是要求我们交出一个优异的成绩，而是要我们进入一种状态，这是一种勤奋、努力地学习、练习和创造的状态。只要我们能处于这种良性的状态中，那成绩对我们来说，又有什么重要？其实，国家和民族需要的正是这样积极拼搏、积极生活的每一个人。或许，这才是体育运动的本质和目的。不是在成绩上的高、快、强，而是要求每个人的内心变得比原来更高、更快、更强！这才是对奥林匹克精神的正确解读吧！

四、小结

我非常感谢国家体育总局人事司、青少司和教练员学院组织的这次培训学习，让我开阔了思路，对自己多年的训练和教练员工作做出了深刻的反思，并且指引了今后工作的方向。我相信通过这次的学习，将来一定能在自己的工作岗位上发挥出自己最大的能量，把我省的体育运动建设得更好，为祖国做出更多的贡献。

关于青少年运动员选拔与培养的思考

福建省青少年体育学校　俞华秀

近些年，我国竞技体育运动飞速发展，这样的成果离不开基层教练员对青少年运动员的选拔与培养。当今竞技体育已进入高体能、高智能、高科技时代，而第一突破点就是选材。加强青少年后备人才的选拔和培养是我国建设竞技体育强国的重点工作。实践表明，只要我们深入研究，把握项目特点与规律，认真学习和借鉴国外的先进理念，就会更好地挖掘相适应的优秀后备人才。2017年10月15日至11月4日，我赴澳大利亚悉尼大学、墨尔本迪肯大学等地访学，在青少年运动员的选拔与培养方面受到了很大启发，并进行了认真思考。

一、澳大利亚访学印象

澳大利亚国土面积大，人口少，但澳大利亚人非常喜欢体育运动，在体育运动人才培养方面表现得非常努力。这首先是因为澳大利亚地面平坦、天气非常好，例如，在悉尼冬天最冷的时候，早上6℃～7℃，非常适宜参加户外活动。其次，体育运动在澳大利亚已被制度化，每一个学生都必须参与体育运动，要想受人尊敬必须热爱运动。澳大利亚体育运动的基础来自社区，第一推动力是学校。澳大利亚积极举行和宣传各类比赛，目的是希望平民、富人都能共同参与运动。体育运动有利于国家团结，澳大利亚有国家体育运动机构，有州立体育运动机构、地方区域协会和体育运动俱乐部。俱乐部独立于学校体系，很多社区体育俱乐部会和其他俱乐部进行比赛，也会和学校比赛。有了这些俱乐部，国家体育事业的基础也就出现了。

二、对青少年运动员选拔的再认识

选拔符合项目特征的青少年运动员，从生物学意义上说，有多少天赋，就有多少运动成绩。但是，有时候往往被多人看好的一个孩子，几年后却没有练出来。研究表明，青少年时期表现优秀的运动员，成年后不一定优秀。因此，在进行人才选拔时要考虑很多因素，让选拔更全面。对于没有被选上的运动员，要考虑可能是生长缓慢；是否设立了专门的条件来评价选拔运动员；选拔人员是否经过培训；选拔体系是在不断发展运动员还是在毁灭运动员；还有，在哪个年龄段来挑选运动员；是否认为运动员的发展比运动员更加重要；是不是会花更长的时间来进行选拔；不同年龄段的选拔是否不同；人才选拔在既有体系下是否可以做得更好。我们共同面对的困难是12～14岁的孩子，谁能准确预测出接下来的几年，甚至十几年他会变成什么样子？这就需要教练员的慧眼，找准项目特征的突破口，不拘一格地去发现人才，发掘天赋，发展运动员内在的运动潜能。

选拔17岁以下的运动员必然要遇到各种困难。虽然天赋与后天培养的重要性存在争议，但对于所有运动项目，这两者的影响都很重要。澳大利亚教练员以什么标准来挑选运动员？最重要的是与技术、技能有关的因素。有的教练员容易选拔那些13岁以下在技术上过硬并有不断学习意愿的运动员。这种选拔方式一般是通过比赛来观察，如果发现运动员在比赛中技术不好，就不再考虑这名运动员。传统上来讲，主要基于体格和技术方面来考虑而忽略其他方面的表现。但有可能出现这样的结果，有些孩子在这一年比较早一点出生，发育比较快，但成人后表现就不突出了。因此，这么快做决定要谨慎。有的教练员认为，要做出正确的决定，还要有全局观，要看这名运动员是否想继续从事这项运动。有的教练员关注社会经济背景，倾向选择经济背景差的运动员，认为穷人的孩子会更有动力，更努力。

挑选运动员的时候，不要只看到一场比赛，只根据这场比赛的表现和身体条件进行挑选，而应该花更多的时间去观察。在挑选人才的时候，要做假设，发现特质并进行量化。要想通过13岁的表现去预测25岁的表现，需要注意运动员的六个方面：①赢家思维。是否能保持体能投入比赛训练，知道进退。②情绪稳定性。能否在有压力的情况下做出决定，犯错误后能否专注比赛，在从事的运动当中是否情绪稳定。③信心、自信、热情。是否表现出领导能力，以团队为中心，除了训练之外有良好的生活方式。能否帮助队友一起训练，在比赛时担负责任，帮助队友。投入比赛会给其他队员树立榜样。如果运动员有信心的话，会表现出积极和有创意的一面，会鼓舞其他运动员。④爆发力。⑤比赛理解力、抗压能力。在比赛当中是否注意到各种情况，并能解决问题，随机应变。在团队比赛中能否立即理解当时情况并做出反应。在压力下做出决策的能力，会影响运动水平。⑥技术层面。要求运动员在任何情况下都能保持专业技术水平。

人才选拔，除了技术方面，成熟和成长速度也很关键。教练员喜欢选拔稍大的孩子。年纪稍大的孩子在比赛上会取得一定的优势，但是当这些孩子的成长水平一致时，这些年纪稍大的孩子就没有什么成长空间了。所以，不能只观察身体和技术方面的能力，还要看心理因素。比如说，技术和战术能打6分，心理因素是10分，就可以成为专业运动员。为了深入检验早期选拔的人员是否符合某一运动项目中专项化的要求，澳大利亚的经验是，选拔运动员时进行1周的比赛，前两天代表各个州进行比赛，后两天按照年龄分组进行比赛。对这些运动员进行测试，测试结果可以显示谁比较早熟、谁晚熟，组织三场晚熟运动员之间的比赛，再组织早熟运动员之间的比赛。在比赛后分析早熟的孩子和晚熟的孩子进行比赛是否会表现得更好。根据体育项目不同，可以筛选出各个运动项目的特征，并进行分级、分类打分，有了优秀运动员的特征，再给出评分，这样可以看出来强弱了。不要只进行一次评估，要长期在比赛和训练中进行评估。经过多年系统地研究运动学校的每个学生，最终确定他们个人的运动专项。青少年运动员的选材是动态长期的，必须通过多年的实践和考察，逐步筛选出符合项目特征和训练理念的生物学强者，才能获得事半功倍的训练效果，才能出精品。

三、对青少年运动员培养的再认识

不仅是选拔人才，更重要的是发展他们的天赋，要采取不同的培养模式。通常来讲，各个国家和运动项目大部分是金字塔模式，而想要成为这方面的精英要有10年或1万小时的训练。儿童为基础阶段，这阶段学习基础技能，如果表现出巨大潜力就会进入下一阶段，这时更看重心理素质。到天赋阶段，更加注重的是练习和训练，且能保证继续从事这个运动项目。进入精英运动员阶段，注重的是国际赛事和专业赛事，看能否得到更多的奖牌和是否一直表现良好。最顶层的专家级运动员，可能参加过几次奥运会。

（一）6～12岁的培养

在6～12岁尝试阶段，鼓励发展基础能力。对小运动员的训练，不能操之过急，不能成人化和专项化，一定要着眼长远。让孩子从事不同的体育项目，通过运动性、趣味性游戏，球类活动，游泳等发展身体灵活性、协调性，不断提高少儿的全面身体健康水平。这是培养兴趣和动力的阶段，不提供专业训练，只提供娱乐和发展自我决策能力，同时也是发展社交的好机会。在澳大利亚，挑战是如何让进入青春期的孩子继续参加体育活动。作为教练员，要知道你带的是6～12岁的孩子，让他们参与活动，不用赢得比赛，要在快乐中进步。在这个过程中也要发展基础技能，要鼓励他们多参加活动。有很多孩子在很小的时候就参加体育运动。他们6岁参加训练，到16岁就会觉得厌倦了，所以作为优秀的教练员，应该想办法让孩子在特定的时候继续参加体育活动。让孩子们去动，为了生活而动，而不是为了某一个项目。同时，进一步观察这些孩子的各项身体素质水平，从中发现有天赋者进行初级训练。

（二）13～15岁的培养

13～15岁是骨骼、神经肌肉、心肺功能及运动能力的突增期。这个年龄段的训练要变得严肃认真，玩耍时间越来越少，需要更加努力训练并加长训练时间。也要注重提高身体素质、技战术水平和心理素质。随着身高见长，神经肌肉、内脏器官、力量、耐力等迅速增长，每年的身体素质水平和专项成绩也快速增长，是掌握技术、技能，建立动力结构定型的敏感期。因此，需要让他们理解和学习所从事的体育项目，并且知道如何能成为一个顶尖运动员。在澳大利亚，这些运动员在学校也和俱乐部保持联系，共同训练。不管男女都有每周4次俱乐部训练和12小时学校训练。这12小时在学校的训练更注重个人发展，更看重每个人需要什么，是个性化发展。每周给每一个运动员设定目标，周末看是否达到。以足球为例，运动员在上学期间要训练12小时，所以学习课表和别人不同，并配专人指导学习，以求同步学习。学校有专人来照看这些运动员的衣食住行和训练学习。运动员放学后在学校吃饭，然后去足球学校训练，之后做作业，再到球队里进行训练。经过训练，教练员会明确他们取得的进步在哪里，会用不同颜色来进行标记，红色为重要。进行这样的评分后运动员会得到一个图形，看出今后需要加强哪方面的训练。教练员不仅自己给运动员打分，还会让运动员自己给自己打分。这样可以看出哪些需要改进才能成为优秀运动员。

（三）16～19岁的培养

16～19岁，骨骼处于结束生长阶段，但内分泌及神经肌肉发育旺盛，雄性激素和力量增长明显加快，动作的分辨能力和机械化程度提高，是速度、力量、耐力增长的敏感期。这个年龄段的专项成绩提高较快，需要他们全身心地投入训练，训练强度也要增加。在此年龄段要加入竞争和比赛环节，让他们熟悉这种环境。18岁后就可以参与没有年龄限制的成年比赛。专业化训练时间根据项目不同而变化，同时还要注重专业化训练的质量，而匹配的恢复（按摩、冰敷、睡觉、理疗、拉伸）等也很重要。基层教练员一定要做好训练后的放松和恢复，除了平时用的慢跑、按摩等放松的方法，还要利用拉伸训练的方法放松。还有一些人专业化得比较晚，到高中或大学才专业化。这些青少年没机会参加国际比赛。澳大利亚教练员认为这并不重要。在训练方面，如有机会参加训练营，看看别人是怎样训练的是有好处的。竞争很重要，要让运动员在有压力的情况下训练。小的时候没有取得成功，不影响能否参加奥运会。没有进入国际赛事的运动员，可能有负面情绪，这个时期是无法参赛的。而在参加国际比赛前进行过多训练，会导致受伤。

澳大利亚教练员认为，不管是在什么阶段，很重要的一点是给他们一个交流和支持的环境，也就是说文化、环境都很重要，要有毅力和专注力。在发展过程中运动员需要得到支持，比如父母的支持就很重要，教练员也很重要，教练员更了解运动员并为他制订训练计划，要清楚每个人的个性和能力适合什么项目。朋友和同龄人也很重要，不能和朋友去玩耍，朋友要表示理解。个人因素更重要，运动员无论在哪里都要有自我认识，知道自己的优点、缺点和强项、弱项。

四、小结

竞技体育各个项目成百上千的技术动作，给竞技运动带来无穷的魅力。而对于竞技体育运动项目特征的认识是无止境的，运动水平的提高也是无止境的。但是，我们可以逐步摸索出项目特征所必需的生物学特征，以及个体强者在少儿时的特点和生理、生化的数据，依据这些科学经验，我们可以选拔出相对优秀的青少年运动员进行早期系统训练和培养。

选材的成功与否，决定教练员的训练过程能否顺利进行，也会决定运动员成才的时间长短。作为基层教练员，在组队时根据项目特点，把选材作为训练中的重要环节来抓，这样能达到事半功倍的效果。而在基层的业余训练中，随着在校学生学习负担的逐年增加，参加业余训练的时间越来越少，这对从中选拔出那些身体素质较好、热爱体育运动的青少年人才造成了一定的难度。为此，我们基层教练员在青少年运动员的选拔、训练、储备、输送的日常工作中，还要通过各种途径加强学习，不断地总结经验，创新方法，科学选材，系统训练，常抓不懈，为我国发展竞技体育强国事业贡献绵薄之力。

对教练员工作的再认识

天津市体育运动学校　周松青

本人在体校从事教练员工作18年，输送和培养了数名优秀运动员，自认为经验丰富、轻车熟路，所以放松了学习，对专业理论学习不够重视，训练仍沿用传统的经验教学，创新能力不强。

在训练教学工作处于瓶颈状态的时候，我非常荣幸被选为国家体育总局2017年精英教练员双百计划业余训练教练员，并赴澳大利亚学习培训，非常感谢国家体育总局、天津市体育局、天津市体校领导的认可与支持，为我提供如此难得的学习机会。

学习分为国内培训和赴澳大利亚学习两个阶段。在国内培训阶段，我学习理论知识，开阔视野，更新观念，为赴澳大利亚培训打下基础。

在澳大利亚，通过对悉尼大学、澳大利亚奥林匹克委员会、维多利亚大学、迪肯大学、维多利亚体育协会、新南威尔士州体育协会及下属的各体育运动研究院、体育中心、体育学校等学校和研究所的参观、考察，我对澳大利亚的体育事业发展，体育运动参与率及体育教育体制，澳大利亚青少年体育工作的政策、制度及发展规划有了全面的了解。同时，我对澳大利亚体育教练员培训计划、分级培训特点、培训方式，先进的训练理论和方法，学校在竞技体育后备人才培养中的重要作用等方面进行了深度了解。

我认识到，澳大利亚竞技体育运行机制与我国的体育及机制宏观上大致相同，但在运动员的早期选材及培养方式上的差别较大。澳大利亚是一个全民喜欢体育的国家，这是由两方面原因造成的，一是地理位置和气候；二是人口少，相对运动场地资源较多，各机构、学校、体育中心定期必须对公众开放，所以澳大利亚参与体育运动的人口非常多。而我国运动场地资源匮乏，只能集中供给，这是青少年早期专业化训练的重要原因，而过早的专项训练导致淘汰率过高。美国的一位教练员曾经说过："我们是在打篮球很好的选手中选高个子队员，你们是选高个子的人练篮球。"我个人认为国情不同，运动员培养方式不同，但各有所长。随着我国发展群众体育和全民健身政策的深入，选才方式会逐步从以竞赛专项成绩为主导转变为从喜欢运动的少年中选材，以我们现今在选材方面的研究深度和经验积累，将来会在选材方面达到更高水平。

在执教青少年运动员的教练员培养方面，澳大利亚悉尼大学的唐纳·奥康纳教授讲述了澳大利亚优秀教练员应具备的素质、知识。优秀教练员应兼备好教师和博学教练员的双重素质，在执教过程中语言简单明了，善于提问和沟通，易于运动员充分理解；做好训练计划和课前准备，针对不同情况做出相应决定和决策，给予运动员更好、更精准的指导；要有自我总结和反省的能力，自觉让自己做得更好。

在训练教学的过程中，教练员应注重运动员的感受。教练员不能一味地去灌输，以下命令的方式指挥训练是错误的，应随时观察运动员是否理解，不理解的原因在哪里。教练员要不断地观察运动员的课堂表现和反馈，课后要反省、总结。

通过学习，我认识到，要成为一名优秀教练员，首先，应具备丰富的专业知识，对自身项目要有深度的了解，坚持理论学习和实践创新；其次，要有较好的人际交往能力，及时观察到运动员的情绪、情感变化，适时、充分地沟通、交流；再次，要有较强的自我反思能力，及时发现自身问题，进行自我评估和反省；又次，必须有良好的品德，工作态度积极，保持上进心、责任心，公平对待每名运动员，及时给予运动员最大的帮助和支持；最后，工作思路要清晰，训练计划要有针对性。

通过在澳大利亚的考察学习，我的执教理念有很多改变，随着我国的体育事业日益强大，经济蓬勃发展，我国青少年群体的变化非常大，我们不能固守传统的执教理念，要与时俱进，跟上社会发展的步伐，以先进的教学理念从事训练教学，为我国竞技体育事业培育优秀人才，为社会体育、全民健身服务。

以运动员为中心，与运动员共同成长

福建省青少年体育学校　周志琴

2017年10月，我有幸参加了国家体育总局2017年精英教练员双百计划业余训练教练员赴澳大利亚培训班的学习。全班共25位学员，其中4位是国家体育总局干部培训中心的领导及工作人员，21位是不同运动项目的教练员。这次培训时间共21天，分为两个阶段，分别为国内（北京）学习阶段与澳大利亚（悉尼、墨尔本）学习阶段。通过学习，我不仅有机会同来自全国各地方的优秀教练员进行经验交流，还了解了澳大利亚的教育形式。不同的文化与观点，增加了我的人生阅历和视野，使我获得了新的工作、生活方式和思想理念。我也会不断对自己二十多年的执教生涯进行反思，并对自己下一步的执教工作有了更深的思考，努力在这次学习的基础上获得更好的发展。

一、培训概况

（一）国内培训阶段

首先，国家体育总局人事司、青少司和北京体育大学领导在开班仪式上进行了动员讲话，阐述了这次培训的重要意义，分析了业余教练员对我国竞技体育发展的重要意义。然后，国家体育总局教练员学院领导夏伦好同志介绍了这次培训的课程和相关的要求，加强了团组行前教育，明确了纪律要求，对出国期间的学习纪律、外事纪律、组织纪律和日常管理等都提出了具体的要求。最后，李春雷教授对国内外体育运动研究概况进行了讲解。

（二）澳大利亚培训阶段

澳大利亚培训地点主要是悉尼大学、拉筹伯大学、墨尔本大学、墨尔本职业教育中心、维多利亚大学、维多利亚体育协会、维多利亚体育学校等。

培训的主要内容是讲解澳大利亚体育运动体系与体制的现状，从国家部署到基层体育机构的组成和整体框架，同时也分析讲解了澳大利亚教练员培训、青少年运动员天赋的发现和培养。

在培训过程中，全体培训班成员与悉尼大学、墨尔本各大学的教授、专家进行了充分的交流，实地参观了奥运会比赛场地、维多利亚州体育运动协会的训练场地，较全面地了解了澳大利亚的体育运动训练状况和运动员的培养机制。

学习加深了我对以下几个方面问题的思考：

（1）体育到底是什么？

（2）体育功能是什么？

（3）体育对社会经济发展起什么作用？

（4）什么是政治功能？

（5）教练员应该具备哪些素质？

（6）如何带好团队以及如何进行运动员训练客观模式的转变？

（7）社会意识对不同人群锻炼方式和观念有何影响?

（8）国际组织如何选拔人才和体制外选材?

举重是我国的优势体育项目。中国举重队号称“梦之队”，尤其是中国女子举重队，更是长期处于世界举坛霸主地位。我深知虽然我国举重项目的专业性要比国外强很多，但是相比之下，我们的一些训练理念与国外有很大差距，在训练方法、手段上不够现代化，理念陈旧。这次培训的目的就是让我们开阔视野、解放思想、增长见识、更新知识、提升理念。改革开放以来，我们用30年的时间赶上了西方大国。我国的竞技体育也是一样，在发展过程中我们也需经历一段历史的洗礼，在改革开放初期，竞技体育给我们国人树立了标杆，起到了引领的作用。比如，“人生能有几回搏”、女排精神等。在澳大利亚，从悉尼到墨尔本，我们学习不同的课程，不断地重新审视体育给予我们的真正意义。

二、澳大利亚人对体育运动的重视程度

在澳大利亚，电视台会循环播放上周刚结束的澳式橄榄球视频；通过体育故事片教育小孩热爱体育运动；体育运动在澳大利亚已被制度化，要想受人尊敬必须热爱运动；篮球比赛女子项目（专业队员参与并获得报酬）有专业性的计划鼓励女孩参与，并在比赛中场休息时给予小女孩参与的机会，模仿比赛；比赛的目的是希望所有人都能共同参与运动。

在国内，这些方面我们也会经常说到，但是澳大利亚的专家是从不同的角度来讲解的，在对体育概念的认识上有很大不同。我们的概念大多数是狭义的，即体育就只有竞技体育。而澳洲对体育的概念是广义的，即生活化的体育。我们需要学习这些理念，运用到实践中去，促进体育改革进程，达到最终的目标：与政治结合，把我国体育建设成为以人为中心，以人民为中心的体育。教练员，不应该只是会打枪、会滑冰、会滑雪、会跳台、会举重等，这些只是我们专业技术方面的优势，我们要在思想观念上不断更新。我们在澳大利亚学习的一些专业性课程，其实并没有我们国内强，但是却给我们提供了许多不同的思路。

三、培训获得的启示

（一）关于政治与业务之间的关系

在澳大利亚期间，正值党的十九大会议召开。党的十九大是我党政治生活的一件大事，是全中国人民的一件大事。在悉尼，没有中国国内电视台，我们只能通过手机和互联网学习党的十九大的会议精神，特别是深刻领会习近平总书记的报告与修改的党章。到达墨尔本后，我们在所住酒店收看到了中央电视台国际频道，我们认真观看了党的十九大的重要新闻内容，领会了传达的重要精神，并且听取了一些专家的解释辅导，启发颇大。党的十九大，习近平总书记提出了新时代中国特色社会主义思想，但是这些与我们新时代的体育改革以及体育发展怎么结合，需要我们不断地探索。我们不能只学习我们的专业，若没有政治方向的引领，就什么也做不了。我们的体育事业正赶上一个全新的发展时期。国家体育总局办公厅统计，习近平总书记在党的十八大以来对体育的批示、讲话、活动等有90余次，其中对足球工作的批示有500多字。中央深化改革领导小组在14年里专门研究足球改革。在这个新时代，作为一名体育工作者，最重要的事情是要解决怎么把本职工作与国家意志结合起来。国家体育总局苟仲文局长说得很清晰，体育工作不是政治工作，但是其政治功能很强，理解政治功能在哪里，是为国争光，是育人。作为教练员，不能只注重业务，还要学习将业务与党和国家不同时期的发展需求、方针、政策相结合。在工作中，要不断地学习党的十九大精神，贯彻好党的十九大精神。我们要做到自觉、认真、严谨地学习，要带领单位职工、运动员一起学习贯彻党的十九大精神，要把政治和业务关系处理好，不能“政治挂帅”。政治和业务不能偏废，都是一样重要。

（二）教练员与育人的关系

在国内，教练员的意义主要是在专业技术层面上。但教练员应该具备多元化素质，需要掌握更丰富的知识：当技术教育到一定程度时，核心问题就会转换，更多是在育人。教练员需要尊重学生，多听取一些好的建议，去斟酌采纳。实际上，随着信息时代的飞速发展，有许多陈旧的观念跟现在的训练方式是不适应的。

（三）个人和团队的关系

在澳大利亚的训练队伍中，教练组是一个团队的组合，是复合型团队。其中设有体能训练师、康复师、营养师、心理辅导医师等，他们都是教练员团队的主要成员，各司其职，又相辅相成。职业队的主教练，主要工作是协调复合型团队成员的运作联系，如从技术上怎么做，从科研上怎么做，助理教练员怎么做等。复合型团队一定是我们队伍今后的重点发展方向。

（四）理论和实践的关系

我们很多教练员都是实践经验丰富，但理论知识不足。这就要求我们努力提高学习能力，将实践提升为理论再指导实践。教练员要将运动员的可持续发展作为基础，特别是信息社会，知识更新更快，教练员每年都要修满学分，如果不修满学分就不能从事教练工作。

四、本次学习获得的新知识和对未来执教工作的启示

（一）重视运动员的文化学习

在澳大利亚的学习过程中，有多位来自橄榄球队、篮球队的教练员都提到培养优秀运动员的关键条件之一是要重视学生运动员的文化教育，大学生运动员要意识到自己首先是学生，无论是在课堂、运动场，还是在社区，任何时候都要争取胜利。与大学生运动员相比，我所执教的青少年举重运动员的普遍特点是年龄小（10~17岁），无论在生理上、思想上，还是行为上都处于懵懂状态，思想不成熟，运动员流动性较大。对于这些正处于生长发育期的青少年运动员而言，更是需要通过文化教育来帮助他们建立正确的世界观、人生观和价值观，绝不能仅仅关注他们运动成绩的提高。在我国，体教结合的工作已经摸索和实践了十几年。虽然近年来各主管部门也开始通过各种方式严格落实该项工作，例如四年一次的国家高水平体育后备人才基地认定工作，认定要求中明确将是否落实运动员文化课作为参评必备条件之一，并且对文化课的实施做了具体要求，但是与普通初中和高中学生的文化课教育相比，差距仍然巨大。而且很多家长送孩子到业余

体校训练的原因不是孩子有运动天赋，而是学习成绩不好。

（二）提高执教能力

通过在澳大利亚21天的学习，我对竞技运动训练有了更为深刻的理解。这些新理论、新知识、新理念对我未来的执教将有深远影响。回国后，我会在以下方面继续展开学习，不断更新执教理念、完善知识结构、提高执教能力，培养出更多的优秀青少年举重运动员。

第一，尽可能多地参加各类学习班，扩大自己的知识面，更新自己的知识结构，提高自己的技能。

第二，充分利用网络，多看视频、多查阅资料，及时了解世界上举重运动的相关前沿理论和训练方法。

第三，坚持读书的好习惯，对于运动心理学、运动解剖学、运动生理学、运动营养学等与训练相关的书籍，多多阅读，反复阅读。

第四，重视交流。一方面，与训练学专家、优秀的教练员、科研人员多沟通，交流训练心得；另一方面，与运动员一起游戏、一起训练，与运动员一起分享训练过程。

第五，“走出去”，多参加比赛，多观摩比赛，了解运动项目的训练成绩，掌握运动项目的发展趋势。

五、小结

这21天的学习时间看似短暂，但是我收获满满，很多新知识、新理念都需要用心体会、用心理解。作为教练员的我们需要承担更多、更重要的角色，所面对的不是项目本身，而是运动员的全面发展，应该以运动员为中心，与运动员共同成长。我坚信，只要付出必有收获。此次学习成果必将令我受益终身。

专家
讲课记录

第一讲　澳大利亚体育事业发展、体育参与率及体育教育体制

授课时间： 2017年10月16日上午

授课地点： 悉尼大学

授课专家： 史蒂夫

史蒂夫教授授课

今天是我们来到美丽的悉尼大学校园学习的第一天，培训班的全体学员都非常兴奋，也很珍惜这次学习的机会。在上课期间，学员们认真记录，也很踊跃地提问发言，都希望通过这次学习，提高自己的执教能力。

史蒂夫教授在悉尼大学教授体育方面的课程，并做相关方面的研究。他于2002年来到悉尼大学工作，参与的项目是橄榄球。悉尼大学是澳大利亚最古老的高校之

一。史蒂夫教授在课程开始前说："今天很荣幸能给大家讲课，因为我们大学里最努力、最优秀的学生就是中国留学生。我所讲的课程中，最根本的一点是希望每个人都能够参与体育运动。无论是精英级别的运动员，还是其他人，都想获得金牌和成功。那么应该如何让所有人都参与体育运动呢？下面我们一起进行探讨。"

史蒂夫教授授课

一、澳大利亚人对体育运动的重视程度

（1）电视台会循环播放上一周澳大利亚刚结束的澳式橄榄球的视频。

（2）通过体育故事片教育小孩热爱体育运动。

（3）体育运动在澳大利亚已被制度化，要想受人尊敬就必须热爱运动。

（4）篮球比赛女子项目（专业队员参与并获得报酬）：

①有专业性的计划鼓励女孩参与。

②比赛中场休息给予小女孩参与的机会，模仿比赛。

（5）比赛的目的是希望所有人都能共同参与运动。

二、澳大利亚体育运动的发展

（1）澳大利亚的地理条件使游泳成为最优势的运动项目。因为靠海危险，所以必须学会游泳。

（2）地势平坦很适合体育锻炼。

（3）英国人喜欢运动，带动了澳大利亚人。

（4）1788年英国人宣布为澳大利亚宗主国，在此之前其是士族文明社会。

（5）澳大利亚要求每一个学生都必须参与体育运动。

（6）英国人破坏澳大利亚原有的士族生活。

（7）各个社区都是为体育运动建立的。

①不同的地理条件适合不同的运动项目。

②悉尼的东、南、西、北四个社区，各有不同的运动项目。

③国籍不同，参与的运动项目也不同。

（8）修建不同的运动场所。

（9）体育运动使国家团结，澳大利亚政客很清楚这一点。

学员认真听讲

三、澳大利亚体育的开展

（1）社区体育：鼓励社区的人都参与体育运动。

（2）学校体育：学校鼓励每个学生都参与运动，并要求每个学生都能游50米，每周学校安排2次体育课，学生可以代表学校参加体育比赛。

（3）澳式足球和澳式橄榄球深入澳大利亚人的生活。

四、精英运动员的成长之路

（1）无论什么运动项目，业余教练员都有一套专门的训练体系，教练员会先教会他们如何比赛，再教会他们专项技术。

（2）澳大利亚有一套专门的挑选运动项目的标准。

（3）体系代表制：5 ~ 16岁的孩子都可以代表各个社区或者城市参赛。

（4）每项运动都可以从政府拨款中得到帮助，另外还有赞助款项。

（5）18岁后就可以参与没有年龄限制的成年比赛。

五、体育运动体系

（1）儿童参与运动的方式：社区和学校。

①学校：冬天足球，夏天垒球。

②学校每周都有体育课，一周1 ~ 2次，学生必须穿运动服。学生可以自己选择项目，还可以代表学校参加比赛，学校与学校之间经常比赛。不参加比赛的学生可以在学校运动。

③私立学校必须参与比赛。

（2）社区培养优秀运动员。

（3）精英运动员培训体系。

①培训课程表明确教练员应做的。

②培训大纲明确教练员应做的课题。

③首先教会学生如何比赛，然后教会学生技能、技巧。

（4）选拔人才有一套完整的体系。

①教练员通过观看训练选拔人才。

②通过比赛选拔人才。

③5 ~ 7岁的小孩都可以参与比赛。

④澳大利亚的各个国家训练中心提供吃、住、训，培养精英运动员。

⑤成绩优秀的运动项目由政府提供资助，反之则不资助。政府资助包括赞助商的赞助。

全体学员在教学楼前合影

六、课堂问答

（1）社区体育比赛经费的拨款来源于哪里？比赛的次数是多少？

答：在澳大利亚有80个运动项目可向政府申请拨款，政府再根据运动项目的重要性和比赛数量分配经费，其中重点项目有赛艇、游泳和女子橄榄球。

这些比赛每周都有，通常在每周末都会举行不同项目的比赛。学校里每周都会安排比赛，公立学校会在周五下午安排比赛。

（2）资金来源于哪里？

答：①政府会给学校拨款，主要用于支付体育老师工资和购买器材。

②社会的赞助（麦当劳、可口可乐等公司）。

记录人与授课专家合影

记录人：周志琴　俞华秀

第二讲　澳大利亚青少年体育工作的政策、制度和发展规划

授课时间：2017年10月16日下午

授课地点：悉尼大学

授课专家：史蒂夫

史蒂夫教授授课

一、社区体育发展

（1）澳大利亚的社区分布很广，社区的体育俱乐部每周都会组织社区比赛，然后选出优秀代表参加悉尼的冬季和夏季比赛，澳大利亚人一般都参加学校或者社区的体育比赛。

（2）澳大利亚对于16岁以下的青少年，都不希望他们只固定发展一个体育

项目，并且希望教会孩子理解体育运动，而不是只关注输赢。

（3）挑选有天赋的运动员，在他们离开学校后，不会让他们只从事该项运动，而是让他们更多地参与其他运动项目。

（4）在社区或者商业运作中，必须有行为准则，所有的教练员或者教师在教授体育时必须要对以下六个问题非常了解。

①教师必须有相应资质。

②家长保证不会给孩子太大的压力。

③教练员必须懂得如何处理受伤，有相关医疗知识。

④教育孩子“友谊第一，比赛第二”，尊重他人。

⑤通过频繁的社区之间的比赛，增加社区之间的交流。

⑥教会孩子尊重他人，注重培养道德，不允许出现作弊，不允许使用违禁药品。

史蒂夫教授授课

二、青少年选拔体系

（一）关于青少年的选拔方式

（1）根据学生的年龄、身高、体重让他们从事各个项目的体育运动，但不会告诉孩子们他会是从事哪个项目的运动员。

（2）选择在比赛中最公平竞争的队伍。

（3）每个学生有6～7个运动项目的选拔可以选择。

（4）根据不同年龄段和身高来分类。

（5）提高青少年体育运动参与度，促进体育项目的发展。

（二）目前面临的问题

（1）学生大多数时间都面对电脑，不喜欢运动。

（2）社区训练费用较高，普通人参与受限。

（3）学生的学业压力大，影响体育发展。

（4）社会经济压力大，导致一些学生去兼职，无法参与运动。

（5）运动参与率较低。

（6）对教练员的资质有要求（必须通过培训获得证书，还需缴纳学习费用等，获得证书后的教练员收入高）。

学员认真听讲

三、学校体育体系

（1）私立学校较多，公立学校在缩减，导致私立学校的体育运动发展较好，引起家长关注。

（2）通过运动改善身体健康。

（3）政府拨款不及时，影响公立学校体育运动的正常发展。

（4）体育协会（政府、学校、社区共同组建的监管部门）提供比赛的场地、裁判。

（5）有些精英项目也在学校组建运动队（例如：游泳），学校还会发奖学金。

全体学员与史蒂夫教授合影

四、大学的体育发展

（1）悉尼大学的优势体育项目：橄榄球。

（2）学生入住大学宿舍必须参与运动项目。

记录人与授课专家合影

记录人：周志琴　俞华秀

第三、第四讲 澳大利亚教练员培训计划、分级培训特点及培训方式

授课时间：2017年10月17日

授课地点：悉尼大学

授课专家：唐纳·奥康纳

唐纳·奥康纳教授授课

一、好教练员的标准是什么？

问：在中国，好教练员的标准是什么？

答：非常敬业、关注运动员、育才先育人、获得冠军、掌握运动项目规律的教练员。

还有些人认为一个好教练员的标准是赢得了多少场比赛、获得了多少金牌、

培养出多少个冠军，还有执教年限和经验。

二、教练员应当具备的各种素质与学识

（一）好教练员应具备的素质

（1）是一个很好的老师，并具有丰富的知识。

（2）语言简单明了，善于提问，交流清晰。

（3）擅长计划和准备，能针对不同情况做出相应决定和决策。

（4）能给出运动员更好、更精准的反馈，还需要自我反省如何让自己下次做得更好，不断进步。

学员认真听讲

（二）好教练员应具备的知识

（1）专业知识（对自身项目的了解程度，体育科学知识与技能，如何训练运动员等）。

（2）人际交流技能（有良好的社交关系，与运动员有良好的交流，有比较高的情商）。

（3）自我反思（教练员要懂得自我反思，及时发现自身问题，能够观察到运动员的情绪、情感的变化）。

（4）自我评估和反省能力（评估自身行为和训练效果，不断改进和持续性学习）。

三、如何培养运动员

（1）提高运动员能力，改进技能和改善身体素质。

（2）培养运动员自信心，让运动员知道自己哪里做得好。

（3）与其他人交朋友，维持良好的社交关系。

（4）培养运动员人格，使其具有良好的比赛精神。

①列举出运动员各项能力并进行评估（1～5分），如技术技能、战术技能、身体素质等。

②对运动员的心理状态进行评估。

③关于人际关系的调查问卷（教练员和运动员填写）。

a 你是否信任自己的运动员或教练员？

b 你是否感谢自己做出的一些牺牲？

c 两者是否有同样的目标？

④运动员要具有良好的体育精神，能为自己的行为负责，教练员要为运动员树立榜样，不对裁判大吼大叫。

四、教练员品质与思维模式的体现

（一）教练员应具备的具体素质

（1）教练员自身具备的知识、技能、经验以及教学理念。

（2）能为团队创造出的训练方式和训练形式。

（二）具备教练员素质需要表现的品质

（1）要有积极的态度。

（2）给运动员更大的帮助和支持。

（3）知道如何个性化训练。

（4）有清晰交流的能力。

（5）公平（让每个人得到平等的机会）。

（6）改变自身不好的交流方式。

（7）心态上保持持续性。

（8）责任心（让运动员知道你是一个好的教练员、值得信任的教练员）。

（三）固定性思维模式和成长性思维模式

固定性思维模式的人认为，成功都是靠自身能力，发展当中不愿意接受挑战，只能原地踏步。教练员必须要有成长性思维模式，要保证运动员是有进步的，要告诉运动员努力非常重要，鼓励每一名运动员，目标是让每一名运动员都有进步。

（四）以运动员为中心的训练方式

更加关注运动员的需求，会问运动员更多的问题，以游戏的方式来进行训练。

五、成功教练员案例（新英格兰爱国者队）

（1）设定目标：设定短期、中期、长期目标，设定个人与团队目标。

（2）分工明确，做自己该做的事情。

（3）规划：要规划结果，提前准备。

（4）每周制订详细的训练计划。

（5）制订竞争训练模式。

（6）团队文化。

（7）对不同项目及队伍的多种培训计划。

六、教练员与运动员之间的交流与反思

（1）每进行2分钟的训练就利用1分钟进行交流是不可取的。

（2）建议延长运动员参加活动的时间，尽可能减少运动中谈话的时间。

（3）最好是在训练中进行4～5分钟的活动，再进行1分钟交流。

（4）必须掌握什么时间、什么方式在运动中停下来与运动员交流。

（5）0～12岁运动员以游戏为主，成年人则要进行更多战术训练。

（6）及时反思训练中所要达到的目的。

（7）教练员在训练当中要注意提出问题的数量和质量（封闭式与开放式问题）。

（8）正确的时间给出正确的信息可以提高成功的概率。

（9）不断地进行积极的反思才能够对自己有正确的认识。

（10）建议对自己的训练过程进行录制，以便及时反思自身的表现。

学员提问

七、如何形成及建立团队文化

（1）先确立团队，大家共同探讨并制定规则，说出对彼此的期望。

（2）要确定如何努力训练，不走捷径，要互相帮助、相互尊重。

（3）团队中的每一个人都要百分之百地投入和努力。

（4）每次训练后或每周都会对团队的标准进行及时的分析与反馈。

（5）要保证能够做到所承诺的事情。

记录人与授课专家合影

记录人：段锐波　范沛

第五讲　澳大利亚优秀青少年运动员人才基地现状

授课时间：2017年10月18日上午

授课地点：悉尼大学

授课专家：布兰登·霍根

布兰登·霍根教授授课

一、澳大利亚人热爱运动的原因

首先说一下澳大利亚人为什么喜欢体育运动。这个国家天气非常好，在悉尼，冬天最冷的时候，早上6~7℃，参加户外活动非常常见；而中国的冬天气温很低，不适应户外活动。从文化上讲，澳大利亚人非常喜欢参与体育活动。澳大利亚在第二次世界大战后五六十年代取得了很优秀的成绩，因为食物、天气等原因，澳大利亚的运动员很容易出成绩，在网球方面涌现了很多优秀运动员，并获得了很多冠军。在战后，澳大利亚没有像其他国家那样出现食物短缺等情况。在20世纪五六十年代，人们从事的劳动大部分是体力劳动，以前没有儿童患糖尿病的情况。而现在，悉尼办公楼很多，大家都用电子产品，体育活动的时间过少。

体育基于社区。有很多的活动是由志愿者举办的。很多父母会举办体育活动，并训练他们的孩子。直到今天，澳大利亚的人口仍然很少，澳大利亚的国土面积和中国差不多，但人口不如中国的某些省多。从数量上看，中国参与体育的人口数量比澳大利亚的多。也正是这样，澳大利亚很努力地进行青少年体育的培养。参与体育活动，可以出去旅行并认识其他社区的人。澳大利亚运动员在国际赛事中非常努力以取得好成绩，在奥运会取得的奖牌数量与人口较多的国家相比，也很不错了。里约奥运会我们获得了29枚奖牌，奖牌榜排名第10。

学员认真听讲

二、澳大利亚体育机构的组织结构

澳大利亚的体育机构有三个层次。第一层是联邦政府、国家级政府，管理整个澳大利亚的财务，由多个政党组成，首都堪培拉。澳大利亚由几个州和领地组成，每个州和领地都有地方政府，管理各个地方事务，这是第二层。地方政府负责维护体育设施和场所。第三层是社区和学校。由于各种原因，现在的澳大利亚也发生着变化。比如，年轻人喜欢踢足球，这是在过去20年间逐渐兴起的运动。在20世纪50年代，澳大利亚来了很多欧洲移民，所以足球渐渐兴起。作为英联邦国家，澳大利亚人玩一些英式的运动。在2017年，研究发现5 ~ 14岁人群踢足球的人数远超参与其他运动的人数。澳大利亚有国家体育运动机构，有州立体育运动机构，也有地方区域协会和体育运动俱乐部。从层级上看，国家发展精英体育运动。州政府发展体育项目，在每个州的首府有体育赛事场所。地方政府组织以社区为单位的体育活动。想要参与体育活动的孩子越来越多，设施供给出现压力，出现在同一时间同一场地上比不同体育赛事的情况。北海岸区要把高尔夫球场改为适合所有体育设施的体育场所，矛盾产生了，小孩子想多参加体育活动，岁数大的人只想打高尔夫，所以政府承受了很大的压力取消了这项决议。于是，政府升级改造体育设施。现有的场馆可以在任何天气下进行体育运动，开放到晚上10点。

三、澳大利亚体育运动的基础

澳大利亚体育运动的基础来自社区，第一推动力是学校。学校得到政府的支持，来提高体育项目参与率。俱乐部独立于学校体系，但会和学校比赛，有了这些俱乐部澳大利亚国家体育事业的基础也就出现了。这些俱乐部是业余的，需要志愿者来帮忙，这些志愿者也是有资质的，资质培训项目一直在政府中运作。运动研究院的课程，可提供四个层级的课程。其中有一个证书就是可以教年纪非常小的孩子从事体育运动。这些课程的宗旨是让孩子在参与体育活动时感到非常愉快。俱乐部的参与者必须获得急救证书，所以这些志愿者也是有相应的资质和证书的。很多社区体育俱乐部会和其他俱乐部进行比赛，表现好的可以参加州际比赛。州际比赛冠军可以参加全国冠军赛。

四、志愿者

澳大利亚的很多比赛都有志愿者的参与。很多人批评这样的做法，他们认为志愿者水平不足。在过去5年，人力研究院开设了管理课程。这样的做法是为了让志愿者有管理赛事的能力。现在，情况虽然有所好转，但还有待改进。这里有很大的问题，志愿者有自己的工作，做赛事管理的时间很有限，所以比赛经常在晚上和周末进行。

五、工作流程

首先要明确是否可以进行比赛。体育协调员指派委员会规划，并指派其他的委员会展开规划管理，并进行结束后的赛事会议总结。给年轻人参加这种赛事的机会。参加体育运动有利于青少年身心健康，要鼓励其多参加。政府举办这些赛事，就是希望更多的青少年参与体育运动。一定要让这些孩子喜欢参加体育运动。也有很多家长希望看到孩子在体育项目上取得成功。这些孩子参加体育运动要觉得快乐。不要让他们讨厌体育。提问：为什么到14~15岁有些孩子放弃了体育运动？答：进入青春期，异性相吸比参加体育运动更有意思。在澳大利亚，挑战是如何让进入青春期的孩子继续参加体育运动。有很多孩子在很小的时候就参加体育运动。6岁开始参加训练，到16岁他们就会觉得厌倦了，所以作为好的教练员，应该想办法让孩子在特定的时候继续参加体育运动。

六、如何让志愿者保持对体育项目的热情

当孩子不再比赛后，父母就不会再和管理者打交道了，另外的问题就出现了。自己的孩子不再参加这项体育运动了，他也就不再当志愿者了。在澳大利亚，会提供特定的培训项目，提供资金让更多人参加培训课程。其他优惠政策包括提供制服和奖励。如，可以打折买票观看体育赛事，报销打车费用，给他们提供交通工具等。

参与赛事的志愿者都被要求填写赛事反馈表。比如，赛事满意度打分。最低1分，最高5分。作为志愿者是否愿意再次参与这样的赛事？在赛事过程中，志愿者管理哪里做得好？在志愿者管理方面，哪些应该改进？以上的评估很重要，有人听取志愿者的意见，志愿者的贡献就会有人看到。

七、体育运动的管理机构

主管国家体育运动的是国家体育运动协会。这些协会主管成绩较好的运动项目。下属机构为国家体育运动机构和残障运动机构。包括澳大利亚游泳协会在内，每项运动都有专门的协会。残障运动有专门的机构。成绩较好的运动项目会

得到政府的拨款。

除了国家体育运动机构，澳大利亚还有国家奥林匹克委员会，他们的主要职责是管理除运动队（包括残障运动队）以外的体育机构。这样的机构包括澳大利亚体育运动研究所和州体育运动研究所。合作的主要目的是增加社区体育参与度并培养专业运动员。这个委员会是联邦政府成立的，有其特别关注的东西。其宗旨是提高女性和土著的体育参与率，以及偏远山区人口的体育参与率。他们通过和国家机构合作进行更好的监管，促进公平竞争。为了全面支持委员会工作，政府每年考核这些机构，拨款程度是看经济效益，同时希望看到运动员持续取得更好的成绩，并在无兴奋剂的环境下进行公平的竞赛。

八、预算

2016—2017财年，体育预算是3.4亿澳元。这个预算分为两个部分，政府拨款2.5亿澳元，体育研究院创收9400万澳元。其他收入包括体育赛事门票收入、商业化服务收入、奥运会标志收入、转播权收入。政府拨款中，体育拨款只占0.5%。从事体育工作的人员在580人左右。拨款重点用于奥运会和联邦运动会，以及体育机构。成绩较好的项目拨款较多，其他项目分剩下的拨款。

问：教练员资格证是否可以跨级授课？证书难考吗？

答：低级证书不能教高级，高级证书可以向下兼容。证书很难考，要实践和学习很多东西。

记录人与授课专家合影

记录人：王葆衡　崔松

第六讲　青少年运动能力分析与身体机能评定标准

授课时间：2017年10月18日下午

授课地点：悉尼大学

授课专家：唐纳·奥康纳

唐纳·奥康纳教授授课

传统上说，基因在体育上有绝对重要性，虽然后天环境很重要，但父母赋予的天生的东西是无法复制的。所以，从父母的角度讲，能给孩子多少的支持很重要。虽然先天、后天存在争议，但这两者对所有运动的影响都很重要。

一、挑选人才的时候，要做假设，发现其特质并进行量化

挑选运动员的时候往往只能看到一场比赛，只根据这场比赛的表现和身体条件进行挑选。但是我的建议是花更多的时间去观察。

在挑选人才的时候，要通过13岁的表现去预测25岁的表现。传统上主要是从体格和技术方面来考虑，而忽略其他方面的表现。可以看到有些孩子在这一年比较早一点出生，发育比较快，但成人后表现就不突出了。

二、选拔标准举例

现在给大家讲一下我们做的一项研究。在这项研究中，我们访问了20位教练，询问其在一周的比赛中以什么因素来挑选运动员。在访问结束后，我们整理了一份问卷清单，归纳整理，挑选重点并加以评价。

最后发现，最重要的因素与技术、技能有关。澳大利亚足球联合会表示，非常关注13岁孩子的技术、技能，虽然在问卷清单里没有只列举体能上的要求。有教练员反映，13岁以下，在技术上过硬，并有不断学习意愿的运动员比较容易被选拔出来。我最近去欧洲，发现和我们的选拔方式比较接近，也是通过比赛来观察。有选拔人员表示，如果发现运动员在比赛中传球不到位，接球也不好，就不再考虑这名运动员，但要谨慎做决定。欧洲的选拔人员表示，现阶段的运动员在8~10年后也不会成为最优秀的运动员，他们只看现在的身体情况，有另外的选拔人员来评价现阶段的决定是否正确及运动员在赛程上的全局观。另外，运动员是否想继续从事这项运动也很重要。有的选拔人员会关注运动员的社会经济背景，倾向选择经济背景差的运动员，认为穷人的孩子会更有动力、更努力。比利时的足球项目，主要评估6个方面，即赢家心态、情绪稳定性、存在感（自信、领导力、以团队为中心等）、速度或爆发力、比赛理解力及抗压能力、控制球和身体的能力。根据这6个方面的打分，给予奖学金，现在澳大利亚也采取这个体制。

到15～16岁时，按其所踢的位置评分。在打分时要考虑出生年月以及生理成熟程度。在比利时，选拔人才时要分类，即早熟和晚熟。比利时有8所体校，在全国选拔319名学生。选拔方式分为周末看比赛、邀请训练、周末开放训练。

三、青少年运动员的生活模式（以足球为例）

这些运动员在体校训练、学习，也和俱乐部保持联系，共同训练。不管男女都有每周4次俱乐部训练和12小时学校训练。这12小时在学校的训练更注重个人发展，更看重每个运动员更需要什么，发展个性化。每周给每个运动员设定目标，周末看是否达到。运动员在上学期间要训练12小时，所以学习课表和别人不同，并配专人指导学习，以求学习同步。学校有专人来照看这些运动员的衣食住行和训练、学习。运动员放学后在学校吃饭，之后去足球学校训练，然后做作业，再到球队里进行训练。

问：这些运动员是专业的还是业余的?

答：14～17岁，业余的。

问：经过训练后没有被选拔到专业队，他们的退路是什么?

答：尽量保证成功率。没有被选上，可以选择上大学或者工作。上大学有降分政策，高考加5分。

四、6项基本能力

第一，赢家思维，即保持动力和体能，比赛、训练投入，知道进退。有人说过，成功并不是偶然的，要经过一系列的努力，热爱工作，但很多情况下会忘记这些。第二，情绪稳定性。希望运动员能在有压力的情况下做出决定，并能保持专注，如犯错误后能专注比赛，犯规被替换下场后情绪稳定。第三，信心、自信、热情。表现出领导能力，以团队为中心，除了训练之外有良好的生活方式。帮助队友一起训练，在比赛时担负责任，帮助队友。因为投入比赛会给其他队员树立榜样。如果运动员有信心的话，会有积极和有创意的一面，会鼓舞其他运动员。第四，爆发力。第五，比赛理解力，抗压能力。希望运动员能在比赛中注意比赛情况、全局情况，解决问题，随机应变，能在团队比赛中立即理解当时情况并做出反应。在压力下做出决策的能力，会影响运动员的水平。第六，技术层面。足球项目要求运动员在任何情况下都能控制足球。

学员认真听课

五、其他可以考虑的因素

技术方面对选拔运动员是很重要的。另一个重要的因素是13～16岁的孩子的成长速度问题，生长太快会不太协调，会不好控制重心。

还有一个重要因素是心理素质。几年前，选拔运动员只观察身体和技术方面的能力。现在我们认为心理因素也很重要。选拔人员说，如果一个运动员的技术和战术能打6分，心理因素是10分，那么他能成为专业运动员，反过来就不能成为优秀运动员。

人才选拔，成熟和成长速度也很关键。选拔时，会看运动员在当年1月时的年龄有多大，并根据年龄进行分级比赛。如果孩子出生在1月1日，还是会和出生在同年12月31日的孩子进行比赛。所以，青少年运动员的生日在一年中前三个月的比较多，最后三个月出生的比较少。橄榄球专业运动员，被选拔的很多人出生在前三个月。从13岁和16岁橄榄球运动员选拔情况来看，被选拔出来的运动员生日在1~3月的比较多，11~12月的比较少。教练员喜欢选拔年纪稍大的孩子。年纪稍大的孩子在比赛上会取得一定的优势，这种优势是因为早出生了10个月身体更加强壮。但是当这些孩子的成长水平一致时，这些年纪稍大的孩子就没有什么成长空间了。

现在，选拔活动要进行1周的比赛，前两天代表各个州进行比赛，后两天按照年龄分组进行比赛。运动员都是15岁的孩子，对他们进行测试，区分谁比较早熟谁晚熟，之后分别组织三场比赛，晚熟运动员和晚熟运动员比，早熟运动员和早熟运动员比。在比赛后发现，晚熟的孩子在晚熟孩子之间进行的比赛中会表现得更好。

这些孩子也表示，代表各州进行比赛会更有动力，但是按照成熟度分类比赛，他们会更加自由地尝试新技能。所以，在进行人才选拔时，也要看孩子的成熟情况。

在运动中比较重要的是要分级分类。根据体育项目不同，可以筛选出各个运动项目的特征，并进行归类打分。不要只进行一次评估，要长期在比赛和训练中进行评估。另外一种评分方式是，根据不同的项目列举不同的优秀运动员特征，评分是0～10分，再给每一个运动员评分。这样就能明确地看出强弱了。

经过训练，教练员会明确运动员取得的进步在哪里，可以用不同颜色来进行标记，红色为重要。这样运动员会得到一个图形，可以看出今后的训练需要在哪方面加强。教练员不仅可以自己打分，还可以让运动员给自己打分。这样运动员可以看出哪些需要改进，才能成为优秀运动员。

六、对中国运动员选拔的建议

希望在中国进行运动员选拔时可以考虑这些因素。比如，没有被选上的运动员，要考虑可能是因为生长缓慢。是否设定了专门的条件来评价运动员？选拔人员是否经过培训？选拔体系是在不断发展运动员还是在毁灭运动员？还有，在哪个年龄段来挑选运动员？是否认为运动员的发展比运动员更加重要？是不是会花更长的时间来进行选拔？不同年龄段的选拔是否不同？人才选拔在既有体系下是否可以做得更好？在澳大利亚，足球选拔只专注技术和理解能力。我们会将其变成6项，让选拔更全面。我们共同面对的困难是12～14岁的孩子，谁能准确预测出接下来的12年他们会变成什么样子？这是需要我们共同努力的目标。

记录人与授课专家合影

记录人：王葆衡　崔松

第七讲　澳大利亚各级各类体育运动学校、体育传统项目学校、青少年体育俱乐部、各运动项目后备人才基地建设

授课时间： 2017年10月19日 上午

授课地点： 悉尼大学

授课专家： 詹姆斯·爱德华兹

詹姆斯·爱德华兹主管授课

一、引言

首先，从澳大利亚和中国的国土面积就能看出，中国的面积更大，两国的面积相差两百多万平方千米。而人口方面，截至2017年，中国有十三亿人口，澳大

利亚仅有两千四百万人口，相当于中国首都北京的总人口。在中国仅参与乒乓球运动的人口就有三亿多，相当于澳大利亚人口总数的12.5倍。

二、澳大利亚奥委会在发展澳大利亚体育运动方面所做出的贡献

（一）澳大利亚奥委会概况

澳大利亚奥委会的首要任务是选拔、派出及资助澳大利亚国家队运动员去参加夏季奥运会、冬季奥运会、夏季青奥会及冬季青奥会等比赛。

澳大利亚奥委会在支持、帮助运动员方面，做了很多工作。比如，奥委会给运动员们提供参赛服，给他们筹措资金进行备战训练，并会对运动员取得的奖牌数提一些要求。不同项目国家队获得的支持力度也不相同，这取决于该项目所取得的比赛成绩。例如，由于游泳项目、帆船项目及冬季项目取得的金牌都比较多，这些项目获得的支持资金也就比较多。

虽然说这样的机制目前运行还不错，但是还是有些问题。例如，澳大利亚女子水球队，其实该队伍一直表现得很不错，但是在里约奥运会中没有发挥好，这直接影响她们获得的资金。

澳大利亚奥委会给予的资金支持是基于运动项目取得的奖牌数。比如，运动员参加奥运会取得金（银、铜）牌，运动员本身可以获得奥委会的奖励，他所从事的运动项目也会得到相应的资金支持。

澳大利亚奥委会为非营利性组织，独立于政府之外，因此，没有政府拨款，但是却能保证政府支持奥林匹克运动的发展。

需要强调的是澳大利亚奥委会和澳大利亚政府是两个不同的机构，相互独立。例如，1980年举办莫斯科奥运会时，澳大利亚政府不同意派队参加，但是澳大利亚奥委会却坚决要求参加。因此，澳大利亚奥委会不接受也不要求政府给其拨款，而是自己筹措资金，寻找了很多赞助商。比如，可口可乐、阿里巴巴、欧米茄等国际品牌，澳大利亚奥委会可以从中得到资金赞助。过去4年，这些赞助商提供了大概6000万澳元的赞助。赞助商提供的赞助与奥运会主办国有密切关

系，假如主办国与澳大利亚有着紧密的合作关系，则澳大利亚奥委会更易获得大量赞助。

除此之外，澳大利亚奥委会还与一些公司进行集资，通过集资晚宴筹款。在2000年举办悉尼奥运会的时候，澳大利亚奥组委就成立了一个奥运会基金会。

澳大利亚奥委会承担着对澳大利亚年轻人的教育义务。

澳大利亚奥委会负责传播奥林匹克运动精神与理想到更广大的社区中去。澳大利亚奥委会近期做出一项决议：不仅要派出国家队去参加奥运会，还要提高社区体育参与率。这也是澳大利亚奥委会的一大转变，之前只是派出国家队去参赛，现在是与国家体育运动机构和政府合作，将奥运精神传递到社区体育之中。

澳大利亚和希腊是仅有的两个全部参加了每一届现代奥运会的国家。

（二）澳大利亚参加过奥运会的运动员情况介绍

对于参加过奥运会的运动员，澳大利亚奥委会会提供相应服务。比如，收集大家的联系方式，举办相关活动，召集这些运动员相互交流，帮助新的国家队队员进行备战，这样可以取得更好的效果。

澳大利亚是一个大国，有7个省会城市，在每一个省会城市都有一个奥运会俱乐部。

（三）澳大利亚体育机构结构

澳大利亚政府与奥委会是相对独立的机构，因此，会有不同的隶属机构。

（1）属于澳大利亚政府：澳大利亚体育运动委员会、澳大利亚体育运动研究院。两者都能够得到政府的拨款，每年这些机构的发展经费是1.34亿澳元。政府投入的经费数与国家队参加奥运会所取得的成绩呈正相关。

（2）属于州政府：州立的体育运动研究所和学院，都属于州政府来管理，能得到州政府的拨款。州政府是在培养运动员方面做了最多工作的。很多优秀的运动员都是从州机构中走出来的。

学员认真听讲

三、澳大利亚青少年体育运动发展及比赛介绍

（一）青少年体育在澳大利亚

（1）所有在澳大利亚开展的体育项目，都会根据年龄来举办一些相应的锦标赛。澳大利亚奥委会希望能够举办一些大型的涉及多项运动的国际青少年赛事。阿德雷德举办的太平洋学校运动会就是这样的代表之一，这个运动会有4000名运动员参赛，其中篮球、足球、游泳、乒乓球等项目有中国代表队参赛。

（2）青奥会方面，澳大利亚代表团参加过5届青奥会，分别是新加坡（2010年）、因斯布鲁克（2012年）、南京（2014年）、利勒哈默尔（2016年）、布宜诺斯艾利斯（2018年）。

（二）澳大利亚青少年奥运节

澳大利亚举办过5次青少年奥运节，之后就没有再办过。举办这样的赛事，可以给青少年提供参赛机会，因此，澳大利亚奥委会希望恢复举办。青少年奥运节有多个体育项目，作为一个国际性的赛事，也有和奥运村一样的住宿条件、开幕式以及颁奖仪式等，让青少年运动员充分感受奥运会的具体细节。从2003年开始，我们也看到有中国代表团来参赛。举办这样的赛事，也是为运动员以及教练员提供了更多的发展机会。

2013年澳大利亚花费了大概500万澳元举办这个赛事，因此，觉得这个赛事花费太多，就停办了这个赛事。因为奥委会觉得，与其花500万澳元举办这个赛事，不如用这些钱培养更多的国家队去参加更多的国际赛事，这样可以给更多的运动员提供更多的发展机会。

四、澳大利亚奥委会对学校体育、体育运动俱乐部等发展青少年体育运动所给出的支持和帮助

澳大利亚奥委会属于国际奥委会的一部分，同样希望发扬奥林匹克运动精神，所以也会有一些教育项目。

（1）与奥运冠军对话。邀请一位奥运冠军与5所小学的学生对话。奥运冠军来自世界各地，对话以网络连线的方式进行，每次半个小时。方式简单，成本低廉，影响却巨大。在温哥华冬奥会中，一位运动员得到了金牌，第二天就安排他在奥运村通过网络与澳大利亚的一群小朋友进行了对话。

（2）与奥运冠军见面。让奥运冠军前往中学、小学与学生们见面。一般去小学，激励小学生们尽自己最大的努力去做事情，公平竞争。而去中学时，所传达的精神与小学有不同，会告诉中学生们要有自信、有毅力等。奥运冠军亲临这些学校，是澳大利亚奥委会做过最出色的事情。

无论是在中国还是世界其他地方，都会有很多学生崇拜这些奥运冠军，可以通过以上两种活动来传达奥林匹克精神。

（3）顾拜旦奖。澳大利亚奥委会选用“现代奥林匹克运动之父”顾拜旦的名字在学校中设立奖金，奖励每所小学中最擅长体育运动以及拥有良好体育精神的学生。此奖项已经设立23年，并发出18 000份奖金。这是一个将奥运会带入学校的很好的举措。

（4）大学奥林匹克研究。澳大利亚奥委会希望在各个大学中推进有关奥运会的学术研究。

五、课堂提问

问：澳大利亚奥委会投入资金后，对运动员成绩是否有要求?

答：没有具体要求。但是运动员成绩直接决定了其获得资助的经费数量。

问：以前澳大利亚举办过一个“世界田径日”，后来停办了，是因为花费太多?

答：之前确实有过“世界田径日”，但是由于距离太远，后来参加的人员越来越少，就停办了。

问：五环标志在澳大利亚不能随便使用吗?

答：澳大利亚奥委会对标志使用有着严格管控，现在决定放开这些管控。希望通过宣传、使用这些标志，传达更多奥林匹克精神，但需要事先征得澳大利亚奥委会的同意，才能使用。当然其必须用于非商业的活动，不能用于赞助等。

问：澳大利亚奥委会标志的含义是什么?

答：澳大利亚奥运会标志上的两种动物都不能倒着走，象征着澳大利亚只会前进，不会后退。

问：澳大利亚是否有政府机构来管理体育工作? 如果有，刚才说到澳大利亚奥委会是独立存在的，当涉及青少年体育培养、教育等问题，澳大利亚奥委会与政府是否有交叉，具体工作是否有协调机制?

答：整体上来讲，澳大利亚奥委会主要是支持政府发展体育运动，但是比较小众的奥运项目，比如乒乓球、跆拳道等，就是由奥委会来提供资金，因为这些项目能获得的基金非常少，只有奥委会才能使其发展，但是奥委会并不做培训或训练方面的工作。

问：澳大利亚各单项协会发展不好的话，政府怎么平衡资金带来的发展困境?

答：首先，政府会让所有体育项目协会自己想办法筹措一定资金。但是，在澳大利亚，其实有很多项目都是靠政府资助的，这是很有风险的。除去政府资金投入，有些项目由于参与人数太少，很难获得资金。自行车运动由于流行就获得了很多资助。钢架雪橇就不受欢迎，参与人数很少，就没办法获得资助，管理也很糟糕，项目没有什么发展。基础奥运项目是政府支持的重点，奥委会负责不受重视项目的资助。

问：奥委会人员工资待遇如何? 全职和兼职工作人员的比例?

答：收入挺高，高层管理人员收入会很高，比一般人员会高很多。全职人员较多。

学员提问

问：澳大利亚田径协会是否会抓训练？还是田径协会下设各地区田径协会管理具体工作?

答：澳大利亚田径协会也是与其他项目一样，有国家机构、州立机构，还有各州的若干俱乐部。全部州立机构和各地俱乐部全部为国家机构服务。而在国家机构和州立机构中的人员都是全职的，各地方俱乐部也有很多志愿者辅助工作。

问：青少年运动员的训练与文化课的冲突如何解决?

答：小学、中学政府全部负责，大学先给奖学金，然后运动员还给政府。学业与训练结合，平衡发展有益于运动员从事运动项目。同时，政府为运动员提供精神指导、工作机会等，帮助运动员转型。

问：运动员在结束职业生涯后，是从事体育相关工作，还是其他工作?

答：两者都有。

学员提问

问：请解释一下社区体育。

答：社区体育就是当地社区开展的体育运动，任何人都可以参加，其目的是保持健康，不是高水平运动。

记录人与授课专家合影

记录人：许浒　于炜

第八讲　澳大利亚重大综合性青少年体育比赛和体育交流活动

授课时间：2017年10月19日上午

授课地点：悉尼大学

授课专家：特里斯坦

特里斯坦主管授课中

一、悉尼大学体育运动中心概述

（一）工作使命

悉尼大学体育运动中心的工作使命是在亚太地区做最好的大学体育运动机构。

（1）悉尼大学体育运动中心成立于2003年，是过去的男子运动协会和女子运动协会合并而成。

（2）悉尼大学体育运动中心下设47个体育俱乐部。

（3）悉尼大学体育运动中心负责举办体育活动。

（4）悉尼大学体育运动中心负责为大学生提供体育运动设施、器材。

（5）悉尼大学体育运动中心开展了多个精英运动员培养项目，现在有400位运动员，有些是参加奥运会级别，有些是参加社区体育俱乐部级别。

（二）核心价值观

（1）专业：成为大学里专业的体育运动部门。

（2）传统而有进步：悉尼大学历史悠久，但是也希望能够进步，发展更多的体育项目。

（3）优秀。

（4）运动与学习的平衡：悉尼大学最为重视这一要素，很多优秀运动员出自悉尼大学，他们同时也是非常优秀的学术人员。

（5）创新。

（6）领导力。

（7）勇气。

（8）专注。

（9）多样化。

（10）责任感。

（11）“火炬的传递者”：希望更多学生和社区的人员能够参与体育活动和体育发展计划。

（三）近期取得的成就

（1）修建新场馆。

（2）修建新船库。

（3）修建新的曲棍球场。

（4）相较其他大学有所突破。

自2013年开始，已经募集到了大约630万澳元的捐款，全部用于体育场馆和基础设施建设。采取的集资模式借鉴了美国的模式，并且进行了改进。

（5）商业收益记录是640多万澳元。

（6）在里约奥运会、残奥会上，来自悉尼大学的33名运动员取得了一金、两银、一铜的成绩。

学员认真听讲

（四）其他成就

过去12个月，悉尼大学在水球、橄榄球比赛中都取得了不错的成绩，尤其是女子运动队，都打进了州级、国家级的总决赛。悉尼大学还有一个橄榄球队，已经连续13年获得了橄榄球比赛的冠军，还打进了澳大利亚橄榄球联盟赛，悉尼大学女子篮球队的成绩也十分不错。

二、高水平体育运动部

高水平体育运动部由三个基本要素组成，分别是：

（1）运动表现，指运动员、俱乐部员工、教练员们的具体表现。

（2）研究，希望成为澳大利亚乃至全世界在体育科学研究方面的领导者。

（3）人员，有合适的人才能把机构办好。

悉尼大学对待高水平体育运动方面是非常严肃认真的。悉尼大学高水平体育运动部的组织结构图至少列举出33个工作部门，一些部门专注于发展运动员的力量和体能。一些机构中都是全职的员工，为不同体育俱乐部工作，还有一些机构负责管理奖学金项目。

在大学中建立、维持高水平运动项目。基础设施是发展高水平运动不可或缺的，这其中包括健身房、运动场等室内外的高质量场地。

往上一个层次，就是管理。任何一个项目，都需要有人监管，监管过程要体现机构的核心价值观，并制订合适的发展体系。比如在俱乐部中，需要有人来制订计划（五年计划、十年计划）、策略等。

再往上一层就是运行。在管理、运行俱乐部的过程中，需考虑预算和资金来源，还要考虑如何保证俱乐部吸引更多的成员，并保持俱乐部现有成员一直参与俱乐部的活动，以及以前参与过的学生和运动员能够再次参与这些活动等。此外，运行一个俱乐部，还需要拉赞助和举办比赛。

以上三点，是俱乐部运营的三大基础。

更高一层次，是我们希望看到的成果。

第一点是训练。在训练过程中，俱乐部需要制订训练的年度计划，不断发展技术、战术，同时还需要请专业的人员来管理，提供专业的指导，果断决策。

第二点是运动员培养。首先要知道如何选材。接下来是为这些运动员做好职业规划（尤其是退役之后），进而提供一些教育项目或者发展项目，保证运动员进步，取得好成绩。最后是在高水平运动中，为运动员提供良好的发展途径，使他们在当地俱乐部或者学校当中脱颖而出，最终能够进入国家队。

第三点是运动科学和医学。首先，利用这些方面的研究成果，来发展这些运动员的力量以及体能，这需要请医学方面的研究人员，来制订合适的发展计划。其次，营养师非常重要，因为现代社会中，人们都很注意饮食营养。如果一个运动员除了训练之外，能够得到合理的饮食和营养的安排，他的表现会更好。再次，提供运动心理辅导师，运动员的心理状态十分重要。最后，了解他们的生理机制、体型，让其知道根据不同运动项目，该如何调动自己的身体。

第四点是研究。需要关注最新的研究发现，以更好地制订运动员发展计划。

第五点是技术。可以利用最新技术对运动员进行分析，对他的表现和收集到的信息进行分析。所以，使用电子设备对发展高水平运动来说非常重要。之前，运动员、教练员只能使用纸质的信息来制订计划或做分析。现在，他们可以用手机来记录运动员的进步。

三、2016年悉尼大学高水平体育运动项目取得的成绩

（1）悉尼大学田径俱乐部，取得了男、女项目的很多冠军。

（2）悉尼大学有4位学生被选入参加澳大利亚橄榄球联盟最后的超级联赛。

（3）悉尼大学女子篮球队进入了澳大利亚篮球联赛并且获得了冠军。

（4）悉尼大学赛艇队代表澳大利亚参加过奥运会。

（5）悉尼大学板球队是新南威尔士州冠军队。

（6）悉尼大学橄榄球队也是悉尼地区最好的橄榄球队。

（7）悉尼大学水球进入了澳大利亚全国联赛，女队曾获得全国冠军。

四、课堂提问

问：有专业运动队在悉尼大学吗？他们的文化课怎么上？

答：悉尼大学女子篮球队打入了澳大利亚篮球联赛，这个队是专业队，有队员在大学读书。澳大利亚橄榄球联赛也是一样，这个联赛其实是一个半职业的联赛，有队员来自职业俱乐部，但是也有队员来自学校、社区体育俱乐部。其他项目就都是学生参加了。关于文化课，不同的项目不一样。大学各个俱乐部的招收方式不同。但是优秀运动员，悉尼大学可以安排单独辅导，运动生理学和运动营养学方面也会有特别的服务和支持。训练穿插其中。

学员提问

问：优秀运动员进入职业联赛后，收入是否需要按比例交到学校?

答：没有政策规定回报学校，但是会要求运动员捐款。

学员提问

问：澳大利亚赛艇项目很好，悉尼大学是否有赛艇队？运动员训练和学习是如何平衡的？青少年赛艇的训练体系和条件是什么?

答：赛艇训练在澳大利亚是一个集中训练项目，即澳大利亚全部男、女运动员分别集中训练。学业继续，学校会支持，如交作业方式、考试时间灵活等。中小学生还没有开始正规训练，进入大学才会开始专门训练。悉尼地理环境好，到处都有水。

学员提问

记录人与授课专家合影

记录人：许浒　于炜

第九讲　参观2000年悉尼奥运会场馆

授课时间：2017年10月20日 上午

授课地点：悉尼奥林匹克公园

授课专家：卡尔

卡尔教练员授课

一、参观场馆

（一）悉尼奥林匹克体育场

悉尼奥林匹克体育场是2000年悉尼奥运会的主体育场，也是奥运会历史上最大的室外体育场，可容纳110000名观众，体育场跨度足够四架波音747客机并排停放。该体育场的建设也遵循了“绿色原则”，更多地以太阳能和天然气提供能源，降低了对传统能源，如电力的使用。另外，体育场在节约能源、降低污染等方面也采用了最新的技术。现在以承接各种演出及比赛为主，每年大概有10多次大型活动，在赛季中每周都会有比赛。目前体育场每年轮流由社会企业冠名，由冠名方来维护场馆。

悉尼奥林匹克体育场

（二）悉尼奥林匹克公园网球中心

悉尼奥林匹克公园网球中心儿童网球场

悉尼奥林匹克公园网球中心可容纳16200人。在悉尼奥林匹克公园网球中心旁边有三块比正式场地小的儿童场地，可供少年儿童训练比赛使用。

（三）悉尼奥林匹克公园篮球中心

悉尼奥林匹克公园篮球中心

悉尼奥林匹克公园篮球中心分为两个馆，主馆可容纳观众2000人，副馆有标准篮球场地5块，其中有3块是无网篮球场地，2块是篮球场地。目前场地可提供给专业队及业余人员训练，无网篮球在澳大利亚发展非常好。澳大利亚州际篮球队运动员每周五、周六、周日在此集中训练，平时就在自己的学校参与一些训练。

（四）悉尼奥林匹克公园体操中心

悉尼奥林匹克公园体操中心

悉尼奥林匹克公园体操中心目前对社会开放，可供社会各界人士训练，快乐体操在这里开展得特别好，因为他们认为体操是一切运动的基础，在启蒙训练阶段是先让小孩子来玩，熟悉器材环境，熟悉以后才开始进入技术方面的训练。

二、文化宣传

（一）历届获奖运动员照片墙

历届获奖运动员照片墙

这是1870—2000年以来，代表澳大利亚参赛的新南威尔士州冠军运动员照片。

（二）各项目明星墙

游泳项目明星墙

这面明星墙在游泳馆的进门处，非常醒目。记录着全世界所有为游泳项目做出贡献的优秀运动员，其中就有澳大利亚游泳名将、奥运会五金得主伊恩·索普。

（三）宣传窗

澳大利亚著名运动员参赛服装宣传窗

三、提问

问：J-train中心的职能是什么？

答：J-train中心是一所体能俱乐部，为田径、橄榄球和参加奥运会的运动员及青少年运动员提供训练，主要以体能训练为主。

学员与卡尔教练员交流并用手机记录

问：澳大利亚有专职的国家队吗？他们平时是怎么训练的？

答：澳大利亚没有专职的国家队，运动员都分散在各个州队，在比赛前选择一个地方集中训练，再参加比赛。州队优秀运动员训练不用付费，每个周五、周六、周日在一起集中训练，平时在各自的学校训练，澳大利亚的私人健身房也承接集中训练。

记录人与授课专家合影

记录人：付娟　骆懿

第十讲　青少年体育运动参与率（以跆拳道为例），青少年运动员运动能力提高的影响因素

授课时间：2017年10月20日下午

授课地点：悉尼大学

授课专家：乔利·奇泽姆

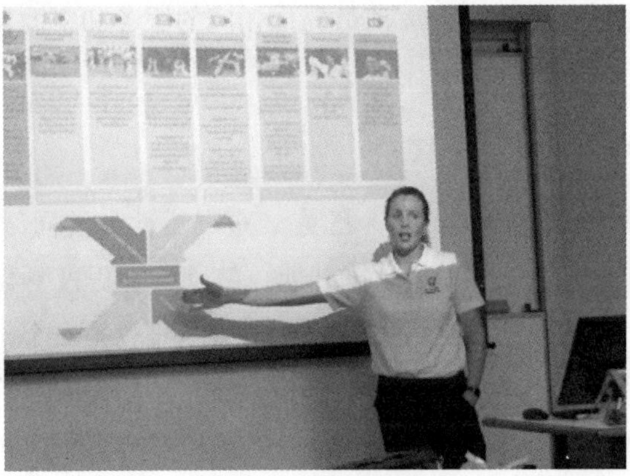

乔利·奇泽姆授课

一、澳大利亚跆拳道协会在本地的发展

澳大利亚是个联邦制国家，有一个国家级的协会，各州和各领地都有协会，共8个，各协会下属还有俱乐部，共注册俱乐部有330家。同时，澳大利亚跆拳道

协会是澳大利亚政府和澳大利亚体育运动委员会、澳大利亚运动研究院所承认的机构，这几个机构也是给澳大利亚跆拳道协会提供资金的机构。跆拳道协会属于澳大利亚奥委会成员，从国际上讲，澳大利亚奥委会也是国际奥委会的成员。跆拳道协会也属于澳大利亚体育运动研究院格斗中心，该中心另外还有柔道、拳击两个协会。该中心是澳大利亚较高端的格斗中心，负责管理高水平运动员及教练员，为三个协会提供交流的平台。

二、澳大利亚跆拳道协会现状

2000年悉尼奥运会澳大利亚跆拳道队获得一金、一银，2011—2013年在残奥会上获得冠军。

（一）发展目标

重树跆拳道精神，争取2020年东京奥运会取得优异成绩。

为教练员、运动员建立长期的、可持续的发展道路。

聘请高水平教练员，为优秀运动员提供相应的服务和帮助，并且制订有效的发展计划。

（二）采用FTEM发展模式

FTEM发展模式就是培养天赋、精英、专家运动员的同时提高民众的参与率。FTEM分三个发展阶段。开始是基础期，鼓励大家积极参与活动。第一个阶段是天赋阶段，发展有希望成为优秀运动员的青少年；第二个阶段是精英阶段，发展已经获得奖牌且进入国家队的运动员；第三个阶段是专家阶段，发展多次在奥运会和世界大赛中获得奖牌的运动员。这个模式是经过很多科学研究论证的，具备科学的依据，可以在活跃生活方式的同时发展高水平运动。这个发展模式不仅适合一些娱乐性体育项目，更是一个综合性的发展途径。澳大利亚的跆拳道项目已经开始使用这个模式。

三、跆拳道在澳大利亚的发展途径

在澳大利亚，跆拳道的发展途径同样分为基础、天赋和精英发展阶段。基础阶段主要是提高不同年龄的人的参与率。接下来就是选拔一些有天赋的运动员。之后，需要澳大利亚体育运动研究院给予相应的帮助和投资，帮助运动员提高技术水平。最后，运动员进入国家队成为精英运动员，代表国家参加世界大赛。

四、提问

问：在澳大利亚，跆拳道发展得怎么样?

答：有14000人注册，很多人参与，有3个专业队40名运动员。

问：在澳洲大利亚，跆拳道联合会和跆拳道联盟有注册单位吗?

答：有，一部分注册联合会，一部分注册联盟。

记录人与授课专家合影

记录人：付娟　骆懿

第十一讲　参观拉筹伯大学

授课时间：2017年10月23日上午

授课地点：拉筹伯大学

授课专家：南壁

南壁授课

拉筹伯大学是澳大利亚维多利亚州最大的、发展最快的公立大学之一，创办于1967年。该学校以其出色的教学水平和创新精神在全世界享有盛名，也是教学研究方面最活跃的澳大利亚大学之一。在过去的4年里，它也是政府投入研究基金最多的大学之一。同时，拉筹伯大学也是一所在教学、科研和职业培训方面处于领先地位，享有国际声誉的综合性大学。保持一流国际标准，发挥优良治学传统，重视教学方式创新，营造平等的学术氛围是其一贯的办学宗旨。

学员认真学习

2005年，拉筹伯大学被英国《泰晤士报高等教育专刊》评为世界最佳100所大学之一，同时拉筹伯大学也被声誉卓著的墨尔本应用经济社会研究院评为澳大利亚十佳大学之一。

拉筹伯大学现已成为澳大利亚最大且发展最快的由政府出资兴办的大学之一。在保健、护理、生物医学工程、应用科学、经济和教育领域，拉筹伯大学一直是国际知名的研究中心。拉筹伯大学是综合教育大学，每年接受政府1亿澳元的拨款，有150个项目的研究工作，500名科学家，还有各行业的精英。

迄今为止，学生已超过26000人（包括3500名海外学生），师资力量已达3395人，其国际教育网络和海外课程已延伸到中国、法国、马来西亚、新西兰、新加坡和蒙古。拉筹伯大学与世界260多所著名大学建立了科研交流的纽带，并开展了广泛的合作研究。

拉筹伯大学与中国的联系始于20世纪80年代，是澳大利亚对中国最大的教育供应机构之一。其MBA课程在中国的许多大学、政府机构以及人事培训部门备受推崇。拉筹伯大学还与北京大学、华东师范大学、江苏科技大学等中国大学在文科、教育、商科、工程和医学等学科开展广泛的合作。

夏伦好团长与授课专家交流

拉筹伯大学专业设置为：人文与社会科学、教育、商业、工程学、科学、医学。在文科和人文科学方面，拉筹伯大学在世界最佳大学中名列第23，与世界著名一流大学齐名；在信息系统和软件工程领域，拉筹伯大学在世界排名第6，该系教授在该领域世界知名学者中名列榜首；拉筹伯大学的护理学专业历史悠久，培养了澳大利亚全国的第一批护士，在护理方面，拉筹伯大学是澳大利亚最具权威性和影响力的大学；在经济学和商科方面，拉筹伯大学在澳大利亚名列第7，该学院的课程同时在澳大利亚的商业和金融中心——悉尼开设；在社会科学方面，拉筹伯大学名列世界第68，在澳大利亚名列第9；在生物医学方面，拉筹伯大学名列世界第86，在澳大利亚名列第9。

记录人与授课专家合影

最近，拉筹伯大学在研究开展更灵活的教育方式，提供短期就业课程，提供博士和相关公司合作项目，由公司提供奖学金。同时，其正在重建的研究中心，在未来5年内将就25个研究项目与相关公司合作。

记录人：杨美贞　李志坤

第十二讲　参观墨尔本体育及水上运动中心

授课时间：2017年10月23日下午

授课地点：墨尔本体育及水上运动中心

授课专家：卡梅隆·克莱顿

纳塔南

卡梅隆·克莱顿授课

多功能游泳池：长度90米，游泳池是自由分割场地，可以分割出3块场地，底部可以根据需要进行升降，这个游泳池会有州际水平的运动员训练，赛季中运动员每周会有7天的训练，每天训练两次。

纳塔南授课

综合健身力量房：它是开放型的健身运动场地，对外开放，也可供专业运动员同时使用，每天开放时间为5:30—22:00。

综合健身力量房

多功能训练场地：主要是乒乓球、曲棍球、排球的训练场地，比较开放，多数是私立学校的学生上体育课时使用，也有专业运动员使用。

多功能训练场地

多功能篮球场地：主要是提供给私立学校学生、职业篮球运动员训练使用，篮球架可以升降，可以根据需要随时调整高度。

多功能篮球场地

多功能羽毛球场地：主要是提供给私立学校的体育课教学使用，该场地可以分为4块排球场地。

多功能羽毛球场地

多功能康复中心：主要分为3个区域，即高温瑜伽、常温瑜伽、普拉提，三者是必要的康复手段。

问：这是什么级别的训练中心?

答：各种想从事体育运动的人都可以来此，这也是教练员培训中心。

记录人与授课专家合影

记录人：杨美贞　李志坤

第十三讲　发现和发展体育天才

授课时间：2017年10月24日上午

授课地点：墨尔本职业教育中心

授课专家：约翰・扬

约翰・扬教授授课

一、引言

墨尔本人热爱体育运动，特别是澳式足球，因为赛季都在冬天，一到赛季人们都会戴上自己喜欢球队的围巾，见面问候语基本是“你喜欢哪支球队”。体育是澳大利亚人生活不可缺少的部分，92%的成人都会有一个热衷的体育运动项目。

二、澳大利亚体育概况

澳式足球是澳大利亚人最喜欢的运动，在24000名体育爱好者中近一半喜欢澳式足球。每年有800万人去现场看比赛，即使很偏远的地方都有体育俱乐部，志愿者达180万人。周末商店无人上班，大多数人去踢球或看球，犹如万人空巷。

体育带给人们健康的享受，调查显示，小时候喜欢运动的人与普通人相比，健康概率高10%。体育运动能使人保持积极的状态，保持健康，并促进经济发展。

学员认真听课

三、如何挖掘体育天才

精英并不代表成才，如何找到一个有效的模式发现体育精英，目前还没有统一的标准模式，澳大利亚的新理念是：

（1）教练员、管理者、家长三者共同鼓励孩子对运动的兴趣。

（2）六大因素：情感、切实、信息、牺牲时间、压力、人际交往关系。

（3）天才发现：通过对青少年基本技能、身材特点、心理状态的评估来选拔。

（4）天才培养：10年才可能基本定型。有天赋、不认真投入也不能提高，有天赋更要有获胜的信念才能达到顶峰；初级阶段运动员的培养和选拔，教练员的能力更重要，教练员要让孩子尝试不同的项目来避免错判、误判，尽量减少过早淘汰。

- 金字塔式：基本选拔→基础训练→提高运动能力。
- 运动员基本条件：动机、参与度、投入时间。
- 注重培养团队意识和相互交流能力，提高兴趣，掌控训练时间。
- 阻碍天赋发展的问题：拔苗助长、教练员能力不强、不合理的选拔模式。
- 不能将人的外表与表象作为评定天赋的标准，关键是认知技能。

不同项目（如体操、网球、游泳、足球）早期训练的年龄段有区别，一般柔韧性项目更早。

- 澳大利亚对教练员的能力要求较高，不能让运动员提高竞技水平、和运动员无法交流就会被淘汰。因此教练员必须具备多种能力（专业知识、沟通能力等）。

四、提问

问：澳大利亚的青少年运动员很希望成为职业运动员吗?

答：如果是打网球，大部分青少年是出于爱好，玩一下。如果是从事澳式足球，可能有很多人想成为职业的球员。在澳大利亚足球有两大派，大部分本土的澳大利亚人喜欢澳式足球，但是移民、亚洲人喜欢英式足球。澳式足球的赛季在冬天，人们喜欢去参与是因为在冬天气候比较适宜；夏天大太阳，就很少人去参与。澳式足球比较受欢迎，比赛的时候大概有10万观众，维多利亚州更为推崇，总决赛日被列为公假日。女子澳式足球大概有3万观众。

问：高水平运动员受伤后退役怎么处理?

答：澳大利亚没有政府全额资助运动员的模式，大部分都是通过俱乐部进行的，如果受伤，运动员自己买医疗保险，由保险公司赔付，退役后不能从事这个行业就得自己养活自己，运动员挣的工资也和政府没有任何关系，政府对体育的资助只是对居民区的球场、运动场进行投资。

记录人与授课专家合影

记录人：刘美玲　陈艳春

第十四讲　澳大利亚青少年体育教练认证框架，教练员资格认定制度

授课时间： 2017年10月24日下午

授课地点： 墨尔本职业教育机构

授课专家： 约翰·扬

约翰·扬教授授课

一、如何让年轻的运动员在运动上和生活上都能取得成功

（1）让孩子体会到运动的乐趣，教练员和家长都不要给孩子压力。

（2）让孩子观看比赛。

（3）让孩子参与多项运动。

（4）鼓励孩子把运动当成一种乐趣。

（5）鼓励孩子有一定竞争意识，有赢的动机。

（6）鼓励孩子从事日常劳动性的活动。

（7）让孩子参与慈善活动。

（8）鼓励孩子做自己能做的事情，如做早餐等。

（9）给孩子做一个好榜样，如做到准时、诚信、认真。

（10）不要挑战教练员的威信，不要当孩子的面说教练员的不好。

（11）不要过分吹捧自己的孩子，可以给他一定的肯定。

（12）让孩子自己表达意愿，家长不要过多代劳。

（13）不要告诉教练员如何对待孩子，让教练员自己决定。

（14）鼓励孩子正确的社交礼仪，如握手和眼神的交流。

（15）让孩子感到你对他的积极支持。

二、怎样给青少年运动的动力

（1）教练员要了解孩子运动的目的，根据他们的目的去鼓励他们。

（2）设定切实的目标。

（3）给孩子提供一个当领头人的机会。

（4）教练员对待孩子的态度是一致的，并且始终保持热情。

（5）提供一些挑战机会，如在球队里更换不同的位置。

（6）给孩子多样化的训练计划。

（7）让训练变得有趣。

三、关于教练员的培训和教育

（1）要给教练员一个系统的、正规的培训。

（2）要找第三方的专业培训。

（3）澳大利亚没有硬性规定教练员须持有资格证。

（4）虽然没有硬性规定，但教练员还是要有很好的技能，才能更好地服务运动员和家长。

（5）一个专业的教练员应该可以根据自己的培训经验提高自身的认知能力。

（6）教练员要总结自己的经验，并学习别人的方法。

（7）教练员是终身学习的职业。

（8）澳大利亚也制定了体育教练员的国家标准。

四、作为一个教练员应该做好以下八个方面

（1）要有一个好的理念和职业道德，如不能让运动员使用兴奋剂。

（2）要防止运动员受伤。

（3）要关注运动员身体的状况。

（4）要考虑青少年受伤会影响他以后的体育运动。

（5）教练员要具备教授和交际技能。

（6）在运动技能方面要有熟悉的教学方法。

（7）要有组织能力及评价能力。

（8）规范运动员的行为，如禁止吸烟、喝酒等。

五、以运动员为中心的教学理念

（1）教育运动员有责任心，教练员要以身作则。

（2）要提供安全的器材和场所，完善保护设施，确保运动员安全。澳大利亚规定了“流血规则”，有流血就必须要换人。

（3）要时刻观察天气对训练和比赛的影响。

（4）要学会评估运动员受伤的情况。

（5）了解运动员心理情况。

（6）懂得根据运动员身体条件制订计划。

（7）要教会运动员合理摄入有营养的食物。

（8）教授运动技能，并与运动员沟通良好。

六、提问

问：澳大利亚职业运动员如何转型成为教练员？在澳大利亚有没有针对职业

教练员的培训呢?

答：没有强制性的学历要求，但是如果想要在行业里得到更多人的尊重，就要不断学习。教练员会自己付费去参加一些类似现在这样的讲座或者短期的培训。

学员提问

记录人与授课专家合影

记录人：刘美玲　陈艳春

第十五讲　参观墨尔本大学

授课时间：2017年10月25日上午

授课地点：墨尔本大学

授课专家：默德维肯纳

布莱登

托尼

专家授课

墨尔本大学的历史及现状：墨尔本大学成立于1853年，比悉尼大学晚两年。墨尔本大学共有在校学生87000人，教职员工8000人，全球校友325000人，属于澳大利亚常青藤八大名校之一，是澳大利亚最大的、最有历史的学校之一。2006年，墨尔本大学率先将150个本科学位减至五大类，分别是人文、生物制药、生物、设计和科学。

学员认真听课

记录人：王颖毅　王佳锦

第十六讲　体育运动与管理

授课时间：2017年10月25日下午

授课地点：维多利亚大学

授课专家：安德鲁·道森

罗伯特·安希

肖恩·燕

迈克尔·麦肯纳

专家授课

一、维多利亚大学介绍

维多利亚大学是澳大利亚领先的体育大学，也是澳大利亚体育相关领域学生人数最多的大学，在墨尔本拥有10个校区，国际校区位于悉尼。维多利亚大学下设体育与运动科学、健康与生物医学、艺术与教育、法学、商学、工程与科学6

个一级学院，以及1个专科学院——维多利亚理工学院和1个预科学院——维多利亚学院，还设有运动与健康相关的研究机构，拥有世界一流的科研和教学，在校学生多达45000名。

二、维多利亚大学体育与运动科学学院介绍

体育与运动科学学院的本科学位有运动科学、体育教育、体育科学、体育管理等学位，允许学生申请双学位，本科阶段注重综合实践的学习。其还设有体育事业与诚信、体育科学（足球）、临床运动科学与康复、公共卫生（全球营养和健康生活）等硕士、博士点。

学员认真听课

三、维多利亚大学体育运动及健康生活研究所介绍

（一）工作使命

体育运动及健康生活研究所的主要负责人是迈克尔·麦肯纳教授，该研究所的关注点是通过体育和健康的研究来改变人们的生活，并通过世界领先的研究，提高绩效、社会影响力和体育运动水平。通过身体运动，增强个人和社区的健康是该研究所的宗旨。

（二）研究人员及科研成果

维多利亚大学体育运动及健康生活研究所拥有世界级的研究设施，共有员工

150人，其中119人为正式研究人员，31人为研究助手。拥有博士学位的研究人员为109人，拥有硕士学位的研究人员为8人。2016年共出版了3本书、4节书章、33篇会议文章、211篇期刊文章，总计出版了251个科研成果。

（三）部门组成与研究重点

维多利亚大学体育运动及健康生活研究所综合了运动科学、运动社会学、临床运动学和积极生活等学科，下设有管理部、财务部、市场部和科研管理部4个部门，研究的重点及挑战如下图所示。

维多利亚大学体育运动及健康生活研究所研究的重点及挑战

（四）体育合作关系

1. 国际体育合作伙伴

维多利亚大学体育运动及健康生活研究所拥有10个国际体育合作伙伴，其中有4所中国的学校，分别是北京体育大学、上海体育学院、广州体育学院和西南大学。

2. 澳大利亚战略合作伙伴

维多利亚大学体育运动及健康生活研究所拥有5个澳大利亚的战略合作伙伴和8个运动项目研究所。

四、维多利亚大学的精英运动员及项目介绍

（一）在校运动员介绍

维多利亚大学现拥有120名在读精英运动员、40名国家队运动员、25名专业运动员，2017年参与主要国际赛事（包括世界锦标赛和世界夏季大学生运动会）的学生超过15名。2016年里约热内卢奥运会自行车比赛铜牌获得者、F20铅球铜牌获得者等均为该校学生。

（二）国际型体育赛事获奖情况介绍

奥运会参赛运动员总计36名，获奖牌16枚；残奥会参赛运动员总计4名，获奖牌6枚；世锦赛参赛运动员80余人，获得19个世界冠军，30余枚奖牌；世界大学生运动会参赛运动员共计39人，获得16枚奖牌；英联邦运动会参赛运动员23人，获得9枚奖牌。

五、澳大利亚教练员体系

澳大利亚教练员体系如下图所示。

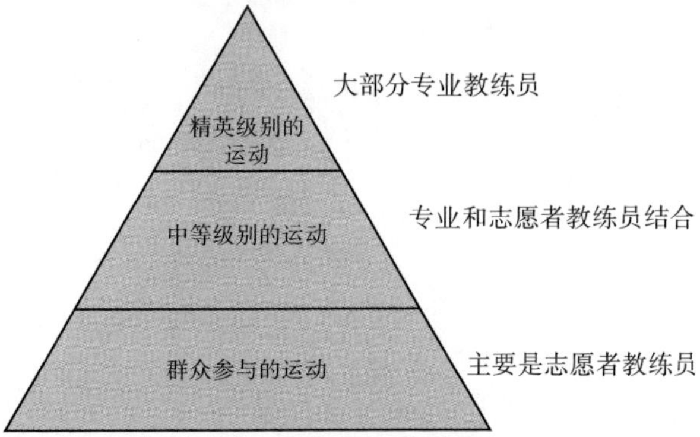

澳大利亚教练员体系

记录人与授课专家合影

记录人：王颖毅　王佳锦

第十七讲　维多利亚体育协会概况

授课时间：2017年10月26日上午

授课地点：维多利亚体育中心

授课专家：维多利亚体育协会首席执行官

记录人与授课专家合影

一、维多利亚体育协会概述

维多利亚体育协会（以下简称协会）成立于1995年，现有工作人员50人，包括17位教练员、2位医生、2位理疗师、1位心理咨询师、2位按摩师（外聘）、3位营养师及科研人员。现有300位运动员，有一部分运动员是准备参加世界大赛及奥运会的。维多利亚体育中心为运动员提供各项目的场地，协会工作人员的任务是帮助运动员进行运动表现分析、体能训练、技术分析、运动力学分析、康复训练等，积极与运动员及教练员合作完成整体计划。工作人员会现场了解训练状况及运动员个体状况，利用最新的科技手段帮助运动员。协会与国家级体育主管部门紧密联系，所有工作人员的目标是一致的，那就是为运动员取得好成绩服务。

协会的主要宗旨是帮助运动员取得更好的运动成绩，以及促进协会与社区更好的合作。

协会的任务是：

（1）帮助体育人才获得成功；

（2）工作人员的热忱服务；

（3）为运动员参赛服务；

（4）作精英的摇篮；

（5）希望融合和影响所有体育人才和团体；

（6）不只在运动方面，还要在人生规划方面给予运动员帮助。

协会的运行资金是多方面的，国家投资占75%，国家级协会占16%，企业赞助占9%。协会受国家相关部门监管，考核的主要内容是各比赛的奖牌数，场馆是否充分利用等。

二、维多利亚体育中心运动项目介绍

维多利亚体育中心共涉及14个项目，但只负责田径和游泳项目的体能训练，专项训练由其专项协会的专职教练员负责。自行车项目的重点是赛道比赛；跳水项目由维多利亚体育协会与国家跳水协会合作管理；高尔夫项目是在高水平运动员阶段，协会才负责运动员的训练及聘请教练员；曲棍球项目重点是发掘人才，因为曲棍球协会坐落在帕斯，高水平运动员在帕斯训练；无板篮球是协会重点项目，协会会指派教练员执教；赛艇项目是澳大利亚的奥运重点项目，协会负责发掘人才、输送人才，训练的地点在悉尼及堪培拉；其他运动项目，协会会提供体能训练、运动心理辅导、运动损伤治疗等，但不提供教练员指导。

维多利亚体育协会提供的服务有：

（1）运动员个人成就发展规划；

（2）体能训练指导；

（3）运动生理学分析；

（4）比赛表现分析；

（5）物理治疗；

（6）运动损伤治疗；

（7）心理咨询；

（8）运动员营养指导；

（9）生物力学分析；

（10）运动损伤康复。

记录人：周松青　温晓军

第十八讲　青年教练员的培养

授课时间：2017年10月26日

授课地点：维多利亚体育中心

授课专家：宫明

下图展示了澳大利亚国家队及维多利亚州队的整体结构，因为选拔模式是州队上升至国家队的模式，所以这个结构是重叠的。

维多利亚州跳水项目结构

跳水教练员的晋升路径如下图所示。

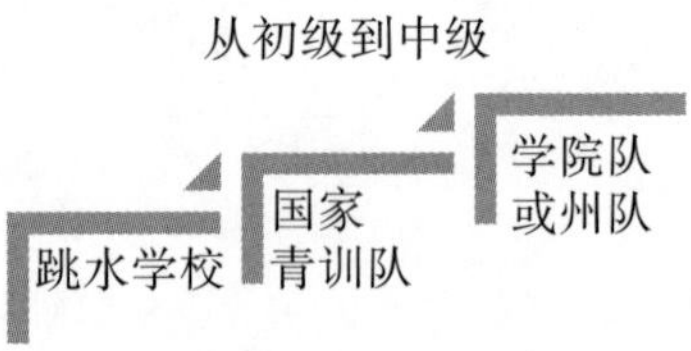

跳水教练员的晋升路径

初级跳水教练员的培养如下图所示。

退役运动员	无跳水背景人员
1. 跳水教练员培训 2. 单独教学（跳水学校） 3. 年度培训（全国初级教练员培训并且带队员参加全国青少年比赛） 4. 晋升为国家青训队教练员（全面参与跳水工作） 5. 竞聘学院教练员（公开竞聘）	1. 跳水教练员培训 2. 与经验丰富的教练员一起工作（跳水学校） 3. 年度培训（全国初级教练员培训并且带队员参加全国青少年比赛） 4. 晋升为国家青训队教练员（全面参与跳水工作） 5. 竞聘学院教练员（公开竞聘）

初级跳水教练员的培养

记录人与授课专家合影

记录人：周松青　温晓军

第十九讲　澳大利亚教育与体育的有机结合，如何给年轻人当好教练员

授课时间： 2017年 10月27日

授课地点： 墨尔本马瑞巴农学院

授课专家： 迈克尔·格兰特

克里斯·纳恩

迈克尔·格兰特教授授课

克里斯·纳恩教授授课

一、澳大利亚教育与体育的有机结合

澳大利亚校园体育运动协会（以下简称协会）成立于1981年，是负责推广校园体育的组织（体教结合）。协会一直推广校园体育。校园体育在维多利亚州有一百多年的比赛历史，协会与每个州政府的相关机构都联系紧密，一切决定都是建立在州政府的基础上，以此来帮助协会发展。

协会工作重点：负责组织州与州之间的比赛，参赛者是年龄在10岁到19岁之

间的学生。协会的功能非常独特，和国家级组织不一样，是用体育进行教育的一部分，用全方位的方针指导学生发展。协会了解各个州的比赛，并推行各个州之间的比赛。

学生认真听讲中

协会是在全国认可并接受的政策框架下运行的。协会的目标是在学校中推行体育运动，在进行文化教育的同时进行体育教育。协会在倡导体育运动中起到了领头作用，给学生提供了一个平台，让大家都参与体育运动，这对老师也是一个发展的机会。

协会管理与运营：协会与澳大利亚八个州教育系统有协议。协会的上级是国家体育协会，推行一个项目首先要逐级上报，更要向董事会汇报，协会的合作伙伴就是各个州政府的教育管理部门。协会也有一些下属部门，如管理财务和管理国际项目的机构，也为参加国际比赛的学生提供帮助，还有一个全国项目的顾问团，是管理和协调运动项目的一个部门。协会有21个体育项目，如美式足球、板球、篮球、冲浪、田径、三项全能、排球等，由一个书记员管理。

协会的目标是要用体育实现教育的目的。协会对学生来说，是用体育作为他们的发展途径。协会是想用全方位的形式让学生有更好的发展。在学校中推广体育运动，协会要确保学生在参加体育运动的同时，也能受到教育。

协会是各个州大学体育协会推升的产物，协会直接向各个州的教育部门进行汇报，也要向澳大利亚体育协会进行汇报。

各体育项目分10～12岁和13～19岁两个年龄组进行。有些比赛只针对13～19岁组。橄榄球只针对12岁以下组。重点是让学生参加体育运动，并不仅是举办体育活动，场馆就是教室。比如板球，协会的比赛就是培养运动员的途径。有些著名运动员最开始就是参加的协会组织的比赛，如索普。

协会不是为了比赛而办赛，目的是让学生有机会了解文化并受到教育。

问：请介绍一下州教育体制。

答：5岁开始上学，1～6年级是小学，7～12年级是中学。

二、如何给年轻人当好教练员

重点是如何做教练员，一个好教练员会设计出适合运动员的训练方法。澳大利亚只有2000多万人口，我们要好好照顾我们的运动员，因为他们无可替代。无论在哪里工作，教练员都要为其运动员提供最好的机会来展示自己。你能给运动员带来什么样的不同？我的不同是，我比别的教练员更加了解我的运动员。体育上的技能知识很重要，但作为教练员这是简单的部分。要真正了解你周围的运动员，这样他们才能成为更好的运动员。

学员提问

记录人与授课专家合影

记录人：吴建军　孙本胜

第二十讲　介绍墨尔本马瑞巴农学院，探讨维多利亚州校园体育发展

授课时间：2017年 10月27日

授课地点：墨尔本马瑞巴农学院

授课专家：布伦特・瓦尔兹茨

尼克・穆尼

布伦特・瓦尔兹茨教授授课

尼克・穆尼教授授课

一、介绍墨尔本马瑞巴农学院

我来讲讲我的教练员生涯，以及我们学校的教学训练体系。我在这个学校任职5年，之前在澳大利亚体育学院任教10年。我负责竞走这个单元，带过奥运会选手。为什么说田径项目的奖牌很重要，因为田径分布很广泛。我们学校有2名

运动员参加了澳大利亚国家队。

这个学校有10年的历史。在澳大利亚，训练是重在参与，只有17岁以上的运动员才会有专业的训练。田径项目天赋很重要，但我们要达到个人的最高水平。我们的教练员说过为100米短跑发掘新星是要在全世界99%的人中寻找。澳大利亚不会以100米短跑为目标。我们发掘跑得快的人，把他推向更高的平台。

中长跑运动，非洲的运动员很强。我们做得好的是技巧性项目，这些项目要求运动员有高素质，教练员经验丰富，设施好。我们投入资源比较多的是这类项目，并在2008年北京奥运会上获得了男子标枪的金牌，女子投掷类的项目也拿到奖牌。

问：青少年多大年龄确定主项参加全国比赛?

答：19岁左右。

二、探讨维多利亚州体育校园发展

维多利亚州校园体育协会花了很多的财力、物力、时间来培训老师。在该协会里有2300所学校，55万名学生，主要目标是让学生去尝试各种各样的体育活动。我时常浏览家长论坛，因为家长也很关心孩子体育的发展，并且家长对孩子的影响很大，所以不仅是学生，也要把家长加入进来。还可以利用社交媒体记录学生取得的表现，激励更多的学生参与体育。

我们和其他体育机构一起合作。孩子会找到他们喜欢的体育运动。我们鼓励家长参与进来。有的运动员就是通过我们办的学生项目对某个运动产生兴趣，才会走进专业领域，并打进奥运会。我们协会共有33人参加了里约奥运会。我们和很多机构有合作关系，所以我们会有很好的练习场地。校园文化和团队文化对体育成绩是很重要的，会有学生大使来激励学生们从事体育。运动员在教室、课堂和学生互动。我们给老师空间，发挥其特长，让课堂更有趣。

维多利亚州有八大体育分区，覆盖全州。其他的州也是用这种分区法来管理事务。维多利亚州校园体育协会组织的体育项目，每年会选出1名优秀的学生授予奖牌（全州只有1名学生）。所有人都有平等的机会接受体育教育。每年也会举办教师运动会让他们相互交流、共同提高。

问：宣传方式有多少种?

答：给每个学校发电子新闻，利用教育部门和体育机构进行推广等。

记录人与授课专家合影

记录人：吴建军　孙本胜

第二十一讲　澳大利亚青少年运动员运动心理辅导

授课时间：2017年10月30日上午

授课地点：迪肯大学

授课专家：弗雷泽·卡森

弗雷泽·卡森讲师授课

一、体育心理学的四个方面

体育心理学主要有以下四个方面。

（1）行为控制和放松。

（2）精力集中度。

（3）选择动机。

（4）目标设定。

二、动机和目标设定

（一）选择动机

尊重运动员自我选择，使其对自己的选择付出不懈的努力，让运动员集中精力，让运动员明白他应该在哪个地方努力，分析寻找运动员的积极性在哪里。有些人永远只会选择一定会赢的挑战，惧怕失败。这样的运动员，担忧比较多，容易焦虑。有些人只注重自己的临场表现，教练员只需要给予更多的鼓励，让他有足够的信心去完成梦想。

（二）目标设定

有些运动员以自我为中心设定目标，只选择自己能力范围之内的目标，惧怕失败，当他们遭遇困难时，只会逃避失败，会丧失信心，甚至会远离体育。

而有些运动员以任务为中心进行目标设定。不管他是什么水平都有较好的表现，这些运动员会持之以恒，勇于拼搏。我们希望更多的运动员以任务为中心，这样的运动员可塑性比较高，会设定更高的任务目标。

学员认真听课

（1）任务目标，即运动员要完成一个什么样的任务。

（2）过程表现目标，即运动员在完成过程中，设定一个具体的标准，并一步一步达到任务目标。

（3）长期目标，即为运动员设定一个长期目标，阶段目标要与其相吻合。

（4）培养运动员的领导能力，注重其个人的发展，让其表现自己的能力，并培养团队意识，让运动员互相学习，意识到自己的发展。

（5）为目标设定时间范围，做好记录，设定一些阶段性目标，并关注目标的进度，随着时间调整目标，使运动员保持积极性。

（6）对具体过程表现进行量化，评估目标完成情况。

（三）目标设定的策略

（1）让运动员提供一些反馈，使他们保持兴趣，自我判定是否成功。

（2）避免设定太难的目标，太难的目标会打击运动员的积极性，使其丧失信心。

（3）长期目标与短期目标要合理，两者要相互促进。

（4）训练结束后，要反思一下目标是否达到。

（5）尽量避免在同一时间段内设定过多的目标。

记录人与授课专家合影

记录人：刘志国　吴冀

第二十二讲　睡眠对青少年运动员运动表现和训练的影响及应用研究

授课时间： 2017年10月30日下午

授课地点： 迪肯大学

授课专家： 沃尔什

沃尔什高级讲师授课

一、睡眠是什么

睡眠在生理上是一个活跃的状态，是快速可逆的行为状态。

二、睡眠的重要性

睡眠质量的影响因素主要有两个：一个是积极影响因素，另一个是消极影响因素。睡眠的质量对运动员有着非常大的影响，睡眠质量越差，免疫力越低，越容易感染疾病，甚至导致伤病的发生，所以运动员需要有更好的睡眠质量，使其能够快速地恢复。

一个青少年运动员在其生长过程中，运动训练时受伤的概率与其睡眠质量有非常大的关系，每天睡眠不足8小时的话，受伤概率会增加2倍，而睡眠质量越好，受伤概率越低。

运动员拥有充足的、高质量的睡眠后，参与训练时的精力集中度及动作准确度都会有所提高。例如，篮球运动员的罚球率和准确率都会提高。运动员的睡眠减少1小时，其运动训练的质量会大幅下降。

三、影响睡眠质量的重要因素

研究表明，睡眠的质量要达到90%以上才是健康的。睡眠质量比较高的运动员运动表现也较好。影响运动员睡眠质量的因素主要分为以下几点。

（1）项目因素：由于训练时间、训练强度不同，各个项目运动员的睡眠时间各有不同。

（2）旅行因素：包括时区转换、气温和环境的变化等。

（3）运动员赛前焦虑。

（4）比赛和训练的日程安排：比赛的开始时间比较晚或上午开始比赛的时间比较早，赛后持续兴奋等，都会影响睡眠质量。

（5）睡眠的卫生条件。

四、如何帮助运动员拥有高质量睡眠

对于这个问题，运动员的院校和运动员本身都有很大责任，院校要做的是用监控仪监控运动员的睡眠质量，进行积极的反馈，制订解决方案。以下是改善睡眠质量的几个重要方面。

（1）调整训练和比赛的日程。

（2）提供更舒适的睡眠环境。

（3）教育运动员重视改善睡眠卫生，改善睡眠卫生可以提高2%的睡眠效率。

（4）睡觉前避免摄入过多食物，可适当饮用奶制品。

（5）养成好的睡眠习惯。

睡眠是在生理上非常活跃的阶段，大多数运动员缺乏睡眠。促进睡眠，是教练员和运动员共同的责任。

学员认真听课

现在还没有数据来分析青少年运动员的睡眠特点对训练和比赛的影响。对青少年睡眠的研究较少，现在正在做大量的研究。目前只有睡眠质量对伤病影响的数据分析。

学员积极提问

记录人与授课专家合影

记录人：刘志国　吴冀

第二十三讲　参观迪肯大学州际篮球体育中心

授课时间： 2017年10月31日上午

授课地点： 迪肯大学

授课专家： 朱莉娅

盖伊

迈克

朱莉娅和翻译

朱莉娅给大家介绍队伍的背景和篮球训练的文化，并带领大家参观国家级的女子篮球队在体育中心的训练情况。

篮球主教练盖伊授课

高水平篮球俱乐部负责人迈克授课

这个队伍有3名国家队队员、1名国家青年队队员，是一支非常专业的球队，目前队伍的优势是防守。这个队伍的教练团队共有6人，其中主教练1人、助理教练3人、体能教练1人、科研教练1人。一般外出比赛带10个专业队员，她们每周有2~3次的体能训练。

抗阻训练

跑位训练

科研监测

学员认真学习中

现在俱乐部面临的两大挑战是：如何让青少年运动员抽出时间来训练和选择合适的训练场地。对于青少年的培养，主要有两个方面：技能的培养和坚持训练的决心。我们接下来的工作计划是：减少青少年的比赛场数，多专注一些技能培训；另外，青少年的训练年龄需提前，以便参加高水平比赛。

学员提问

问：高水平运动员是如何选材的？

答：先在40个州俱乐部中进行初选，然后再到州队选拔，层层筛选。

问：预测12岁以下运动员身高的方法是什么？

答：遗传和骨龄。

记录人与授课专家合影

记录人：俞华秀　周志琴

第二十四讲　运动量的管理和营养

授课时间： 2017年10月31日下午

授课地点： 迪肯大学

授课专家： 安娜

唐

安娜讲师授课

一、运动员运动量的管理

（一）运动量的作用

保障运动员的身心健康和运动水平，提高适应力。

（二）怎样实施运动量的管理

（1）根据运动员年龄安排运动量。

（2）训练强度的监控。

（3）比赛期间运动量的控制。

（4）训练以外的其他因素的控制。

（三）科学管理

（1）评估需求。

（2）看看哪些运动量是高危的，高危的运动量要循序渐进。

监控运动量的五个方面。

①运动的距离、时间、频率。

②运动员自身情况。

③同样的训练量不同的运动员会有不同的反应，所以要测量心率。

④依靠GPS、训练笔记等手段做记录。

⑤和运动员交流其自我的感觉。

学员认真学习

（四）制订运动量需要考虑的其他因素

如工作、家庭压力等因素，还有年龄、训练年限和运动员对运动量的反应等。

（五）教练检测方法

用记录训练时间，与运动员交流，观察运动员状态，或设计表格让运动员填表等来掌握负荷。

记录人与授课专家合影

唐讲师授课

二、运动营养

（一）营养的重要性

（1）提高协调性、增加能量、提高免疫力。

（2）增强运动的专注力。

（3）增强运动的表现能力。

（4）有助于身体健康。

（二）碳水化合物的重要性

（1）碳水化合物的摄入量与运动量有关。

（2）澳大利亚女性碳水化合物的摄入量不足，容易造成伤病。

（三）蛋白质的重要性

（1）承担重要的生理调节功能。

（2）起抗感染的作用。

（3）运输功能和催化功能。

（四）服用方法

建议赛前吃一顿正餐，然后分时增加蛋白质和碳水化合物摄入，赛后半小时内要及时补充蛋白质和碳水化合物，以利于肌肉恢复。

记录人与授课专家合影

记录人：周志琴　俞华秀

第二十五讲　青少年跳水运动员的发展，指导和监督学生体育健康标准的实施与学生体质监测

授课时间：2017年11月1日上午

授课地点：维多利亚体育训练中心

授课专家：宫明

宫明主教练授课

一、青少年跳水运动员培养

青少年跳水运动员的培养阶梯是从跳水学校到国家青训队、学院队。

二、维多利亚州跳水运动员培养结构

维多利亚州跳水运动员培养结构如下图所示。

维多利亚州跳水运动员培养结构

三、纵向与横向培养

（1）以培养运动员取得优异成绩为目标。

（2）量身制订训练计划。

（3）定期监测。

（4）及时调整计划使其与目标一致。

（5）培养运动员的训练积极性。

（6）制定一些小目标。

（7）定期与家长座谈、共同制订计划。

（8）协调训练与学习的时间，以学习为主。

（9）争取让家庭成员踊跃参加与跳水有关的活动。

学员认真听课

四、指导和监督学生体育健康标准的实施与学生体质监测

（1）直接监督学生及运动员考试（开卷考试，但内容与所学教材不同）。

（2）从小培养和锻炼孩子的自主与选择能力。

（3）入校即与营养师接触，与家长沟通，建议合理饮食。

（4）体能教练制订多样的、有针对性的训练计划。

（5）医生和理疗师针对训练伤病及负荷量提出合理建议。

（6）心理医生针对运动员所涉及的生活、训练中的心理问题进行指导。

指导和监督学生体育健康标准实施的体系

（7）科研人员跟进所有会议，进行录像分析，并反馈给主教练，讨论是否调整训练内容。

学员提问

五、和学员共同讨论、交流

（1）针对选材与运动员在训期间经费问题的交流。

（2）针对运动员的心理问题、健康问题展开交流。

（3）针对运动员的伤病及营养问题进行提问与交流。

（4）针对教练员团队的责任划分问题进行提问与交流。

授课专家和学员交流

六、感受及体会

本次给学员班授课的讲师宫明主教练是我们的同胞，他曾在多年前代表中国取得过优异的运动成绩，在北京队执教期间也培养出了优秀的青少年运动员。他给我们学员的第一印象是亲切、谦虚，授课严谨，思路清晰，对来到澳大利亚执教后的新理念、新手段都进行了很细致的讲述。在整个授课过程中，由于没有语言的障碍，我们和讲师交流起来更加顺畅、直接，学员们提问也相当积极，讲师对每一个问题都回答和讲解得非常清晰、到位，使我们对澳大利亚青少年运动员的选拔、培养及走向高水平运动员过程中的科学、严谨的数据化监控手段有了新的认识。

记录人与授课专家合影

记录人：范沛　段锐波

第二十六讲　参观澳大利亚国家网球中心

授课时间：2017年11月2日上午

授课地点：澳大利亚网球中心

授课专家：罗维姆

澳大利亚网球协会对外联络官罗维姆授课

澳大利亚国家网球中心网球场是世界网球四大满贯的场地之一。澳大利亚网球协会向政府租赁这个场地，每年盈利3亿澳元，这是全澳大利亚最好的网球场地。在澳大利亚，把孩子培养成网球运动员需要经历以下过程。首先，小学会帮助学生参加培训，之后是俱乐部，也可能是社区，然后是参加比赛，我们从比赛中选拔苗子进入青年队和国家队。大满贯是澳大利亚网球最重要的赛事，比赛赚来的钱一部分直接进入小学。所以这种培养模式很顺利。我们建立这个渠道有两大目的，一是为了培养网球运动员，二是为了使孩子拥有健康的体魄，让孩子知道网球项目。开始，让孩子以玩为主，培养兴趣，再逐渐走向专业的道路。其中，有一个让孩子容易玩的做法，让孩子玩的网球不光是拍子大，球也更大，打得比较容易，让孩子更感兴趣。也不用使用专业场地，可以使用任何学校的任何场地。

这里存在一个问题。大多数的比赛都在欧洲，运动员要学会自己管理自己，如处理时差问题等。每一次大满贯挣来的钱大部分都用来增加参与度。大多数教练员都比较喜欢来我们这里工作，因为工作比较多。除了健全人的比赛之外，我们这里也有残疾人网球运动员来训练。澳大利亚顶级的女子选手也在这里进行训练，如萨曼莎。她在法国的比赛中获得大满贯，但在北京的比赛中受伤，现在处于休息疗伤阶段。这里有比较先进的技术，可以测量击球速度、球拍张力等。

残疾人网球运动员在训练

问：运动员训练后回家有作业吗?

答：小学生一周只有一天有回家的作业，即每周一小时在家大声朗读。

学员提问

问：到了国家体育学院还要教基础动作吗?

答：教基本动作不是我们的工作，国家体育学院的运动员已经进入较高水平了，那是之前教练的工作，但是我还是发现了很多问题，包括抛球的动作，都要重新进行指导。如何知道网球运动员有无培养前途？他们在做一项对比，用顶级的网球运动员来进行对比，其十六七岁在干什么，达到了什么程度，选拔时要进行对比。

学员提问

记录人：王葆衡　崔松

科研

成果交流

运动训练的实践及总结

广西体育运动学校　陈艳春

一、短跑技术的个性化

在严格规范技术的基础上，体现个性化特点。每个运动员由于条件的差异，适合不同类型的技术，如技术型、力量型、均衡型、高步频等均在世界有杰出的表现，而乌·博尔特采用的大步幅、快频率的技术，则引领了世界的短跑技术发展。

二、短跑技术结构趋于合理化

高度重视摆动技术，快速折叠、快速大幅度摆动、蹬摆结合、以摆带蹬以及上下肢的协调配合是现代短跑技术的主要特征。

着地点和体后支撑点与身体重心投影点的距离适宜，有利于提高后蹬效果和快速转入折叠前摆动作，可有效解决后摆过度、后蹬拉长的错误。

支撑和腾空时间的比例合理，可增大身体总重心的腾起初速度和减小身体总重心的腾起角，最大化提高实效性。

步长、步频呈现同步化发展趋向，乌·博尔特是最杰出的代表。

三、核心力量训练及作用

核心力量训练能够为专项力量和专项技术的改善提供专门性的力量储备和技术支持。它突出的是身体动态稳定性和强大的腰髋收缩力量。核心肌群的发力，是通过环节用力的叠加和“鞭打”动作的传递，完成高质量的起动、加速、变向、减速、摆臂、踢击、旋转等技术动作。核心力量的训练能够稳定脊柱，帮助骨盆建立支点，构建运动链，提高身体的控制力和平衡力，提高运动时由核心向四肢及其他肌群的能量输出，提高力的传递速度，增强技术动作的功效，提高上下肢和动作间的协调，提高身体的变向和位移速度，以及降低能量消耗，并能预防运动中的损伤。核心力量训练是偏重于神经肌肉系统整体参与工作的训练，因此，运动员在训练时要保持注意力集中，明确心理指向，逐渐提高对肌肉运动的控制力和感知力。它旨在弥补当前运动员核心力量的短板。

四、分析与讨论

（一）青少年运动员生长发育期的训练特点

区体校的学生大部分是青少年运动员，他们的机体处于自然生长发育时期，某些素质在某些特定的年龄阶段发展较快，呈现发展的最佳时期。人的生长发育在不同年龄阶段具有不均衡性，青少年时期运动素质会出现发展的敏感期，在此阶段就应该抓住有利时机，进行相应内容的专项力量训练，促使其最大限度地发展，充分挖掘运动潜力，为创造高水平成绩打下基础。相对而言，专项力量主要是发展身体各部分的肌肉力量，在青少年身体发育期间，为保证身体的正常发育与今后提高专项成绩的需要，不适宜采取大强度和大运动量的训练手段和方法。因此，教练员不能采用以大重量、慢速度的深蹲练习为主的训练方法，这些练习，是与现代短跑技术要求相背的，也阻碍了青少年的身体发育，会在一定程度上对短跑成绩起负面作用。

（二）对专项力量概念的认识

什么是专项力量？在从事专项力量训练时必须首先回答这个问题。对于专项力量的解释，最具有代表性的观点是：“有助于提高专项运动成绩的力量就是专项力量”“专项力量指参与完成运动的肌群力量”。这类观点只注意了专项力量的一般特性，忽视了专项力量最关键的特性——项目特性。我们认为，专项力量是指那些在时间、空间特性上严格符合专项比赛要求的力量。

在短跑项目中，力量的发展水平与技术因素是影响动作速度和位移速度的重要因素。从力学公式中可以知道，力量等于人体质量与加速度的乘积，力量是引起人体加速度的原因，力量越大则加速度越大，加速度越大则人体运动速度越快。由于人体质量与人体加速度成反比，故要最大限度地提高人体加速度，对力量的要求更偏重于相对力量。相对力量越大，肌肉就能越容易在运动中克服内部、外部阻力，产生快速收缩。

教练员在正确认识和有效设计短跑的专项力量时，应针对不同阶段的运动员采取不同层次的手段和方法进行训练。

重视各个环节的肌肉力量练习，这样才能增强肌肉的力量和提高肌肉的灵活性，但某些部位的力量不能过度训练，否则容易受伤。

加强专项力量训练不仅是提高速度的关键，而且还能在训练中减少运动员的伤病，是提高短跑运动成绩的重要途径。

（三）以髋为轴的加速—制动摆动练习

对业余短跑运动员的研究表明,运动员跑速的提高主要靠步频的提高,而步频的提高首先取决于髋关节肌肉的力量和用力度的协调性,这就是以髋为轴的摆动腿的加速—制动能力。这就提示我们，提高下肢的摆动力量以及对抗肌和相应肌群的运动协调性，是短跑运动员提高跑速最重要的训练途径之一。所以说，以髋为轴的快速摆动力量和工作肌群间的高度协调能力是短跑运动员重要的专项能力。

（四）训练中的方法和举措

（1）科学选材和经验选材相结合。提高选材质量，抓好年龄组梯队的建设，储备好后备苗子。

（2）教练员应该了解生长发育的基本规律。根据青少年生理、心理以及运动能力的发展特点，设计教学训练方案。

（3）抓好思想品德教育，培养良好的训练氛围和自信、顽强拼搏、奋发向上的精神。

（4）训练理念和方法需要适当做出调整。“唯金牌论”的过早专项化训练会造成好成绩的昙花一现，业余训练要着重打好基础，着眼运动员长远发展。

（5）训练中，根据每个运动员的特点，有针对性地提出要求，遵循由浅到深、先易后难的规律，做到因材施教。

（6）重视训练内容的合理搭配，多采用游戏类的组合训练来提高能力，让孩子们享受体育带来的快乐，感受到体育的魅力。

（7）重视运动损伤的防治，了解和掌握损伤、发病规律，重视康复训练，避免再次的运动损伤。

（8）文化素质与思想品德的教育。

首先要统一认识：体校学与训的目的是培养优秀的体育人才，应学训并重。作为教练员把运动员招来，就要对他们负责，我校教练员每周都要安排一天到文化课堂巡课。

教练员在工作中要善于发现每一个运动员的优点、特点，对他们的行为适时给予肯定和约束。注重发挥运动员主体作用，充分运用榜样的力量教育和管理运动员。

加强思想工作，对运动员进行心理素质与文化素质的教育，使运动员正确理解、明确训练的目的、任务，激发他们的荣誉感和责任心，用各种方法与措施加强队伍凝聚力，培养运动员积极向上的精神，通过帮、带、促等方法形成良好训练氛围，共同进步。

五、训练中的缺点与不足

近两年的输送与比赛虽然完成得不错，但还是存在一些细节上的问题。

冬训主要是以强化体能为主，如身体基本素质及力量、专项素质及力量，不仅要保持技术动作的量与质，还要严格控制频率，但在内容多样化的时候往往要求不到位。

对输送到专业队的运动员跟踪不够细致，导致有的运动员思想出现问题，影响了整个组的训练氛围，这说明自己对运动员的思想变化掌握不及时、不到位。

新生来得比较多，组里没有骨干，特别是女生，在训练和生活上没有主心骨，显得不是那么一心一意，生活上有小摩擦未能及时解决，影响了训练气氛。

平时恢复训练安排得不够，随着强度的累积，运动员惰性增大，忽视了恢复的重要性，出现不同程度的小伤小病，影响了部分运动员的系统训练。

浅析400米栏的能量供应及运动员的体能特征

吉林省体育运动学校　崔松

一、400米栏的能量供应

美国生理学家爱德华·福克斯在其《运动生理学》序言中指出，科学应用于体育，其最有价值的部分可能要算是人体能量供应了。在运动过程中，磷酸原系统、糖酵解系统、有氧氧化系统三个供能系统都会为运动提供能量。这三个供能系统的供能比例随运动强度和时间的改变而有所不同。三个供能系统以不同的比例混合供能，构成能量供应的统一体。对于一名短跑选手而言，速度与能量供应的效率密切相关。要在全程维持较高的平均速度就必须维持较高的能量供给率。从能量输出功率最高的磷酸原系统，到糖酵解系统，再到最低的有氧氧化系统，它们随运动强度和时间的不同而发挥各自的作用。

（一）400米栏能量供应特点

1. 400米栏选手血乳酸积累规律

有研究表明，400米跑中第一个100米的乳酸积累速率大约是后两段的一半，这表明糖酵解供能比例逐渐增加；在200～300米之间，肌肉和血液中乳酸积累速率达到最高，表明糖酵解产生ATP（三磷酸腺苷）的速率也达到最大；在最后100米，糖酵解速率开始下降，导致跑速急剧下降。CP（磷酸肌酸）含量下降和肌肉、血液中乳酸上升是引起300～400米跑段速度下降的主要原因。血乳酸浓度随距离的增长而增加，生成速率随距离的增长由慢到快再变慢。与运动强度的关系是，速度越快，血乳酸上升坡度越大，反之越小，表现为非线性关系，在20秒内糖酵解的速率可增加1000倍以上，使人体迅速获得能量。由此说明，增强糖酵解代谢能力和肌肉、血液乳酸耐受能力是提高400米栏运动能力的重要基础。

2. 影响成绩的阶段

大多数运动员能够以相同的速度跑过3～5栏，而随后则表现出较大的差异。优秀运动员速度保持好，下降率低。优秀运动员有更大的速度储备和更好的维持速度的能力。这说明后半程对成绩影响更大，而后半程主要由糖酵解系统及有氧氧化系统混合供能。速度耐力好，则有利于维持后半程的高速度。说明较长距离的短跑，速度并不能代表一切，只有在具有较高最大速度的基础上，维持较高的速度才能获胜。全程速度的合理分配有利于取得最佳成绩。

只有充分了解400米栏这个项目的能量供应特点，才能够针对这些特点制订出更加完善、有效的训练计划。

（二）提高主要供能系统供能能力的方法

400米栏是以糖酵解无氧代谢类型为主的项目。训练实践应依据短跑运动项目负荷结构的特点来确定训练方法。如前所述，400米栏是以糖酵解系统供能为主的次极限强度的运动。与400 米跑相比，其能量消耗大，乳酸堆积高。发展糖酵解系统供能能力可从以下三个方面进行：提高糖酵解系统的供能能力、乳酸耐受能力及机体消除乳酸的能力。应注意掌握休息的间隙时间，使血乳酸浓度达到较高水平，提高训练的实效性和科学性。乳酸耐受力的训练常采用1～2分运动，4～5分休息，心率恢复至每10秒20~24次的多次重复间隙法，以血乳酸在12毫摩尔/升为宜，重复训练时使血乳酸维持这一水平，让机体忍受长时间的乳酸刺激，从而产生生理上的适应。提高机体消除乳酸的能力主要有提高心、肝、肌肉等组织的氧化能力以及乳酸代谢酶的活性，提高血液的缓冲能力和乳酸从工作肌肉向外运转的速率等途径。

（三）训练方法

1. 发展ATP-CP（磷酸原）系统，提高最高速度

发展ATP-CP系统多采用极限强度的30～60米、时间在10秒内的反复疾跑。尽最大可能消耗ATP 和CP，提高ATP酶的活性。一般强度控制在最大强度的95%左右，每次练习持续时间为5～8分，距离30～60米，以确保训练由ATP-CP系统供能。练习次数与组数应根据运动员最高速度的出现时间和保持时间及机体的恢复能力来决定。

2. 注重有氧训练

虽然有氧供能比例不大，但良好的有氧能力可延缓乳酸的出现和升高，从而使无氧代谢能力进一步提高，有利于机体对氧的摄取、运输和利用以及代谢产物的排出。尤其在初期的训练中，须进行更多的有氧训练。运动后能源物质的恢复及代谢产物的清除，必须依靠有氧代谢，有氧代谢是机体恢复的主要代谢方式。可采用间歇训练发展有氧系统，如越野跑、球类运动等。

二、400米栏运动员的体能特征

（一）400米栏的训练重点

400米平跑速度的快慢直接决定着跨栏运动员能否取得优异的成绩。为此，在400米栏的训练中，首要的一条就是重视运动员平跑速度的训练。平跑速度一般分为三种，即反应速度、动作速度和位移速度。其中起最重要作用的是位移速度，它取决于加速能力、步频和步幅及保持高步频和大步幅的能力。这些主要受大脑皮层运动中枢支配，依靠肌肉中的CP分解释放能量，通过ATP的再合成来完成。对于400米栏来说，能量供应中的10%来自有氧代谢，90%来自无氧代谢。

（二）400米栏运动员的体能特征

1. 高度专项性

在竞技运动中，运动员的体能是运动员在以无氧供能或有氧供能为主体的，人体保持极限运动状态下各器官系统所表现出来的机能能力。运动员体能的获得

是通过采用专项特有的方法与手段训练的结果。所谓专项特有的训练，是指在不同的训练方法与手段下的刺激与适应的过程，即使用非专项的手段来获得(如电刺激力量训练)，也必须符合该项目的特点与要求。其生物学机制在于训练适应过程的专项特异性，这是运动员竞技运动中保持运动技术水平的特征之一。适应性反映的专项特异性，不仅表现在运动素质和植物性神经系统能力的发挥方面，而且也表现在心理因素的发挥方面，特别是在完成紧张激烈的肌肉活动时，必须用意志来强化专项运动能力的这一方面。

2. 时间局限性

时间尺度是任何事物都具有的，体能也不例外。运动员体能的时间局限性表现在两个方面：一是体能的获得过程，即运动员的适应过程，主要是人体对外部刺激的一种生理适应过程。任何适应过程都存在两种适应反应：一种是急性但不稳定的，另一种是长久的、相对稳定的。急性适应性反应产生的体能，取决于刺激的大小、训练水平及其机能系统的恢复能力。由专项强化训练所获得的体能虽然目的很明确，但并不表示有极大的稳定性。因为这种适应性反应是通过高强度的专项负荷产生的，是以超量恢复为其表现特征的，并不建立在各种器官、系统的增大、变异的基础上，即生物学的形态改造上。这就导致体能存在时间局限性。而相对稳定的适应性反应是建立在各器官、系统的形态改变的基础上，是随着专项水平的提高而变化的。二是随着专项特点而改变，即使在某一时期已形成较为稳定的体能，原有的体能也可能不再能满足未来专项特点的需要，也表现出时间局限性。因此，运动员通过训练获得的体能也不可能在较长时间的工作过程中维持同一水平。

3. 评估客观性

现代竞技运动高水平运动员之间的胜负均在分毫之间，而反映这种活动效益的主要方式是比赛成绩，要求客观地进行评估。同时，随着运动成绩的不断提高，对作为其基础的体能的要求也越来越高。运动训练中，运动员承担负荷后的各种生理、生化指标等均具有较大的个体差异，其训练过程个体针对性很强。因而，客观、准确地对反映运动员体能水平的各项指标进行科学评估，就显得越来越重要，这也使体能的客观性越来越突出。

三、结论

400米栏中，血乳酸浓度随着距离的增长而增加，生成速率随距离的增长由慢到快再变慢。与运动强度的关系是速度越快，血乳酸上升坡度越大，反之则越小，表现为非线性关系。在20秒内，糖酵解的速率可增加1000 倍以上。由此说明，增强糖酵解代谢能力和肌肉、血液乳酸耐受能力是提高400米栏运动能力的重要基础。

针对400米栏能量供应的特点，制订科学的训练计划：发展ATP-CP 系统，提高最高速度；注重有氧训练；采用间歇训练发展有氧系统；注重力量训练和技术训练。

跆拳道项目优秀运动员智能训练的研究

北京市什刹海体育运动学校　段锐波

一、研究内容

（一）研究跆拳道优秀运动员观察力的具体表现

跆拳道优秀运动员无论是训练，还是比赛，所采取的一切行为都是在观察客体的具体情况之后做出的，观察是运动员的行为之首。以前的运动训练把主要的精力都放在技能和体能上，而对观察力的关注很少。提高运动员的观察力必须要知道观察力到底表现在哪些方面，才能有的放矢地进行训练。本研究的第一个内容就是总结跆拳道优秀运动员观察力的具体表现，这些表现对于快速、正确地发展运动员的技能具有十分重要的作用。

（二）研究跆拳道优秀运动员注意力的具体表现

注意是人的行为的一个必然存在的过程。心理学的研究成果表明，人注意的指向和集中会对人的行为产生重要的影响，同样，跆拳道运动员的注意力对技能表现也会产生重要的影响。因此，本研究的第二个内容就是利用心理学现有的理论观点，利用注意力的生理机制的客观反映，总结跆拳道优秀运动员注意力的具体表现，根据注意力转移的时间差确定相关的行动方案，根据注意力的生理机制及其影响行为的特点，提出严格的训练要求和比赛要求。

（三）研究跆拳道优秀运动员思维力的具体表现

跆拳道优秀运动员的思维力是指认识人体机能规律、运动项目规律、竞技能力训练规律，从零散到概括，从感性到理性，从现象到本质的反应过程及其深入的程度。跆拳道运动员的技能属于操作性技能，所谓操作性就是运动员自己操纵自己的身体进行运动。这主要依靠的是思维力。因此，跆拳道运动员在训练和比赛中的一切行为都是思维支配的结果，运动员的外在行为是内在思维的客观反映。本研究的第三个内容就是总结跆拳道优秀运动员思维力的具体表现。

（四）研究跆拳道优秀运动员记忆力的具体表现

跆拳道优秀运动员的记忆力，对于技能的形成和科学训练发挥着十分重要的作用。因为，跆拳道训练的本质规律就是提高运动员使用相生相克技法和动作的条件反射能力。然而，与使用相生相克技法和动作的条件反射能力相互关联的两个方面依靠的都是运动员的记忆痕迹。本研究的第四个内容不但要总结跆拳道优秀运动员记忆力的具体表现，而且要充分利用运动生理学动作条件反射“第一信号系统”“第二信号系统”“达到自动化”的理论，对技能训练中正效应和负效应的问题进行探讨。

（五）研究跆拳道优秀运动员想象力的具体表现

跆拳道优秀运动员的想象力，对贯彻“从难、从严、从实战出发”的训练方针和进行技术创新发挥着十分重要的作用。因为，训练环境和比赛环境存在很大的区别，这些区别涉及智能、技能、体能、心理的方方面面。因此，在训练环境中，需要通过运动员的想象力再现比赛环境。另外，运动员使用技法的创新也需要通过想象力来完成。本研究的第五个内容就是总结跆拳道优秀运动员想象力的具体表现，为提高运动员的想象力指明方向。

（六）研究跆拳道优秀运动员智能训练的具体方法

研究跆拳道优秀运动员的智能是一回事，如何提高是另一回事。智能训练的内容是理论，智能训练的实践是方法，训练理论和训练方法必须相结合，对教练员和运动员才会有更大的帮助。因此，在充分研究运动员观察力、注意力、思维力、记忆力、想象力具体内容的基础上，必须有的放矢、针对性极强地提出训练的具体方法。本研究的第六个内容就是针对智能的具体内容提出智能训练的具体方法。

（七）制作跆拳道优秀运动员智能训练内容的配套录像，建立训练比赛视频反馈体系

虽然跆拳道优秀运动员智能训练的内容和方法，可以通过文字的形式进行总结、归纳、阐述，但是由于优秀运动员智能训练的内容是大脑内部的活动，具有隐形的性质，教练员和运动员由于文化水平的限制，很难通过文字进行深入认识和理解。为了解决这个矛盾，最有效的办法就是将跆拳道优秀运动员智能训练的内容逐一地配套相应的动作录像，这样，教练员和运动员可以直观地看到相关文字所要表达的具体内容。本研究的第七个内容就是根据文字的阐述，制作跆拳道优秀运动员智能训练内容的配套录像。

二、技术关键和创新点

（一）跆拳道优秀运动员智能训练研究的技术关键

跆拳道优秀运动员智能训练的内容，是人体机能规律、运动项目规律、竞技能力训练规律，相互融合、协同运作的客观反映。对跆拳道优秀运动员智能训练内容的总结，既不能以人体机能规律为重点，也不能单纯描述有关运动员智能方面的运动项目规律，更不能仅仅从竞技能力训练规律出发，必须综合、客观、准确地进行分析、归纳。因此，不但需要具备多学科的理论知识，而且对跆拳道专项要有很丰富的运动实践经验。否则，总结的训练理论很难达到深入指导训练实践的目的。

对于跆拳道优秀运动员观察力、注意力、思维力、记忆力、想象力具体内容的总结，除了文字的阐述之外，对于能力的强弱、优劣、好坏，必须要有一个判断标准。由于运动员的智能主要是眼和脑的活动，具有隐形的性质，只有通过技能的表现才能够反映出来。因此，运动员智能的衡量有些可以用定量的标准，有些只能用定性的标准。定量标准的建立、测量、统计都是很复杂的工作。定性标

准文字表达的意思准不准确，教练员和运动员容不容易掌握、运用，都是需要开动脑筋的事情。

（二）跆拳道优秀运动员智能训练研究的主要创新点

虽然普通心理学对于人的智能结构和要素有成熟的理论，主要表现在阐述观察、注意、思维、记忆、想象五个要素的活动机制和活动过程上，但是跆拳道运动员的智能主要表现的是训练和比赛过程中的客观反应。因此，研究、总结跆拳道运动员的智能使用了观察力、注意力、思维力、记忆力、想象力五个相关要素的概念。虽然增加了一个“力”字，与普通心理学只有一字之差，但是其内容的重点发生了根本的改变。重点不是在观察、注意、思维、记忆、想象五个要素的活动机制和活动过程上，而是在跆拳道运动员有关智能的表现上，这些表现需要在运动实践的基础上重新进行总结、归纳、阐述。

跆拳道优秀运动员智能训练属于理论与方法研究的范畴，为了达到理论能够深入指导实践的目的，解决教练员和运动员阅读文字难以理解的问题，专门制作了与跆拳道优秀运动员智能训练的文字阐述相配套的高质量的录像。由于智能的表现内容多且动作相对抽象，录像制作的难度和工作量巨大。

浅析青少年链球运动员投掷技术与项目特性

陕西省青少年体育运动学校　范沛

一、技术篇

（一）开始姿势

正确的预备姿势是顺利进入预摆和旋转的保证。右手投掷者用左手（左手套一只保护手套）握住链球手柄，右手抱握（或者裹住）左手，运动员背向投掷方向，两脚分开同肩宽或稍宽于肩，脚尖稍向外展，站立于投掷圈内后沿，左脚靠近投掷圈中心线，右脚稍远，两腿弯曲，上体右转并稍向前倾，体重大部分落在右腿上，链球放在身体右侧圈外稍后方，双手紧扣环柄，两臂伸直。有的运动员将链球放在身体正前方或稍偏左的圈外地上，也有的运动员将球提离地面由体前摆至右后方，然后直接进入预摆。

要求：抓住链球手柄时，避免紧握拳头，应用两手手指形成一个长钩，钩握链球手柄。

（二）预摆

预摆是从静止的预备姿势开始，其目的是使链球获得一定的速度，为平稳进入旋转创造条件。大部分运动员采用两至三次的预摆，此阶段从两腿微微蹬伸开始，右手投掷者把链球摆放在其右后地面，肩向右转使左肩与链球成一条直线。开始预摆时，投掷者向左上方牵引链球。当挥摆链球至左侧最远端时，投掷者在链球下方屈膝下蹲，加速链球从左到右的弧线运动，使链球成左后方高到右前方低的运动轨迹。3～4圈旋转越过投掷圈至链球出手成最后轨迹角度的过程中，每旋转一圈，链球运动轨迹的高点应逐渐上升，预摆使链球沿轨迹转动时，投掷者应利用髋部的反向移动来对抗链球的拉力。在投掷者进入旋转之前，链球围绕其身体充分旋转一次，形成一次预摆或单摆。第二次预摆链球运行轨迹斜面角一般较小，速度加快，幅度和离心力增大，身体应随链球的移动而变化各部位置，骨盆移动的轨迹应成圆周形，使髋关节的平衡补偿尽量保持在一个水平面上。

要求：① 摆动中要保持躯干正直，两腿自然弯曲，双臂放松，要注意髋部和双腿向链球的相反方向运动的对抗补偿动作。② 原地预摆链球蹲起和摆两个以上链球的训练方法加大了预摆的难度，从而也促使运动员更快掌握预摆技术。

（三）旋转

旋转是掷链球技术的重要组成部分，也是关键的技术环节，它是在预摆的基础上不断加速，使链球获得较大的速度，使身体形成良好的超越器械的姿势，为最后用力创造条件。一般情况下，旋转分为3圈旋转和4圈旋转两种。优秀运动员大部分采用4圈旋转技术， 目的是尽量加快旋转速度。无论是采用3圈旋转还是4圈旋转，每圈在旋转过程中都有双脚支撑和单脚支撑两个转动阶段，在旋转时，投掷者应始终与链球成为一个整体，围绕稳固的旋转轴，保持较大的旋转半径，在保持良好身体平衡的情况下变换支撑形式，协调用力，不断加速，完成各圈旋转。在预摆结束，链球到达最低点时开始第1圈旋转。此时，两腿弯曲，上体保持与地面垂直，身体重心较低，左脚以脚跟为轴，前脚掌积极向左后方转动，并逐渐伸直左腿。右脚跟以前脚掌支撑地面，脚跟外转，使两脚的动作协调配合推动身体向左移动。在双脚支撑转动阶段，肩部放松，两臂伸直以身体转动带着链球向高点运行，左脚有力地支撑转动，背及臀部稍向后。当身体向左转至90° 时进入单脚支撑旋转阶段。此时右脚离地，膝关节弯曲，围绕左腿转动，转动时右腿要尽量靠近左腿，以加快下肢的转动速度。链球到达高点后，左脚由外侧支撑转动转为前脚掌支撑，继续转动。随着右腿绕左腿转动和髋部的积极内转，髋轴和肩轴之间形成一定的夹角，形成身体的扭紧状态，这对加大链球的转动速度起着重要作用。右脚转动1圈后，积极下压，落地后结束第1圈旋转，开始第2圈的双支撑转动。第2、第3圈的旋转动作基本相同，但是由于链球的速度不断加快，躯干动作应根据旋转速度的加大而向链球相反方向更加倾斜，身体重心降低，在离心力增加的情况下维持身体平衡。4圈旋转技术与3圈旋转技术的不同之处在于，4圈旋转的第1圈是以左脚前脚掌支撑原地旋转1圈，以后各圈旋转则同3圈旋转技术一致。

要求：①在每圈的旋转中，投掷者应保持低姿势(腿和髋)，尽可能地加速双腿和髋部旋转，使之领先于躯干和链球。投掷者脚步旋转和着地越快，链球在高点和低点的运动中获得加速度越大。尤其第1圈旋转是旋转技术的基础，掌握好了才能顺利地过渡到以后各圈的旋转中，因此对在左脚的转动和右脚的落地技术(器械平摆，躯干伸直，髋部挺出，人跟随球转，右脚要快起动，快落地)显得尤为重要。实质上，投掷者是拖着链球在3～4圈旋转，并尽力使其越转越快。每圈旋转中，链球运动轨迹的高点被逐步提升到最后的出手角度。② 当链球球体绕身体越转越快时，它向外的拉力也逐渐增加。投掷者屈腿后坐以对抗这种压力。投掷者的双臂充分伸展，使其在保持平衡的同时也可保持链球至旋转轴的最大旋转半径。链球距离身体的旋转半径越大，身体的旋转速度越快，则链球获得的速度也越快，伴随着理想的投掷角度，可以将链球投掷出较长的距离。③头部要保持自然位置，防止过分转动。注意在旋转中定向，寻找方向、方位、器械和空间的良好感觉。④要保持以左脚为支撑点的稳定而垂直的旋转轴，使人和器械融为一体旋转，以移动身体重心来对抗离心力，加大旋转半径，加快链球运动速度。⑤旋转与旋转的衔接、旋转与最后用力的衔接要连贯，形成动作的整体性，使旋转有明显的加速节奏。

（四）最后用力

最后用力是最重要的技术组成部分，它直接关系到器械的出手速度、出手角度和出手高度。它是在第3圈或第4圈旋转结束，右脚落地瞬间开始的，此时，运动员下肢动作充分超越上肢和链球，髋轴与肩轴达到最大扭转程度，两臂充分伸直，链球在身体的右后上方，两膝弯曲，身体重心较低。由于最后1圈旋转速度较大，链球高度下行，当链球到达身体右前方时，弯曲的双膝开始蹬伸，身体重心左移并升高，链球沿身体左侧弧线上行。接着，左腿做强有力的支撑，右脚左转蹬送。右髋左转，躯干挺身，左肩左转，头自然后仰，链球快速运行，上升到左肩高度时，双手挥动将球沿运动的切线方向和理想的角度掷出。最后用力属于旋转的延伸和继续，要以最大的转动半径和角度来完成它。链球出手后，为维持身体平衡和防止犯规，要转体换腿，降低身体重心，以保证投掷成功。在第3（或第4）圈旋转结束后脚着地后，投掷者通过挺胸、蹬腿和背弓等爆发式用力来伸展身体，向上方旋转牵拉链球。在链球从体前向弧线低点运动过程中，投掷者发力掷链球。当投掷者身体充分伸展，左肩转向投掷方向时，将链球掷出。

要求：①投掷开始动作要慢；预摆、旋转、最后用力要逐渐加速，要连贯。②最后用力出手时要尽力蹬腿、拔背，朝投掷方向上方螺旋运动，头部向后仰，在左肩上方投掷链球。

（五）缓冲

链球出手后，投掷者应注意保持停留在圈内，不要踏上边的圈缘或圈外的地面，以免造成犯规。此时投掷者右脚应继续旋转，随后左脚在圈后部着地。投掷者也可用双腿弯曲降低重心，使身体向后远离圈的边缘。

要求：①完成最后用力，掷出链球，然后有意识将左腿从投掷圈内缘撤回。②弯曲右腿，后降身体重心。③不要在链球出手之前做屈腿后降身体重心的动作。

二、特性篇

任何项目都需要掌握其项目的技术特性，链球项目是较为复杂的技术型投掷类项目，要求具备很高的综合素质，如果对技术的理解和运用不成熟，那么再刻苦训练都像井底之蛙，纵使跳得再高，也只有巴掌大点儿的地方供你发挥。技术是决定因素，是训练的导向。首先，必须建立良好的训练模式，要深刻理解技术的形成原理，用理论来理解技术特点。链球技术是由四个技术环节组成的：旋转半径、旋转轴、旋转节奏和最后用力。这四点构成了链球技术的基本特点。我们在训练过程中必须紧紧围绕着这四个技术环节来制订行之有效的训练方法和手段，现代青少年运动员训练的重点，首先是建立高水平的技术动力定型，体重和力量尽管在链球投掷里不是绝对因素，但仍然占有一定的位置，我们衡量青少年运动员是否能够达到高水平乃至世界水平，这些已不是唯一的依据了，只有建立良好的技术模式和高水平的技术动力定型，才能够逐渐接近这一目标。

（一）旋转能力是关键

链球投掷与其他投掷项目有很大的不同，在发展运动员旋转能力时要格外慎重。在运动员机能状况最佳的状态下，给予该能力发展的最佳负荷，将会起到事半功倍的效果。发展旋转能力的手段包括：持不同器械的旋转及旋转投练习，持壶铃、铁锤等短器械进行短程旋转投练习，每天要专门安排一部分时间来进行徒手或持轻器械的模仿旋转练习，要长期坚持、精雕细琢。

（二）速度是核心

我国链球运动员大多体型较胖，技术虽各有特点，但也有相同之处，那就是旋转速度都比国外选手要慢半拍甚至一拍。随着这几年国际赛事的增多，在国际赛场上我们经常能看到国外的链球运动员拥有看似不像投掷运动员的体型，但却具备相当高的水平和超快的旋转速度。这一现象应该使我们对选材有新的理解和认识，在专项速度的发展中，应及时培养运动员的心理意识，在完成技术与投掷的过程中要刻意去强调以速度为核心的意识。对青少年运动员来说，在早期的训练中如果能增强他们对速度的认知和意识，对后期的发展是非常有力的保障。

（三）力量是保障

力量训练对于一名投掷运动员来说也是极为重要的。完成整个投掷过程需具备良好的身体素质，充足的身体力量可以增加旋转的稳定性，合理地运用力量也可以提高最后用力的攻击性，但怎么去发展能够为专项服务的有效力量素质是我们要认真研究和琢磨的。我们要抛掉只练大力量和杠铃力量的传统观念，要将力量练习与专项练习合理有效地结合起来，发展力量的同时可以提高专项能力，力量的提高完全为专项服务。只要认真琢磨，细心设计，搞清了力量训练的目的，也就不难发现把力量训练与专项结合在一起的练习手段真的有很多。

三、结束篇

在青少年运动员链球训练中，找到培养运动员的标准、规范的技术模式，把握关键，及时有效地发展运动员的旋转能力，认清核心，抓住重点，下足功夫去提高与激发运动员的速度意识，做好保障，准确、灵活地发展运动员的一般及专项力量素质，有效地为专项服务。

参考文献

[1] 文超. 中国田径运动百年[M]. 北京：人民体育出版社，2006.

[2] 孙南，马元康. 田径运动技术英汉双语教程[M]. 北京：北京体育大学，2009.

[3] 欧喜元. 青少年女子链球训练若干问题探讨[J]. 田径，2012（5）：8-10.

浅谈射击项目训练、比赛心理疲劳与心理训练的方法

重庆市射击运动学校　付娟

随着射击运动员竞技水平的不断提高，运动员之间的成绩差距日益缩小。在身体、技术训练水平实力相当时，运动员的心理因素往往对比赛的胜负起着决定性的作用。有研究表明，影响低级、中级运动员技能的因素中，心理因素占20%，生物力学因素占80%；而优秀运动员正好相反，心理因素占80%，生物力学因素占20%。因此，高水平训练非常注重运动员心理品质的培养，心理训练成为现代运动训练的重要组成部分。

在射击运动竞赛中，运动员承受着巨大的精神和心理压力，射击运动要求运动员具有精确的运动感知和清晰的运动表象能力，能克服和控制比赛中千变万化的情感体验，因而会消耗巨大的心理能量。针对性的心理训练有利于运动员保持良好的心理状态投入训练和比赛。

一、射击训练、比赛中的心理疲劳问题

运动性疲劳是长期大运动量、大强度训练的必然产物，是运动员超量恢复的前提条件。但是不同运动项目，其疲劳产生的种类不一样，其消除方式也不一样。

（一）疲劳产生的种类

体能、力量类运动项目（如田径、举重等）的能量消耗主要体现为生理能量的消耗，如糖、蛋白质、维生素、无机盐的大量耗损等。因此，此类项目运动员

的疲劳主要表现为生理疲劳，其超量恢复更多体现为血糖储备水平更高，心肺等身体机能及肌肉运动能力的增强。而射击项目，运动员在训练和比赛过程中的心理活动十分频繁。同时需要运动员不断对外来信息进行及时内化处理等，所有这些活动都需要大脑皮层的参与，这主要表现为：

（1）注意力的高度集中会消耗运动员大量的心理能量，造成心理疲劳。

（2）随着训练的进行，正确或错误的动作信息及不精细的本体感觉信息大量传入大脑皮层的躯体运动中枢和感觉中枢。因为大脑并不只接受一些正确的动作、感觉信息，错误的信息也同样接纳，虽然这些错误或不准确信息只占少数，但对大脑皮层的刺激却很深刻。特别是在比赛中，过度紧张、兴奋或缺少兴奋度造成的好或不好的结果，错乱交杂，这时大脑不能在短时间内做出准确的分析判断，大脑皮层的工作能力随之下降。因此，射击运动员的疲劳更多体现为中枢神经系统疲劳。

（二）对心理疲劳的认知

运动性疲劳是长期大运动量、大强度训练的产物，但人们有时把更多的注意力集中在大运动量和大强度上，认为这是疲劳产生的最重要原因，而且往往认为这是唯一因素，而忽略了“长期”这最关键的两个字。如果在长时间训练过程中训练手段单一，运动员对训练的兴奋性水平及训练兴趣便会降低，这是射击运动员产生心理疲劳的另一个因素。所以说大运动量与大强度训练、训练手段与方法单一等原因是射击运动员中枢神经系统疲劳的两大主要因素。因此在训练中变换训练手段，融入趣味性、多样性的奖罚练习非常必要。

（三）关于消除心理疲劳的方法

没有疲劳的消除就没有射击运动员的超量恢复（包括心理能量的超量恢复和生理能量的超量恢复），这直接影响射击运动员的训练效果及训练水平的提升。美国职业篮球联赛医疗机构认为中枢疲劳是运动员比赛灾难性发挥的起点。如何消除射击运动员的心理疲劳？首先要分析射击运动员各方面疲劳的消除方式。

1. 能量消耗分类

（1）心理能量的消耗：主要表现为心理活动的强度，如注意力集中水平、紧张水平、焦虑水平、动机强度等。心理能量消耗过大，直接表现为射击运动员的注意力水平下降、兴奋性水平降低、本体感觉不再敏锐、反应迟缓等。

（2）生理能量的消耗：射击是一项耐力性运动项目，生理能量的消耗主要表现为糖原的消耗，其次表现为无机盐、构建中枢神经系统的优质蛋白质、维生素的消耗等。

2. 心理疲劳消除方式

（1）良好的睡眠，这是一种积极的休息方式。

（2）饥饿疗法，其原理是借鉴体能项目中的“糖原填充法”，即在大运动量、大强度训练后，射击运动员立即进入空枪或无器械状态（无器械状态最好），不让或尽量少让有关射击动作、感觉的信息刺激大脑，让大脑自动对动作细节或动作感觉进行分析、整合，保留正确信息，从而使动作记忆、本体感觉逐步恢复与加强。在大赛前，运动员的调整处在一个相对重要的位置。

（3）营养（不含兴奋剂）。缓解运动员心理疲劳除了训练调整外，特殊营养品的补充也是一种手段，有助于运动员睡眠和提高赛前、训练前兴奋水平。

（4）加强体能训练，增强体能储备。人的生理活动和心理活动是紧密联系的，良好的体能可以保证运动员进行较长时间的高强度心理活动。

二、 射击运动员的心理训练方法

（一）放松训练法

放松训练是以一定的暗示语集中注意，调节呼吸，使肌肉得到充分放松，从而调节中枢神经系统的兴奋性的过程。放松训练的直接目的是使肌肉放松，最终目的是使整个机体活动水平降低，达到心理上的放松，从而使机体保持内环境的平衡与稳定。放松训练的种类很多，其中主要包括腹式呼吸、催眠放松、瑜伽放松、想象放松等。放松训练能降低中枢神经系统的兴奋性；降低由情绪紧张而产生的过多能量消耗，使身心得到适当休息并加速疲劳的恢复。全身各部位肌肉放松，中枢神经系统处于适宜的兴奋状态，注意力高度集中是许多心理调整练习的基础，这种放松状态是放松训练主要的和直接的目的。

初次参加实弹射击的人，一般都会表现出情绪紧张和惶恐、焦虑和不安。语言上的安抚，射击动作的示范，亲身感受枪声和枪感，都有助于建立感性印象。在射击过程中，首先不要追求射击速度，而应把主要精力放在瞄准基线上，注意击发动作平稳。另外，做深呼吸，可以使肌肉放松，情绪放松。

（二）表象训练法

表象训练法指感知过的事物不在面前时，有意识地、积极主动地利用自己头脑中已形成的表象进行训练的方法。不做肢体动作，而是在头脑中详细描绘动作的全部过程或部分动作的细节。有时其也是唤起在实战中或训练条件下的感觉的一种训练方法。

（三）注意力集中训练

注意力集中是坚持全神贯注于一个确定目标，不为其他内外刺激的干扰而分心的能力。这种能力一般包括四个方面：意愿的强度、意愿的延长、注意力集中的强度和注意力集中的延长。运动员注意力的集中是非常重要的，在射击项目中，注意力稍有分散就会降低动作的成功率。

射击运动员如果能把注意力集中到动作上，就能对其他事物视而不见、听而不闻；反之，如果不能及时排除外界因素及自身杂念的干扰，就会分散对射击动作的注意力。要想长时间将注意力集中在动作上，或者在注意力已经分散的情况下重新集中于动作上，需要进行自我心理调适。方法有以下几种：①利用视觉来集中注意力；②利用听觉来集中注意力；③利用呼吸来集中注意力；④利用干扰条件来集中注意力；⑤利用意念（语言）来集中注意力。

（四）自我暗示训练法

举枪、瞄准、击发是相互联系、相互影响的动作，三者中任何一个动作出现偏差，都会影响射击的精确度。在射击中，击发动作是这三者中的关键环节，造成击发动作偏差的主要根源是情绪急躁。如正确瞄准之后，苛求瞄准点、急于击发、猛扣扳机等。自我暗示训练就是通过多次重复词句、口诀或专业术语来对自己的心理施加影响，从而调整自己的心境、情绪，如“我非常镇定”“我一定能打好”“我很安静”“我很舒服”等，增强自己的信心，能使右手食指动作自然，做到“有意扣，无意响”。

（五）抗干扰训练法

抗干扰能力与射击成绩有着密切的关系，抗干扰能力越强，外因的影响就会越小。抗干扰能力除了在技术和身体素质训练中自然形成以外，还必须有意识地专门训练和培养。当外界因素变化产生干扰时，首先人要静，使脑波平缓，心率降低，进入沉静状态。同时用积极的鼓励性语言（如“我喜欢在音乐中射击”）来增强自信心，使思维集中在想象动作上。可在实弹射击训练中，或在激光模拟系统训练中，采用放录音的形式，模拟一些闹市区噪声、人员杂闹声、喊叫声和车辆发动机噪声来干扰运动员，以培养抗干扰能力。

三、小结

为射击项目运动员服务的心理医生不一定熟悉该运动员所从事的项目特点和规律，而最熟悉这些的是教练员。因此，教练员要加强学习，不断充实和提高自己的专业知识水平，做自己运动员的心理医生，在日常的训练中有意识地采取一些简单实用并且行之有效的方法、手段，培养运动员的心理素质，随时随地掌控运动员的心理变化，有效地防止心理疲劳。

参考文献

[1]刘淑慧. 刘淑慧文集：射击比赛心理研究与应用[M]. 北京：北京体育大学出版社，2006.

青少年速度滑冰耐力训练的研究

吉林省体育运动学校　李志坤

良好的体能训练是青少年速滑运动员提升能力和水平的重要手段。特别是耐力方面的训练，是提升青少年速滑运动员素质的关键内容，对他们技术水平的提升发挥着重要的作用。运动的水平和运动员的耐力素质情况成正比。所以怎样有效对青少年速滑运动员进行耐力训练是教练员需要关注的问题。

一、青少年速度滑冰有氧耐力训练的重要性研究

（一）有氧耐力训练可以提升速度滑冰运动员的无氧耐力水平

有氧耐力训练的水平和发展情况对无氧耐力的发展起着关键作用。有氧耐力的提升可以推动人体的氧化过程，延缓乳酸的出现，而且可以有效降低乳酸浓度，使肌糖原的储备量得到有效提升，糖酵解的水平得到提升，进而使无氧代谢的能力得到提升，最终达到延缓疲劳的效果。

（二）有氧耐力水平是速度滑冰技术提升的前提

速度滑冰项目具有较强的技术性。青少年速滑运动员的冰感对其成绩有着非常关键的影响。而冰感主要是靠大量的冰上慢滑训练而逐渐培养的，慢滑训练就需要青少年具备良好的有氧耐力。较高的有氧耐力水平能够使速滑运动员在比赛过程中保持正确的技术。如果只是关注运动员的速度训练，很容易在滑跑过程中出现技术动作不规范的情况，影响成绩。而慢速滑行可以有效提高运动员的技术能力，因

此慢滑是完善运动员技术的重要方式，而体能和技术结合在一起的训练是重要的训练手段，保持正确的速滑技术的前提是运动员具备较强的有氧耐力。

（三）速度滑冰训练需要科学的有氧训练

在速度滑冰的比赛过程中，主要是以无氧代谢为主，要根据青少年运动员各自的身体素质情况，明确其有氧耐力和无氧耐力训练的比重，根据需要安排各自适合的耐力素质训练，选出最具有针对性的训练方法与手段。通过这种方法使青少年速度滑冰运动员的有氧耐力素质与无氧耐力素质得到有效提升，达到比赛的相关要求，并且逐渐转变成实际比赛能力的提升。现阶段，在我国的速度滑冰训练过程中，低强度的有氧训练所占的比重比较大。在进行训练时，部分中高强度、具有间歇性特点的混氧训练与无氧训练没有被关注。提升速滑运动员的有氧代谢水平，需要有比较准确、适宜的强度。速度滑冰需要较高的有氧耐力水平和无氧耐力水平，需要在训练过程中合理进行有氧训练和无氧训练，通过这种方式来推动运动员运动水平的提升。

二、青少年速滑有氧耐力训练存在的误区

首先，过于关注训练量。在原来的速滑训练思想中，有着训练过程越苦，训练的效果越好的不正确的观念。教练员一般沿用原有的训练方法和手段，使运动员不分时间和地点盲目地加强各项训练，设置较多的训练内容，并且在训练过程中也没有安排足够的休息时间，最终导致运动员在训练结束后，肌肉非常疲乏。这种训练的方法和手段具有很强的盲目性，虽然通过这样的训练，很多运动员在最初阶段都取得了比较理想的成绩，然而久而久之，运动员的受伤概率逐渐增加，成绩下降比较明显，导致运动生涯过早结束。其次，训练强度不切实际。由于20世纪速滑训练的重点是强度训练，其在训练总量中所占的比例增加。很多相关人员没有重视专业技术人员的要求，使训练的强度不断增大，而青少年速滑运动员由于在训练过程中存在互相比较的心理，盲目提升训练量，造成有氧训练变成无氧训练，训练的效果得不到保证。有氧耐力训练需要在科学的基础上进行，防止上文提到的情况出现，还要根据科学、合理的训练理念和训练手段来逐渐提

升有氧耐力训练的水平和效果。

三、青少年速度滑冰有氧耐力训练手段

（一）训练方法多样化

无论哪一种训练方法都不能过度使用，否则很容易导致运动员出现疲劳问题。在进行速滑的有氧耐力训练时，可以把各个适合的训练手段结合起来科学使用，这样做一方面可以使运动员积极参加训练，另一方面还可以保证训练取得良好的效果。

首先是高原训练。高原训练可以将运动员生理氧分降低，肺通气量增加，心输出量和心率增加。使用这种训练方法能够有效提升运动员心血管系统的机能和呼吸系统的机能，使运动员的有氧代谢的水平得到逐渐提升。

其次是间歇训练。间歇训练作为有氧耐力训练的关键手段得到了广泛的使用。在实施间歇训练过程中，需要有效控制练习的强度，即心率在150次/分左右，且训练的时间超过1分钟。之后进行短暂休息，当心率处于120～140次/分时，再开始进行下一组的训练。通过这样的重复训练，逐渐提升运动员的有氧耐力和无氧耐力。

再次是超量比赛。这种训练主要是以比赛的形式进行的，并对比赛的时间进行合理延长。这种方式可以逐渐提升运动员的有氧耐力和速滑的技巧及其战术能力。但是这种手段的使用要适量，控制在合理的范围内。

最后是速度游戏。速度游戏是在连续跑和断续跑的基础上进行的。可以在长度为5000米左右的室外小道来实施，时间要保证超过30分钟。在实施过程中，间歇跑的长度要按照实际情况来设置，达到的目标也要根据运动员的实际情况来设置，以使运动员的有氧耐力得到科学提升。

（二）将有氧训练和专项训练联系起来

速滑的训练场所一般都是室内的冰场。按照现阶段的条件，教练员能够对全年的训练进行有效的规划，比如冰上的技巧和战术等训练的项目和内容。另外，还要对速滑相关的专项肌群力量进行针对性的训练，包括滑行和滑跑以及屈走等

模仿动作，还有滑板、训练台和阻力自行车等，这些相关的器材都是为了保证专项肌群的力量训练而专门设置的。因此，在训练的过程中可以把专向训练与有氧训练结合起来，使得有氧训练可以贯穿专项训练，在控制训练强度的基础上使训练方式多样化，以保证训练达到理想的效果。

（三）训练的安排要因材施教

在进行训练安排时，训练量和训练强度要根据各个运动员的身体素质和各个方面的条件不断变化，保证因材施教，使得不同的训练可以科学搭配，这样才能保证训练的效果，让运动员可以掌握训练的节奏。训练计划中要包括恢复性训练，通过恢复性训练可以使运动员得到科学的休息，这是保证训练效果和稳定运动员情绪的重要手段。恢复性训练既是运动员进行训练的前提，也是运动员训练效果的保证。所以在规划和安排训练课程时，需要明确恢复训练和其他训练之间的关系。按照青少年运动员的接受水平和完成能力及其恢复水平，科学安排负荷量。在训练过程中做好上面几点，才可能保证有氧耐力训练的效果，逐渐提升运动员的耐力水平，提升运动水平。

四、总结

青少年速滑耐力训练的方法和手段是多种多样的，教练员要根据青少年运动员的身体素质和各方面情况对他们进行针对性的训练，保证因材施教，避免训练方式趋于统一化，抑制运动员优势的发挥。要根据青少年各自的特点和优势来实施耐力训练，在实践中建立科学的训练制度与体系，有效提高运动成绩。

参考文献

[1]李旭. 短距离速度滑冰有氧耐力训练重要性的分析[J].高师理科学刊，2012（3）：78–80.

[2]霍彬. 吉林省速度滑冰运动员下肢核心力量和耐力的体能训练研究[J]. 当代体育科技，2015，5（33）：62–63.

[3]李宇，马海燕. 速度滑冰运动员速度耐力训练方法的研究——常压低氧环境[J]. 现代交际，2016（20）：247–248.

体育改革为赛艇带来了什么？我该怎么做？

广东省青少年竞技体育学校　刘美玲

如果说2015年是“体育大年”“产业元年”“路跑热年”，2016年就是典型的“奥运年”，2016年我们为中国女排荡气回肠的胜利而感到骄傲。2017年是中国的“全运年”，也是中国体育的改革之年。

如何充分尊重竞技人才成长规律和运动规律，如何给运动员、教练员提供足够的保障机制、激励机制，都是竞技体育改革的重要方面。

赛艇项目也迎来了有史以来的大改革。首先从奥运会的设项开始，赛艇的比赛项目和竞赛规则多年都是非常稳定的，很少变动。然而国际赛艇联合会从2017年的世界锦标赛开始，更改了几个比赛项目，增加了女子公开级四人单桨的比赛项目，减少了男子轻量级四人单桨和男子单人双桨的项目。在本来就不多的轻量级项目里再减少比赛项目，对于轻量级运动员来说竞争更激烈了。

截至目前，中国赛艇运动员在世界比赛获得好成绩的多是女子项目，男子项目在世界大赛中表现较弱。中国女子赛艇运动员曾多次获得奥运会和世锦赛的银牌、铜牌。2008年北京奥运会，中国女子四人双桨获得金牌，但之后的两届奥运会都没能夺得金牌。

所以，赛艇的改革是势在必行的。对中国体育人来说，要舍弃自己几十年一贯的思维运行模式，会很痛苦、很艰难，但长痛不如短痛，改革是唯一的出路。

遥望2020东京奥运会，国家赛艇队集训已经开始。2017年9月18日，中国赛艇队在北京正式集结，本次集训，除去正在美国参加世界锦标赛的50名运动员和10多名教练员外，还有来自全国20多个省（自治区、直辖市）的150余名运动员参与。在集训组织安排上，中国赛艇协会遵照国家体育总局领导提出了两大方针，即跨项目二次选材和 “大个子选材计划”，在执行中恶补短板、狠抓体能要求。集训开始就配备了强大的体能教练员团队，无论是其专业水平，还是人员数量，都是空前的，这是一种创新的实践探索。

赛艇的改革带来的直接影响是需要更多大个子运动员。全国上下都在寻找大个子运动员，甚至有些队伍定出集训要求，轻量级男生身高180厘米以上，公开级190厘米以上；轻量级女生身高170厘米，公开级180厘米。把达不到条件的人直接刷掉。

然而，在广东地区找到大个子运动员很难，少部分大个子运动员都已经被热门的大众项目，如篮球、排球、水球等项目选中，外省人才引进也已经举步维艰。改革前，轻量级的比赛项目较多，南方人在轻量级的比赛中占有绝对优势，尤其是广东女子轻量级运动员，多年以来都是包揽所有全国比赛的冠军。但是改革后，形势不利。作为广东的教练员，我们应该怎么应对？

我作为广东省体校的赛艇教练员，首要工作是选好材，打好基础，为专业队和业余队做好承上启下的工作，为广东省赛艇一线队伍输送更多优秀的苗子。然而，在广东大个子人才匮乏的条件下，我应该怎么做呢？

一、跨项目二次选材，高效训练，不浪费任何一个大个子人才

良好的选材，是成绩提高的基础。积极响应国家队的号召，跨项二次选材，执行“大个子选材计划”，挑选与项目冠军的形态、机能相似和接近的运动员，充分利用广东省体校的资源条件，与篮球、排球、游泳、田径等项目资源共享，从中选出更适合赛艇项目的运动员。

二、针对大个子运动员的功能训练

赛艇运动员四肢修长、个子高，身材特征明显，灵活性及协调性较差，所以要特别注重功能训练。训练中要注意提高运动员的灵活性及协调性，可增加以敏捷

梯、标志桶为辅助的灵活性训练。随着运动员能力的提升，训练难度可不断增加，由单纯的下肢运动转变为上下肢协调运动，再转变为四肢和大脑的协同工作。

三、无法满足大个子选材条件时，如何高质量地培养人才

（1）根据项目规律提高训练质量。

（2）科学规划，系统设计。运动成绩的提高是一项系统的复杂工程，要根据训练对象因材施教，扬长补短，逐渐提高运动成绩。

（3）要将有氧能力和专项技术视为基础工程，抓质量，抓效益。

（4）做好伤病预防，健康是成绩提高的保障。要将积极性恢复、能量补充、体能训练与康复训练有机地融入训练计划。保证运动员能够系统完成训练安排，实现由量变到质变。

四、狠抓体能训练与技术训练的统一

（1）合理规范专项技术。赛艇没有建立国家项目发展体系，各市在训练上百花齐放，加上各地、市、区都有各级的任务，存在拔苗助长的情况，运动员技术粗糙。即使将全省最好的运动员集中在一起，也会发现很多运动员的上升通道已经关闭，能力难以进一步提高，再加上行业缺乏统一的技术规范，教练员对赛艇技术的理解不一，运动员进入省体校后，在技术表现上流派众多。所以需要统一规范技术风格，为输送到一线队伍打基础。

（2）重视主体训练质量。不盲目追求大负荷训练，同时重视准备活动和课后恢复的质量，避免青少年运动员出现伤病情况。

（3）赛练结合，落实从实战出发的理论实质。

五、主要问题和解决措施

我对体能训练方法的掌握不够，非常渴望有这方面的学习机会。目前的解决办法是加强与各项目教练员的沟通、交流、学习，取长补短，不断丰富自己的执

教能力。

新的思路、新的理念、新的方法，不断的突破和改革给赛艇人带来了更多的挑战，也创造了新的机遇。只有锲而不舍，勤于思辨，不断努力，才能抓住机遇，战胜困难，挑战、攀登新的高峰。

青少年体育教育之心得体会

河南省体育运动学校　刘志国

青少年科学训练必须以遵循规律为基础，根据青少年实际情况和训练水平进行合理指导。首先，要对从事不同运动项目的运动员进行项目认知、认同、认可教育，严格按照青少年生理、心理发展、发育规律进行系统性训练，兴趣爱好、投入、坚持、努力这几个阶段性教育的引导不可或缺。

由于青少年生理、心理正处在发育敏感期，注意力和认知能力不足，叛逆性格明显。鉴于以上特殊情况，要想进行科学的项目训练，除科学跟踪监控、丰富教练员经验及提高洞察力以外，我认为体育的教育功能尤为重要。体育是通过身体活动的方式进行的，这是体育最本质的特点之一。体育教育，可通过体育课教学内容的编排和组织，对学生进行集体主义、勇敢顽强、吃苦耐劳、拼搏进取等良好品德的教育。另外，严格的纪律和严密的组织，有利于提高学生对自己行为的责任感，培养学生正确处理个人与集体、个性与共性的关系，形成团结互助、自觉遵守纪律、关心别人的良好品德。而体育锻炼能促进大脑发育，改善身体机能，为人们从事智力活动打下良好的物质基础。同时，体育锻炼还可以促进人的观察力、记忆力、想象力等智力因素的发展。青少年在成长发育的这一阶段，对任何未知事物都充满了好奇，但缺乏自控能力，教育引导方向不对就谈不上科学训练，其后果不堪设想，所以体育教育是支撑体育科学训练的重要基础。

体育活动，特别是在对抗的竞赛中，个人之间、集体之间发生着频繁而激烈的思想和行动上的交锋，会不时地出现对参加者思想品德的严峻考验。如长跑，到了“极点”时，是坚持下去，还是半途而废；对方侵人犯规时，是毫不计较，还是“以牙还牙”；集体配合不够默契导致比赛失利时，是互相鼓励，还是互相抱怨；裁判员误判时，是大方宽容，还是“斤斤计较”；比赛节节胜利时，是谨慎从事，还是骄横自大。经受了这些考验，才能培养出以大局为重并善于处理人际关系的人才。

体育教育就是育心、育体、塑人，体育教育的重点在于留给青少年的自然流畅之感，即在师生的人格感染中、心灵的碰撞中、理性的倾听中、真诚的激励中，润物无声地完成了体育教育的使命。体育能给学生带来精神上的满足和感情上的愉悦，激发学生锻炼身体与发展才能的积极性，培养敢于争光、力争第一的竞争意识，以适应未来社会的竞争要求。个人心得分为以下九点阐述。

一、垂范（自省）

古人云：“其身正，不令而行。”青少年善于模仿，教育者的行为成为楷模，自然就会产生巨大的教育力量。一个人来到世间，很多东西都是在后天形成的，受周围环境的影响。就像走路一样，发现走的路线不对，就及时调整到对的轨道上去，久而久之，一条小路便踩出来了。垂范是“润物细无声”的潜移默化的影响，身教是“不教而教”的首要方法。

二、倾听（耐心）

学会倾听，是对别人最好的尊敬，专心地听别人讲话，是你所能给予别人的最有效，也是最好的赞美。教育者虚心、认真听取教育对象的倾诉，能使对方在宣泄中实现自我心理调节。我们不但要学会用耳朵倾听，还要学会用心去倾听。当人产生心理冲突时，自然的需求就是找人诉说，教育者要善听，表示理解，做一个有耐心的听众，并且把你对教育对象的尊重和诚意表现在脸上，从他们的言语中了解他们内心的意图，然后因势利导，让教育对象自己得出正确结论。

三、激励（技巧）

体育训练很多项目都是一些枯燥乏味的重复练习，学生思想上不积极，怕吃苦受累，训练的积极性自然不高，也就达不到预期的训练目标。为提高训练的积极性，激励就不可缺少，激励能激发人的行为，教育者通过语言或者文字等手段，含蓄地、寓意深长地触动教育对象的心灵，调动他们的积极性、创造性地开发潜能，让他们产生超越自我和他人的欲望，并将潜在的巨大的内驱力释放出来。激励源于信任、源于尊重，出乎意料的处理，往往能够使教育对象的心灵受到震撼。

四、体验（我行、我能）

通过创设情景，引导教育对象在亲身经历中实现情感体验，获得真切的感悟，认识事物的本质和规律。体验到的东西使我们感到真实，并在记忆中留下深刻印象，没有体验就没有完成教育过程，体验成功是培植自信的有效途径。一种亲身体验也可以被称为是一种个性思想、语言和行为共同组合而成的自我意识经验。鲁迅在《花边文学·看书琐记》中写道：“文学虽然有普遍性，但因读者的体验的不同而有变化，读者倘没有类似的体验，它也就失去了效力。”由此可见，体验能让人发挥自身的潜能，实现自我飞跃。

五、对比（方法）

要使教育对象在事件或情感对比中找到差距，心灵受到震撼而猛醒、顿悟、开悟，没有比较就没有认识，把在感觉特征或寓意上相反的事物组合在一起，形成对照，把好与坏、善与恶、美与丑这样的对立揭示出来，给人们以深刻的印象和启示，反差越大，印象越深，在反差中发现道德境界的高低，自然会产生羞愧、自责，从而获得认识的飞跃、精神的升华。

六、迂回（智慧）

对青少年的教育不能采取就事论事的直接说教，而是要通过心理暗示、启发、联想等手段，使其认识到事物的本质及规律，去领悟生活、学习、训练的真谛。

七、空白（空间）

摒弃包办代替，给青少年留有创造的空间和时间，调动其积极性，不能培养一个模式的学生，要让学生根据自己的特点个性，发挥专长，共性和个性有效结合在一起。为了取得教育的时效，往往需要等待，耐心是伟大的老师。

八、宽容（包容）

对青少年所犯错误、过失及不良行为习惯，要给予充分的理解，使其在意想不到的宽厚态度和宽松环境中自省。兴趣是最好的老师，要培养学生的兴趣，教育的本质是不用教，教育者的宽容使受教育者知错、懂做，这才是真正的教育。“宽容”这两个字，博大精深，它囊括了崇高的精神境界、良好的心理素质和大度豁达的胸怀，需要我们教育者耐心品味。

九、习惯（素养）

良好的习惯是我们走向成功的巨大力量，成功与失败的最大区别来自不同的习惯。就跆拳道而言，在道馆里最受尊重的人有：拼命流汗的胖子；走上赛场的女孩；坚持训练的幼儿；即使力竭也不放弃，坚持把动作做完的人及声音洪亮的人；用完靶具放回原处的人；礼貌地向教练员咨询动作技巧的人；训练从不乱佩戴别人的护具，每次训练都穿干净正规道服的人；练得很好也不嘲笑新手的人；实战中占据上风懂得谦让鼓励对手的人；喝完水，把瓶子带出训练场的人。正是这些好的习惯（素养），才使他们在赛场上一展风采，获得掌声和鲜花。习惯是人生中的一柄双刃剑，用得好，它会帮助我们轻松地获得快乐与成功；用得不好，它会使我们的一切努力都变得很费劲，甚至能毁掉我们的一生。因此好的习惯可以成就人生，我们要注重习惯的培养，好的习惯不但需要耐心发动，逐渐加速，而且需要约束自己，如果偶有偏离，要及时调整。

体育教育能克服某些不良行为习惯，使受教育者的性格开朗、活泼、乐观。运动还能培养孩子的毅力。幼小的孩子做一些动作要付出较大的努力，有时要克服各种困难，这就是很好的意志锻炼。运动后，孩子更有自信心和成功感。体育锻炼中的各种动作直接受神经系统的支配和调节。此外，体育能促进智力教育，人在活动时，肌肉中的神经可将各种刺激传到大脑，从而促进大脑的功能，使大脑的反应更加灵敏。虽然没有三尺讲台，有的却是十米道垫；没有豪语誓言，有的却是谆谆教诲。在拼图似的垫子上，用“育心”和“育体”两个音符演奏着教练员最阳光的情怀。

体育教育是一项系统工程，因材施教是要点，以上只是个人的浅薄看法，尚不够成熟，不足及错误之处敬请指正。

对四川省参加第十三届全运会艺术体操集体决赛的几点思考

成都体育学院　骆懿

一、第十三届全运会艺术体操集体项目比赛概述

（一）参赛队伍多，水平高

第十三届全运会艺术体操集体项目比赛于2017年8月20日在天津科技大学体育馆举行，四年一届的全运会是国内最高水平的赛事，也是全国各省（自治区、直辖市）之间最高水平的较量，是艺术体操最新规则导向和编排艺术理念在竞技场上的又一次展示。此次共有13支队伍参考集体项目的角逐，比赛最终由蝉联三届全运会冠军的辽宁队成功卫冕，银牌和铜牌分别由四川队和江苏队获得。

（二）“两新”使艺术体操面临新挑战

2017年是实施新规则、新项目的第一年，是本周期艺术体操竞赛的风向标。2017—2020版评分规则在2012—2016版评分规则的基础上做了大量的修改，裁判员的组别、人数都重新进行分配，有些裁判组可以交流，有些裁判组独立执裁。而身体难度、器械难度、舞步组合、结合旋转的动力性动作、交换、协作的评判方法、动作符号和动作分值等方面均与以往的内容不同。新规则在要求“难”和“严”的同时，也展现“宽”和“广”的特点，为教练员及运动员提供了更多的选择，使艺术体操成套动作编排有更广阔的创新发展空间。另外，集体项目中3

球2绳动作是近十几年来首次出现的新项目。绳属于软、细、长的器械，球属于偏软、小、圆的器械，在成套编排、器械运用及完成等方面都要符合规则的导向和要求。新项目的编排将受到新规则的评判，也是对各队编排实力的一次全新挑战。

（三）取消难度表格，考验裁判员的执裁能力

2017—2020版评分规则中规定，比赛时运动队不再向裁判员提交成套动作表格，需要裁判员根据评分规则和运动员现场表现给予评分。这不仅需要裁判员有较高的专业知识，对规则的运用与掌握烂熟于心，还需要裁判员有公正、公平的执裁态度。没有表格的限制，运动员的现场表现尤为重要，完成动作更需要准确无误，才能使裁判员在瞬间做出正确的评判。这对本周期执裁的裁判员和参赛的运动员都提出了更高的要求，教练员的执教能力也将受到考验。

二、四川省备战第十三届全运会艺术体操集体项目比赛概况

（一）精心备战，勇创佳绩

四川省艺术体操队从2015年开始组队备战，由于人员有限，刚开始的雏形不甚乐观，之后不断调整人员，补充有良好条件的新鲜血液，给参加过两届全运会又停训两年的老队员做工作，说服其再次回队效力，同时又补充国家队运动员入队，几番波折，于2016年10月定下最终参赛人员，组成较有竞争实力的一支队伍。四川省艺术体操队还聘请保加利亚专家来队进行第十三届全运会参赛成套动作的编排，编排完成后又邀请国内专家、教授给予指导、修改，最终的参赛成套动作得到了裁判员们的一致认可，这为取得优异成绩奠定了良好的基础。在参赛服装及妆容的选择、构图上，根据成套动作的风格、音乐的主题、运动员的特点进行精心设计，整体包装，使队伍成为赛场上的一道亮丽风景线。

（二）整合资源，全力保障

在成都体育学院校领导的积极奔走与协调下，结合高校优势，调动学校资

源，通力协助四川省艺术体操队完成第十三届全运会任务。医学院和附属医院的老师及学生们为运动员的伤病问题排忧解难；竞技体校田径队的老师结合艺术体操专项为运动员设计实用有效的体能训练，提高运动员的基本身体素质；心理教研室的教授和学生们为运动员调节心理状态，让运动员充满信心，勇敢走向赛场；训练场地无法满足队伍参加大赛的要求，学校马上协调综合馆让运动员训练；无论训练到多晚，学校食堂都保证运动员有营养可口的热菜热饭吃；学校办公室的老师们也是尽心尽力为队伍做好一切后勤保障。可谓是全校动员全力以赴为四川省艺术体操队保驾护航。

（三）艰苦训练，力求完美

艺术体操是一项集艺术、舞蹈、技巧、杂技、体操、音乐等项目为一体的运动，需要大量时间、数量的积累才能结出优美、漂亮的果实。教练员们成千上万次的指导，运动员们成百上千次的练习，累了休息一下又开始，渴了喝口水又上场，疼了缠上绷带继续练，每一个动作精益求精，小到一个伸手、抬头，大到一个整体画面，不仅要动作一致、节奏一致，眼神和情绪都要达到一致，每堂课不达要求不下课。由于这次参赛运动员较年轻，没有经历过大赛的洗礼，因此在训练中格外强调了心理素质的训练，在比赛中初见成效。这批运动员身材条件不算太好，偏胖，每天除了正课训练还要加练以减轻体重，在短短三个月的时间里减重最多的达14斤，最少的也减了10斤。通过大家的不懈努力，终于把最漂亮、最完美的一面展现在观众和裁判员们面前。每天十几个小时的训练，大家痛并快乐着。

三、四川省艺术体操队在参赛中存在的问题

（一）队伍年轻，经验不足

此次参赛的运动员中只有一名运动员是参加过全运会的老队员，其他运动员年龄较小。七岁的年龄差，使她们在配合中缺乏默契。较小的运动员心理承受力也相对差一些，经验不够丰富，在训练时进入状态就要慢一点，训练中在问题处理上也不及老运动员快。通过近两年的训练和比赛的锻炼，这些方面有了长足的进步，在全运会决赛中就体现出来，有一些小问题她们能很快并巧妙地解决，不

影响整体效果。

（二）艺术感染力强，完成质量有待完善

从下表中可以看出，5圈D组裁判分，四川队和第一名辽宁队的分数一样，而3球2绳得分相差0.8分。E组裁判分，四川队两套动作与第一名辽宁队的分差分别是0.9分和0.8分，相比D组裁判分的分差大了许多。E裁判组共由6名裁判员组成，其中E1、E2商议后评判艺术分，E3、E4、E5、E6独立评判完成分。由此可见，四川队与第一名辽宁队差距最大的是成套动作的完成，而且完成不好相应也会影响其他组别的得分。从现场表现来看，四川队成套动作的抛接准确性不够，动作欠整齐划一，难度动作的幅度不够，身体的力度欠佳，这些因素都是导致四川队在完成上无法获得高分的原因。在备战过程中，四川队请来舞蹈专家给予指导，使运动员在艺术表现力、对音乐的理解以及身体的控制方面有了长足的进步，在艺术表现力方面尤为突出。

第十三届全运会艺术体操集体项目前三名成绩

名次	单位	项目	D组裁判分	E组裁判分	得分	总分
1	辽宁队	5圈	10.00	8.40	18.40	36.70
		3球2绳	10.00	8.30	18.30	
2	四川队	5圈	10.00	7.50	17.50	34.20
		3球2绳	9.20	7.50	16.70	
3	江苏队	5圈	9.70	7.40	17.10	33.35
		3球2绳	9.20	7.05	16.25	

（三）个人综合能力有待加强

参加一次比赛就得到一次锻炼，运动员就是在锻炼中成长，在成长中进步的。四川队的运动员大多相对年轻，启蒙时间较晚，基础较弱，这就造成技术不全面。由于运动员技术水平有限，在成套动作的编排上就相对困难，只能选择一些较低难度和分值的动作，而高难度动作只能安排能力强、技术好的运动员承

担，这就造成个别运动员比赛中压力过大，而不承担高难动作的运动员就要轻松许多，出现队伍整体失衡的现象，从而也影响比赛的正常发挥。

四、对参加第十三届全运会艺术体操集体项目比赛的思考

（一）完善3球2绳的成套动作编排，提高完成质量

通过比赛我们看到，四川队5圈的成套动作编排得到了裁判员们的肯定，同时也发现3球2绳在编排方面的问题和不足，这直接地影响到集体全能成绩的排名。3球2绳这套动作绳形的运用不丰富，器械与身体动作的结合较为简单，双手持球动作较多，协作形式较单一。因此，重新思考设计一些新颖的协作和巧妙的器械运用，完善该成套动作的编排，是目前四川队亟待解决的问题。四川队5圈D分的实际编排分是12.40分，3球2绳D分的实际编排分是11.90分，由于受比赛现场完成的影响，5圈D分得到满分10分，而3球2绳只得到9.20分。因此，提高成套动作的完成规格和质量，势在必行。

（二）加强运动员全面能力的培养，提升整体实力

艺术体操运动员竞技能力是通过在竞赛场上完成各种不同的跳步、转体、平衡、柔韧、技巧和各种不同的舞蹈动作，结合各项器械的技术组动作而实现的，而身体动作与器械结合的难易程度就是衡量运动员技术水平的核心因素。四川队运动员目前在跳步的高度、开度，转体的速度，立踵的高度，平衡的时间，动力腿的高度方面较辽宁队差。由于新规则的变化，很多高分值的难度动作要求运动员必须具备高超的身体柔韧性和控制能力。因此，抓好专项身体素质、全面发展专项技术，加强各项器械的系统性训练，才是提升整体实力的重要保障。

（三）注重后备人才的培养，打下坚实的基础

第十二届全运会结束后，由于四川队后备人才空缺，没能及时组建参加第十三届全运会的队伍，这使队伍极度被动，2015年将个人组运动员和少年组运动员合并才组建了参加第十三届全运会的队伍，组队时间短，队员之间配合不默

契，个人技术水平差，这些对集体项目来说非常不利。因此，提早规划、提早布局才是避免青黄不接的最好途径。而运动员从小接受正确的指导、系统的训练，全面的发展才能打下坚实的基础。

参考文献

[1]谢莹，孙丹. 艺术体操集体项目比赛战术应用研究[J]. 北京体育大学学报，2010（10）：120–122.

[2]洪小平. 艺术体操实践与规则互动机制探析——2003年版国际艺术体操评分规则引发的思考[J]. 成都体育学院学报，2003，29（5）：43–47.

[3]国际体操联合会艺术体操技术委员会. 2017—2020国际艺术体操评分规则[S]. 2017.

山东攀岩项目选材研讨报告

山东体育学院体育运动学校　孙本胜

现代竞技体育运动发展到今天，离不开科学选材、科学训练、科学管理这儿点，实践证明，只有那些具有攀岩运动天赋的运动员才能达到世界攀岩运动的巅峰。如何根据攀岩运动的特点和要求，采用现代科学的方法与手段，从青少年中把那些天赋条件优越、适合从事这项运动的优秀人才选拔出来?

以前的训练中，我们把大部分的精力集中到人体的运动机能上，认为只要苦练就可以取得好成绩，而忽略了运动训练中的科学选材。人体运动机能在后天训练中可以得到很大提高。但是要培养出能够达到世界水平的优秀运动员，没有科学的选材是不行的。

为什么这样说呢？因为在世界比赛中，高水平的运动员能够站上最高领奖台，往往都是赢在了一些技术细节上，水平越高的比赛对于技术细节上的要求越高。在平时的训练中，这些运动员会与世界各地的运动员交流，可以说在训练中很难分辨出他们谁强谁弱，在能力上旗鼓相当，而在比赛中会有很大的差别。这一点突出表现在攀岩项目的运动天赋和头脑上。随着竞技体育的发展，一名优秀的运动员不仅要具备优秀的身体素质和运动精神，更要具备这个项目的运动天赋和灵活的头脑。在每个竞技体育项目上，想做一名好运动员是很容易的，只要认真训练，达到这个项目所应具备的身体素质和技术水平就可以了，但是想突破自己，成为世界顶尖的运动员是非常难的。能够真正把自己融入这个项目，才是真正的天赋和灵感，一瞬间的突破往往是靠着这两点来完成的，这是一般的运动员做不到的。

跨界跨项选材的真正意义在于更好地发挥运动员的特长与天赋，在原来项目上遇到瓶颈的运动员，可能在别的项目中有更好地发挥。培养一名好的运动员需要很长的时间，从零基础到身体素质良好，再到项目技术的学习，再到竞技比赛，这是培养一名运动员的过程。能发现一个具备这个项目运动天赋的运动员更是难上加难，而跨界跨项选材就省略了前面的几个步骤，身体素质良好的运动员，通过短时间的训练，就可以看出这名运动员到底适不适合这个项目，可以更快地提高运动员的成绩，促进攀岩项目的发展。

山东省攀岩队有22名队员，有9名运动员入围第十三届全运会攀岩项目决赛。根据比赛结果、与教练员的沟通、总结及有关选材资料，结合国内各省市攀岩队训练中积累的数据，本人提出如下选材方案。

一、身体形态指标

攀岩运动对运动员身体形态的要求，虽不如篮球、排球、投掷项目的特点突出，但也有其明显特征，数据资料表明，世界优秀攀岩运动员的形态特点是体态匀称结实，肌肉富有弹性，身轻，上肢稍长，骨盆纵轴较短，人体横轴较窄。

（一）身高

身高是反映人体生长发育水平的重要指标之一。在攀岩比赛中，支点间跨度较大时，身高、臂长者占明显优势。因此选材时身高的标准为：男1.75米以上，女1.65米以上。

（二）指距–身高指数

指距–身高指数常用来反映上肢的长短，指数越大，说明上肢越长。这与许多竞技体育项目的成绩及技术有关，攀岩也不例外。我国人口指距–身高指数的平均值，大大低于欧美的白人和黑人。从我国运动员调查统计数据看，该指数对成绩的影响也很大。运动员身高相同时，可通过指距–身高指数来选材。

（三）体重

过大的体重可直接、明显地破坏灵活性，增大身体各部位的惯性，从而降低肌肉收缩的效果，所以攀岩运动员要有和身高成相应比例的体重，才能取得事半功倍的效果。

二、身体机能指标

心功指数，是测试和反映人体心脏功能水平的重要指标。心功指数测试（30秒30次蹲起），属于一种定量负荷机能试验。安静时心率次数越少，说明心脏收缩力量大，心脏泵血功能强；运动后即刻心率次数越少，说明完成定量负荷时，心脏机能出现节省化现象；恢复期心率次数越少，说明心脏机能恢复越快。因此，心功指数越小，心脏功能越好。

三、运动素质指标

运动素质指标是反映攀岩运动员基本活动能力的客观标志。良好、全面的运动素质，是掌握、发挥攀岩技术的基础。因此，运动素质的测试是选材、育才的重要环节。

（一）引体向上

引体向上是评价上肢拉引力量的指标。引体向上是纯力量动作，反映运动员先天的力量水平，也对提高胸大肌、背阔肌、肱二头肌、三角肌及前臂屈肌群的力量有重要作用。

（二）悬垂举腿

悬垂举腿是评价腰腹力量的指标。躯干是连接上下肢的枢纽，上下肢力量的发挥，依赖于躯干力量的辅助。人体必须是一个整体，才能高质量地完成难度较大的攀岩动作。

（三）100米、200米

速度是人体对外界刺激发生迅速反应的能力。这种能力大小，主要与神经系统（反应速度、灵敏性、协调性等）、肌肉系统（肌纤维的类型等）有关。速度素质的遗传度较高，选材应全面考察。

四、专项成绩

攀岩运动员的专项成绩是其技战术、专项素质水平和攀岩能力的综合反映。经过一段时间的练习后，专项成绩的好坏和变化的幅度，直接反映运动员的专项可训练性和运动潜力，是选材很重要的指标，但目前尚无定量化的评定标准，只能凭经验和训练、比赛时的表现、成绩来观察判断。

以上就是本人对于攀岩项目选材的个人见解，尚有很多不成熟、不完善的地方，请大家多提宝贵意见，再进行具体、深入的探讨，群策群力，以制订出更加完善的选材方案，为下一步用更科学的方法选拔更优秀的攀岩人才，促进世界攀岩运动的发展贡献自己的力量！

浅论影响单板U型场地滑雪运动员飞起高度的技术

沈阳体育学院　王葆衡

单板U型场地滑雪运动员在一次比赛中要多次飞起，在空中进行技巧的表演，飞起高度不仅是表演质量的重要评价因素，同时也是完成高难度技巧的需要。高度不够就没有充足的滞空时间，没有充足的滞空时间就不可能做出更高难度的技巧，因此可以认为飞起高度是完成高难度技巧技术动作的条件，而影响运动员飞起高度的主要因素是滑行速度和滑行线路，没有速度和正确的滑行线路就没有高度，速度、滑行线路是飞起高度的基础，技术动作是飞起高度的重要环节。

影响单板U型场地滑雪运动员速度的因素有：U型场地的大小、助滑距离、入槽时的初速度、壁的高度、运动员体重、运动员滑行技术、雪温、雪质、打蜡质量等。如果客观条件相同，运动员的滑行技术就成为影响速度的主要因素了。如何在技术上保持、增加速度，防止因技术问题而造成减速，是教练员、运动员必须重视的问题。从另外一个角度看，运动员在表演中飞起的平均高度也是裁判员评定运动员表演质量的最重要的因素之一。

完美、正确的技术是保证连续飞起高度的重要因素。我国运动员的现状是第一个动作飞起的高度比最后一个动作飞起的高度要高很多，飞起高度从第一跳到最后一跳呈明显的降幂排列。飞起高度逐渐降低的主要原因是我国开展该项目的时间短，除了速度和滑行线路的因素以外，运动员还没有准确掌握相关的技术。运动员在一趟比赛中要连续完成多个动作，要进行多次着雪、滑行、起飞技术的重复，在完成各部分技术细节时，滑行和相关技术动作的错误不断被累加、放大，因而造成速度不断衰减、高度逐渐降低。因此，我们必须重视影响速度衰减的每一个细小环节。

影响单板U型场地滑雪运动员飞起高度的技术，具体包括入槽技术、入槽过渡区滑行技术、槽底滑行技术、起飞侧的过渡区滑行技术、起飞技术、空中技术、着壁滑行技术，共七部分技术内容。

一、入槽技术

入槽技术是指运动员从出发选位开始，起滑、助滑到利用OLLIE技术入槽的全部技术。

（一）出发选位、起滑

入槽之前速度的快慢主要是由运动员在出发区域所选择的出发点和加速的距离所决定的。在出发滑行时运动员要依据自己的起飞技术、空中技巧动作和自己的技术能力选择出发点，以便滑出自己的最佳速度。

起滑是指从所选位置上的静止状态到起动滑行。起滑技术大体有三种：移动重心转体90度起滑、跳转90度起滑、移动重心转体90度OLLIE起滑。移动重心转体90度起滑的技术特点是起动自然、顺畅，滑行方向容易掌握，身体重心起伏小，节省体力，是基础性的起滑技术。跳转90度起滑技术的特点是动作迅速，加速比较快，身体重心变化大，给人一种爽快、积极的感觉，但该技术有一定的难度且会消耗不必要的体力。移动重心转体90度OLLIE起滑的技术特点是潇洒，展示了单板的技术特点，令人振奋，给人以单板艺术的享受，技术难度不大，加速性好，身体重心变化没有跳转起滑技术的大，是应该提倡的起滑技术。

（二）助滑

运动员完成起滑技术动作之后进行的为入槽做准备的滑行称为助滑。助滑是出发选位与OLLIE入槽之间的滑行，助滑一般包括从出发选位开始的下坡滑行、平台上的滑行，也有运动员不经过平台助滑而从槽的过渡区进入槽内。运动员在助滑中无论是下坡、上坡还是平台上的滑行均应该保持自然、正确，注意保持身体与坡面的基本直角关系，防止出现过大的前倾和后仰。运动员在下坡助滑、上坡助滑和平台滑行的三个过程中，可以进行速度调节，速度调节包括减速滑行和加速滑行。

减速滑行分为：利用一次或者多次拖滑技术进行大的减速滑行和利用S形线路进行微小的减速滑行。

加速滑行分为：利用加压技术进行加速滑行和利用直线滑行技术滑行。

（三）OLLIE入槽

U型场地的深度、滑行线路的角度、雪的滑度和个人完成空中技术对速度的需要决定OLLIE跳起的高度。

在入槽位置充分利用雪板的弹性飞起之后，头部、手臂、上体领先并迅速大幅度前倾入槽。

入槽滑行的线路（角度）为U型场地的坡度，比如：U型场地的坡度为15度时，入槽滑行线路的角度大体为15度。

（1）OLLIE入槽时雪板着壁区域的优劣：

最好：雪板在起飞区着壁。

较好：雪板在过渡区着壁。

一般：雪板在过渡区下部着雪。

差：雪板卡壁角；雪板在槽底着雪。

（2）OLLIE入槽雪板着壁状态的优劣：

最好：平刃着壁之后变为小卡宾立刃。

较好：板尖着壁，板尾着壁。

一般：雪板拖滑着壁。

差：雪板横向压在壁角上。

（3）OLLIE入槽时身体的姿势：

①姿势迅速由高到低，头部领先 。

②雪板着壁瞬间伸展腿部，主动做着壁缓冲和加压的准备。

③雪板着壁后屈膝动作快慢是缓冲能力高低的表现，也可以理解为缓冲即为加压。

④雪板着壁瞬间，重心在雪板中心的稍前部。

注意，运动员在入槽之前有两次调节速度的机会：

（1）在向自己预定的入槽位置滑行的助滑过程中可以进行速度调节。

（2）通过控制OLLIE入槽时跳起的高度进行速度调节。

二、入槽过渡区滑行技术

入槽过渡区是连接起跳区和槽底的弧形区域，具体技术应该表现为：

（1）雪板的着壁与下滑的连接过程是流畅的。

（2）身体姿势：滑行姿势低，重心稍微向前。

（3）视线：目视滑行方向，观察的位置应该是槽底，并用余光观察对侧的壁。

（4）技术：着壁后下滑（线路）角度的控制是顺利完成下一个动作的前导，前臂屈肘前伸，引导滑行，在过渡区滑行时应该有前顶加压的加速动作过程。加压时重心向前移，膝关节和髋部前顶，加压时手心向下，手臂可进行小幅度的摆动。

（5）板刃： 利用小卡宾技术滑行，以防止改变方向，顺畅的滑行是保证线路准确和提高滑行速度的关键。

注意，着壁后的滑行要保持速度，防止出现拖滑、变刃、小转弯滑行、上体摇晃和多余动作。

三、槽底滑行技术

槽底是指连接两个过渡区的区域。槽底的中心线可以作为一个动作的结束和另一个动作的开始的分界线，一个技术动作结束部分滑行质量的优劣决定着下一个技术动作的质量。我们必须重视该阶段的滑行技术，正确的滑行技术应该表现为以下几个方面。

（一）槽底前半

（1）姿势：此时身体重心可以稍微升高一些，并进行调节，目的是在一个技术结束之后改变髋、膝角度，以缓解肌肉疲劳。在槽底滑行时可以进行微小的滑行线路调节。

（2）视线：在槽底前半滑行时要目视前方过渡区及壁角方向，注意控制滑行线路。

（3）技术：该区域内的滑行应该采用小卡宾技术。

（4）线路：防止出现大S形的转弯和无目的的拖滑。

（5）注意：滑行过程中应该防止过大的调节和拖滑造成的减速。

（6）滑至中心线为第一个空中技术动作结束，同时第二个空中技术动作由此开始。

（二）槽底后半

（1）控制滑行的线路是保证下一个动作顺利进行的关键。

（2）姿势：由稍高滑行姿势转为较低滑行姿势。

（3）眼睛：目视过渡区和壁角，掌握合理的滑行线路是非常重要的一环。

（4）技术：此为第二个动作的开始阶段，要做好小立刃和加压前的准备。

（5）板刃：卡宾滑行。防止拖滑、减速和转弯。

（三）槽底滑行

（1）可以进行身体重心的微小调节和滑行线路的调节。

（2）在槽底分界线前后可以进行身体姿态（高低）的调节。

（3）在槽底应该利用高质量的卡宾技术进行滑行。

（4）槽底部分的滑行应严防拖滑和身体的左右晃动。

（5）槽底滑行时眼睛观察的位置为前壁和壁角。

（6）在槽底滑行时，应防止由于大意而出现失误、摔倒。

（7）控制滑行的线路是保证下一个动作顺利进行的关键。

四、起飞侧的过渡区滑行技术

（一）滑行技术

（1）该区域是影响飞起高度的关键区域，技术动作要求细腻、准确。

（2）身体姿势：保持低姿势，注意身体与壁的角度为90度，防止身体前倾和后仰。

（3）眼睛：目视壁角的起飞点和将要飞起的空中方向。

（4）技术：一边向上顶（壁上方向的髋部），一边逐渐加压（膝关节前顶），同时逐渐减小立刃至平刃。腿部在圆弧滑行时应该有甩的感觉。

（5）板刃：卡宾小立刃过渡到平刃。

（二）注意事项

（1）在弧线区是否有立刃或强立刃滑行产生的刻雪减速。

（2）在弧线区是否有立刃扭转滑行而产生的强减速。

（3）进入弧线区加压（顶）的动作是否充分、准确。

（4）进入弧线区身体姿态是否随着壁的角度的变化而变化。

（5）雪板的立刃是否由大到小，由小到平刃。

五、起飞技术

起飞技术是指运动员在起飞区域为了更充分利用获得的速度，为了飞起更高所采取的合理动作。起飞技术是非常细腻、复杂的技术，没有反复的练习是不能完美掌握的。另外，起飞技术动作还与在空中将要进行的技巧有密切的联系。下面是起飞的技术要点。

（一）空中转弯的起飞技术动作

（1）在起飞之前雪板有稳定的支点。一般空中转弯的起飞用刃为：立刃—小立刃—平刃或立刃—小立刃。

（2）起飞的具体动作由腿部迅速伸蹬和头部、上体、肩部、手臂等一系列相关动作组成。

（3）头部的位置：头部应处于中心位置，技术水平越高越应该注意头部的控制。

（4）无论是前刃起飞，还是后刃起飞，都要注意起飞的时机：前脚滑至壁角，后腿加压伸蹬并继续控制雪板的板尾贴壁滑出壁角。

（5）减少起飞时的多余动作是飞起更高的需要，多余动作是高度的“杀手”。

（二）空中转弯的前刃起飞技术动作

（1）姿势：姿势由低到高伸展。

（2）眼睛：目视飞行上方。

（3）技术：起飞瞬间闭气。后腿向斜上迅速伸蹬，前肩、前臂自然向飞行方向上方转动，后臂在摆动结束阶段带动上体向上领；头部向上，一边顶一边转头，观察飞行上方（也可以理解为看雪板的板尖方向）；起飞之后收腿，平刃起飞，注意保持后脚的蹬实和前脚的方向性控制。

（三）空中转弯的后刃起飞技术动作

（1）姿势：姿势由低到高伸展。

（2）眼睛：目视飞行上方。

（3）技术：起飞瞬间闭气。后腿迅速伸蹬，大幅度含胸、顶肩、吊背、梗头并自然向上方顶，前臂屈肘向飞进上方领，伸蹬之后迅速收腿。

（4）板刃：平刃飞起。

（四）进行转体的起飞技术动作

（1）起飞前雪板为小立刃：进行转体的起飞技术动作时，雪板一般为小立刃。立刃是转体的支点，没有支点就没有转动的根。

（2）转体的预摆：预摆是指在起飞之前，头部、手臂和腰部的预先动作。头部向滑行方向的上部看，手臂和腰部由反向向转体方向摆臂、扭转，当手臂和腰部扭转至滑行方向时，头部、手臂和腰部同时转动，此时腿部微屈。

（3）起飞：起飞瞬间髋部、背部、手臂的动作连贯，注意在起飞瞬间保持雪板在壁角的位置，注意起飞时机的准确。注意起飞时雪板在壁上的角度，起飞瞬间的滑行速度，伸蹬和完成技术动作的速度。注意起飞瞬间对雪板的控制及起飞瞬间对板尾加压。延迟转体是高质量完成单板转体技术的关键。

六、空中技术

（一）技术动作

（1）姿势：保持身体姿势稳定、自然飞行。

（2）眼睛：目视飞行方向。

（3）技术：保持卡宾转弯滑行的自然身体姿势。

（二）注意事项

（1）保持起飞之后对躯干、上肢的稳定控制。

（2）起飞之后是否收腿，收腿的幅度、速度。

（3）起飞之后眼睛首先向飞进方向观察，之后从上向下向壁角方向观察。

（4）从起飞到着壁的飞行弧线是否合理。

（5）是否有向槽底方向摆板过大的错误动作。

七、着壁滑行技术

（1）姿势：由高姿势迅速变为低姿势，身体率先入槽。

（2）眼睛：目视壁角的着陆滑行方向，控制滑行线路是非常重要的环节。

（3）技术：身体先于雪板，伸腿主动着陆；着陆后迅速下蹲，缓冲加压，重心稍微向前；保持重心的较低位置。

（4）板刃：在着陆过程中可以由内刃变外刃或者由外刃变内刃，也可以由平刃转外刃或者内刃。建议采用能够控制方向的小卡宾立刃技术。

青少年武术运动员体能训练浅析

湖南省体育运动学校　王佳锦

武术运动在我国有着悠久的历史，是我国传统的民族体育项目之一。近年来，武术运动，尤其是套路运动，开始在中小学开展，普及程度也越来越高，已经成为国际、国内体育大赛的主要比赛项目之一。竞技武术朝着高、难、美、新的方向发展，武术比赛变得越来越激烈，对传承和提升武术文化以及提升中华武术在国际上的影响起到了十分重要的作用。而体能是武术运动员完成动作演练的基础和保障，体能训练保障了运动员完成动作的规范性和准确性。本文将对青少年武术运动员体能训练的方法进行探索性研究。

一、青少年竞技武术运动员的体能训练现状

竞技武术是集体能、技能和心理能力为一体的竞技体育运动项目，要求运动员在赛场上做到手、眼、身法、步法、精、气、神等准确到位，并始终保持旺盛充沛的体力，而体能训练正是运动员高质量完成动作的基础和保障，对青少年武术运动员进行专项体能训练显得尤为重要。

在青少年成长的过程中，他们的各个器官机能发展不均衡，但是身体素质是有一定发展规律的，并且随着年龄的增长不断发展，青少年时期是身体素质的最佳发展时期，因而根据青少年的身体机能特点，把握住这大好时机，制订出系统、科学、持久的体能训练计划是尤为重要的。

古时的体能训练有“石师之教，先练戳，戳不许多，四伐五伐则喘息汗下，止而少憩。又四伐五伐，以力竭为度。戳不竭力，则手臂油滑，初址不固，临敌

无以杀人矣。以渐加之，必日五百戳，几百日而后戳固焉”的方法。现代传统武术运动员的体能训练也有跑步、跳绳、蛙跳、俯卧撑等，主要是锻炼综合素质，如力量、速度、柔韧性、协调性、爆发力等。最简单的体能训练方法就是大运动量训练，一套拳下来，不累的话，别停，再打一次；再不累，再打一次。这对锻炼动作绝对有效果，也能增加拳术的熟练度。但是，所有这些都忽视了青少年运动员的身体机能特点，没有充分发挥体能训练的作用。

青少年运动员受身高、体型、力量等影响，在传统的各种体能训练设备和器材上不能得到很好的发展，从而影响了体能训练的水平。

二、青少年体能训练与竞技武术特点结合的重要性

体能训练是为提高武术运动员综合专项竞技能力服务的，一定要与专项竞技的特点相结合。选择或设计体能训练手段时应力求与专项技术动作形式、动作结构和能量代谢方式联系起来。

武术最初作为军事训练手段，与古代军事斗争紧密相连，其技击特性显而易见。从体育的角度出发，可以说武术的搏斗运动具有很强的攻防技击性。中国武术的特有的表现形式是不仅有踢、打、摔、拿等技击动作，而且有窜、蹦、跳、跃、闪、展、腾、挪、翻、转等防守动作，因此说武术具有明显的攻防技击性。这种特性是通过力量、速度、耐力、协调性、柔韧性、灵敏性等运动素质表现出来的，这些运动素质是武术运动员竞技能力的重要构成因素。体能水平与人体的形态学特征以及人体的机能特征有着密切的联系。而体能训练解决的就是人的运动能力，体能训练的内容就是发展专项需要的运动素质，突出发展专项竞技需要的主要素质。

由于竞技武术的迅速发展，再加上竞技武术比赛规则的更新，对青少年武术运动员的力量、速度等方面的要求越来越高，这使得平常的训练产生了倾向性，而体能训练的直接任务是根据项目的竞赛需要，提高武术运动员的运动素质。青少年时期各种身体素质发展的最佳时段是不同的，教练员应把握时机，精准地、有针对性地对青少年的身体机能进行不同程度的负荷刺激，使运动员产生适应性变化，以改善身体各器官的机能能力，并力求使武术运动员的身体形态、身体机

能、心理素质符合运动项目的要求。

专项体能训练则直接为提高武术运动员整体竞技水平服务，训练的目的是使武术运动员已获得的体能直接转化为运动成绩。

在武术套路运动中，技战术是武术运动员取胜的重要因素。体能训练则为技战术奠定了基础。系统的体能训练是必需的，也是武术运动员合理、有效完成训练的基础。因此在平时进行专项体能训练，合理地应用体能训练，才能真正实现技战术的充分发挥，才能保障比赛的最后取胜。

良好的体能是武术比赛取胜的法宝，是武术运动员合理、有效地发挥技战术的重要特征。体能训练要从武术运动员从事武术项目开始，系统地、按计划地进行。

三、青少年武术运动员体能训练的基本原则

体能训练是改善和提高人体运动机能，逐步达到专项成绩目标的训练过程，这个过程对人的意志品质的锻炼和影响是极其深刻的。体能训练反复、多次地对运动极限进行冲击，使运动员克服生理障碍，磨炼运动员的意志品质，为取得优异的运动成绩创造条件。

青少年武术运动员在进行体能训练时，应当遵循渐进性原则、超负荷原则、个性化原则与可逆性原则等。渐进性训练原则是指训练结构从易到难，训练数量从少到多，训练强度从小到大，训练时间由短到长。渐进性训练原则，不但体现在多年训练中，还要体现在每个年度训练中和每一个训练周期中。影响循序渐进效果的关键是训练的系统性，即主要训练方法、手段的系统性。每一个训练因素都要严格遵循渐进性原则，这样才能逐步实现大负荷、大强度的训练，创造最佳的运动成绩。

教练员在针对青少年武术运动员制订抗阻训练计划时应当充分考虑生理成熟度、训练经验与抗压能力的个体差异。青少年武术运动员进行抗阻训练时，除了要考虑与成年人一样的受伤风险，还要考虑骨骺的损伤、骨停止生长等风险。青少年武术运动员通过抗阻训练可以增强肌肉力量和耐力、增强技术动作力度、增加骨密度、改善身体成分、增强抗损伤能力，进而提高运动表现。

四、体能训练在青少年武术项目中的应用

体能训练分为一般体能训练和专项体能训练。一般体能训练可全面地发展武术运动员的力量、耐力、速度、灵敏性、协调性和柔韧性等运动素质，提高武术运动员各个器官系统的机能，使武术运动员身体得到均衡的发展，提高武术运动员的健康水平。

对于青少年武术运动员，一般体能训练有：力量素质训练、速度素质训练、柔韧素质训练和耐力素质训练等，主要方法包括负重抗阻练习、对抗练习、克服弹性物体的练习、利用力量训练器械的练习、克服外部环境阻力的练习、克服自身重力的练习、位移速度训练等。

要根据青少年自身特点安排力量训练，武术是一项动静结合的运动，既要有动如涛的动力性力量，又要有静如岳的静力性力量。现代竞技武术运动中对翻腾跳跃动作的要求越来越高，要求运动员跳得高，落地轻，这是对武术运动员下肢爆发力和弹跳力提出的特定要求。进行力量练习时，要全神贯注，念动一致，注意安全，要让青少年掌握正确的呼吸方法，可适当采用大负荷与递增负荷训练，比如下坡跑、上坡跑、俯撑直臂快速击掌等练习，要在练习时使肌肉充分拉长和收缩，练习后要使肌肉充分放松，并且要不间断地、系统地安排训练。

青少年武术运动员的专项体能训练有：武术专项速度素质训练、专项耐力素质训练和专项柔韧素质训练等，主要包括专项位移、专项耐力、主动拉伸、被动拉伸、等长拉伸、PNF拉伸、专业翻转等练习内容。

专项体能训练的发展要考虑青少年不同年龄可承受的运动负荷以确保训练的有效性。专项速度是武术比赛中影响运动成绩的关键因素，竞赛规则要求参赛者在1分20秒内完成六七十个不同类型的动作，其中包含跳跃类、平衡类、跌扑滚翻类等难度较高的动作，如果运动员的动作速度跟不上，难免影响比赛成绩。训练中应选择武术运动员技术成熟的动作，以最快的速度、最高的质量重复完成，逐步形成动作定型。青少年武术套路运动员的体能训练要多样化和多元化，可以游戏或竞赛的形式来提高青少年中枢神经的兴奋水平。青少年武术运动员的专项耐力从有氧训练开始，而专项耐力的训练应该达到和超过比赛的量和强度。青少

年的柔韧性练习应循序渐进，控制好温度和时间，应与力量练习相结合。

青少年武术运动员最主要的问题是过度训练，适当的恢复等于最大限度地增加运动表现，不当的恢复会导致过度训练综合征。青少年体能训练的核心要素是运动中人体的三维平衡和重心稳定。训练的基本原则是重心由低到高，偏离稳定位置的幅度由小到大，从维持静态平衡到维持动态平衡，从大面积支持基底到小面积支持基底，在保持稳定的前提下逐步增加头颈、躯干和四肢的运动，从睁眼活动逐步过渡到闭眼活动等。动态稳定的重心位移必须控制在精确的范围之内，否则会造成动作失误或发生伤害事故。

五、结语

实践证明，科学的体能训练最能释放运动员的生理、心理能量，使运动员的身体素质、专项能力、竞技水平得到明显提高。利用科学的训练手段对处于快速生长发育阶段的青少年武术运动员进行体能训练，既能有效地提高运动技术水平，也能促进身体素质的全面发展，同时也满足现代竞技武术项目对青少年运动员的训练要求。因此，必须充分重视青少年武术运动员的体能训练，为武术项目的进一步发展奠定良好的基础。

培养青少年男子排球运动员的总结

上海市体育运动学校　王颖毅

一、前言

鉴于2015年带队参加第一届青运会男排小年龄组取得第四名的成绩，以及上海市排球运动发展、后备人才年龄衔接的需要，于2015年底至2016年初开展针对第二届青运会男排小年龄组比赛的准备工作，即组队招收2001—2003年出生的运动员。当时的指导思想是立足上海本市，面向全国各地。

招收培养该年龄段运动员的目的是打好技术及身体素质的基础，参加每年度的青少年（U19组或U16组）比赛，使队伍得到锻炼，参加2019年第二届青运会男子排球U17组比赛并争取前三名的成绩，最终输送运动员到一线专业队参加第十四届全运会男子排球青少年组比赛。

这批队员经过筛选、淘汰和训练培养后，在2017年7月四川内江举办的全国男子U16组排球锦标赛中获得第一名；在2017年9月山东潍坊举办的全国男子U17组排球锦标赛中获得第二名；已有9人被一线专业队选调。

二、招生组队

从上海市乃至全国（包括其他项目如篮球、田径）物色运动员招收进队培养训练。招收新生工作结束后，我队的年龄结构见表1。

表1 运动员出生年份

出生年份	运动员姓名
2001年	王勇×、张臻×、朱凯×、许祎×
2002年	奚清×、朱×、巩师×、朱子×、张×、陈×、张明×
2003年	王南×、杨弈×、邓贺×
2004年	华子×、屠玲×

其中张×、陈×、张明×、邓贺×、许祎×，是从全国各地引进招收的，都费了很大精力。

三、管理

教练员按照上海市体育运动学校的规定住校管理，每周安排队会，制定队纪、队规并严格遵守。教练员以身作则遵守校纪、校规。

配合学校组织队员接受各种教育。与队员及时沟通交流，灌输正确的理念。组织队员观摩上级队伍训练和比赛。关心队员学业成绩，教育队员努力做到训练、学习两不误。加强对队员的心理疏导、整顿训练作风。具体方法为训练结束有总结，根据队员的表现予以适当的鼓励和点评。培养队员不怕困难、互相学习、互相促进的团队合作精神。 进行训练安全教育，防止意外发生。

四、训练

（一）对运动员个体的基本分析

以2016年2月的数据为基础对运动员个体的基本分析见表2。

表2 运动员基本情况

姓名	身高/厘米	体重/千克	身体素质			专项培养方向
			助跑摸高/厘米	30m跑/秒	立定跳远/厘米	
王勇×	184	75	300	4.55	248	自由人
朱凯×	192	80	302	4.85	232	副攻

续表

姓名	身高/厘米	体重/千克	身体素质			专项培养方向
			助跑摸高/厘米	30m跑/秒	立定跳远/厘米	
张臻×	187	70	305	4.75	241	主攻
许祎×	196	85	315	4.76	232	接应
巩师×	190	65	309	4.71	237	主攻
张　×	191	65	315	4.63	245	主攻
奚清×	190	65	306	4.72	228	接应
杨奕×	184	65	292	4.95	248	主攻
屠玲×	174	65	276	4.98	229	主攻
邓贺×	194	65	301	4.72	238	副攻
朱　×	189	65	308	4.61	256	二传
王南×	186	65	288	4.95	218	主攻
陈　×	191	85	299	4.95	233	副攻
华子×	168	65	260	4.95	223	二传
张明×	196	75	306	4.95	248	副攻
朱子×	188	65	312	4.95	251	接应

（二）训练的基本任务

（1）全面发展队员的各项身体素质及排球专项素质。

（2）在保证基本技术动作正确的基础上，增加技术难度，提高防、调、扣、发几项基本技术的熟练运用能力。学习掌握拦网技术。安排比赛，学习赛场站位和简单的攻防取位。

（3）培养队员的团队合作精神，激发队员的取胜欲望，加强队员主观积极性。

（4）参加每年度的青少年（U19组或U16组）比赛，使队伍得到锻炼，参加2019年第二届青运会男子排球U17组比赛并争取前三名的成绩；将队员输送到一线专业队参加第十四届全运会男子排球青少年组比赛。

（三）训练目标

到2019年上半年，运动员训练目标见表3。

表3 运动员训练目标（2019年上半年青运会预赛前）

姓名	主要身体素质			技战术	
	助跑摸高/厘米	30m跑/秒	立定跳远/厘米	接发球到位率	进攻成功率
王勇×	315	4.05	270	60%	40%
朱凯×	335	4.35	270	40%	60%
张臻×	335	4.35	270	60%	60%
许祎×	345	4.35	280	40%	60%
巩师×	335	4.35	270	60%	60%
张　×	340	4.35	280	60%	60%
奚清×	340	4.35	280	40%	60%
杨奕×	330	4.35	270	60%	60%
屠玲×	330	4.35	270	60%	60%
邓贺×	345	4.35	270	40%	60%
朱　×	330	4.25	270	40%	40%
王南×	330	4.45	260	60%	60%
陈　×	340	4.35	270	40%	60%
华子×	320	4.35	250	40%	40%
张明×	345	4.35	260	40%	60%
朱子×	340	4.25	270	40%	60%

（四）指导思想

加强队员的身体素质，提高排球技术，发展队员特长，培养优良品质，为以后的专业训练奠定基础，以为国家培养高水平排球后备人才为指导思想。根据实际情况，结合排球项目的训练要求，坚持科学训练，保证时间、保证质量，确保训练效率，贯彻竞技体育精神，为各项比赛做准备。

（五）具体落实

根据青少年排球训练大纲，抓专项素质和个人能力。针对各年龄段出生的队员，采取多种形式的训练方法。做到科学训练、持续训练。针对小队员，以小强度为主，反复多次教，规范基本技术动作，全面发展各项身体素质，先发展小肌肉群和核心肌群力量，抓好队员基本功。训练有针对性，要做到动作高要求，合理安排运动负荷。训练要有一定的强度和密度，在要求动作到位的同时，也要求一定的负荷强度和总负荷量。重视运动员的兴奋点和疲劳状况。每一节训练课要因人而异，重视营养补充和休息管理。重视运动员的伤病恢复。

（六）训练的周期、阶段划分和训练负荷安排

1. 冬训阶段

时间：每年12月至次年3月。

主要任务：以身体素质训练为主，全面提高队员体质。以基本技术为主，全面提高队员技术掌握能力。

训练强度和比例：大强度。技术训练占60%，身体素质训练占40%。

基本技术训练：传垫球、打防、发球、扣球、三人防吊扣等练习。

身体素质训练：慢跑、高抬腿、后蹬跑、立定跳远、30米跑、三米线移动、摸高、拉伸、半蹲等练习。

2. 比赛阶段

时间：每年3月至5月。

主要任务：参加全国青少年U19组比赛，参加上海市比赛。

训练强度和比例：中等强度。技战术训练占70%，身体素质训练占30%。

技战术训练：技术结合战术的综合训练，配合心理素质训练。

身体素质训练：排球运动员的速度、力量训练和恢复训练以及排球的专项素质训练。

3. 夏训阶段

时间：每年5月至7月上旬。

主要任务：提高全面身体素质，强调排球的专项素质训练，提高比赛技战术

掌握能力。

训练强度和比例：大强度。技术训练占60%，身体素质训练占40%。

以分组比赛对抗的形式重点训练技战术配合，并做适当的心理素质训练。加强身体素质的训练，以排球专项素质训练为主。

4. 比赛阶段

时间：每年7月中旬至9月下旬。

主要任务：参加全国青少年U16组比赛或漳州集训比赛，参加上海市比赛。

训练强度和比例：中等强度。技战术训练占80%，身体素质训练占20%。

以技战术训练为主，参加集训和比赛，寻找出现的问题并加以调整。适量进行身体素质训练，注重赛期心理辅导。

5. 赛后阶段

时间：每年10月至11月中旬。

主要任务：赛后调整、总结、恢复，准备冬训。

（七）训练的基本手段

身体素质训练的主要手段：全面提高一般身体素质，加强小肌肉群力量，不急于大幅度提高专项素质。

1. 身体素质训练方法

上肢训练：静力性练习、哑铃动作操、小杠铃快挺、卧推、俯卧撑、手指撑、推小车。

下肢训练：静力性练习，联合器踢、钩，鸭子步，兔子跳，哑铃或杠铃负重深蹲、提踵。

腰腹部训练：腹背肌静力性练习、平地或斜板仰卧起坐、高台背肌练习、两侧肌练习、栏木举腿。

速度爆发力训练方法：快速高抬腿、短距离冲刺、各种跳跃（如跨步跳、足弓跳、深蹲跳、蛙跳、收腹跳)。

柔韧性、协调性训练方法：主动、被动肌韧带拉伸及各种方式的协调性训练。

灵敏性训练方法：V字移动，网下36米移动，钻、跨、跳、转身单一或连续组合动作练习，听、看信号迅速反应（移动或做动作）练习。

2. 技战术训练方法

技战术训练主要手段：围绕传、垫、扣三项基本技术动作，在规范化的基础上增加一定难度，提高熟练程度和运用能力。学、练一些基本进攻战术。学、练防吊球和扣球，提高个人防守能力。增加一定数量的拦网训练。具体方法如下：

传球训练方法：对墙传球、自传、两人对传、三人跑动传球、移动传球、背传、移动中背传、跳传、移动中跳传。

垫球训练方法： 对墙垫球、两人对垫、三人跑动垫球、各种方向移动垫球、转身背垫训练。

倒地滚翻和防扣球训练方法: 学、练徒手倒地滚翻动作、倒地滚翻救球、两人打防、防扣球，增加一定的后排专位防守。

扣球训练方法: 原地扣教练员抛出的球，学、练三步助跑、助跑起跳扣球，增加一定数量的四号位、三号位、二号位专位扣球训练。

拦网训练方法: 徒手拦网手形、徒手脚步移动步伐、固定球拦网手形和脚步移动步伐、拦真人固定线路扣球、判断线路拦网、移动拦扣球、两人或三人配合拦网。

对运动员的指标测试及要求见表4。

表4　比赛、身体素质、技战术、机能指标测试及要求

比赛或测试内容		要求
比赛安排： 参加全国青少年U19组或U16组比赛		如参加全国青少年U19组比赛，进前八名 如参加全国青少年U16组比赛，进前四名
身体素质测试和身体形态测试	第一次：冬训结束	根据教学大纲和青少年比赛的规定项目进行测试。身体形态测试身高、体重、手足间距、指距、骨龄等
	第二次：夏训结束	与第一次相同

消除撑竿跳高运动员训练中心理障碍的方法

安徽省体育运动学校　温晓军

一、前言

撑竿跳高运动是田径运动中一项技术难度大、培养周期长的项目。一名优秀运动员的培养过程是一个复杂的系统工程。优异成绩的取得，除了运动员具有良好的身体素质与合理的技术之外，很大程度上取决于运动员勇敢、顽强的意志和勇于克服困难的精神。因此，在重视运动员体能、技能训练的同时，应重视运动员的心理训练。心理障碍是撑竿跳高教学中的拦路虎，是一种伴随某种不祥之事即将发生的预感而出现的令人不愉快的情绪。它是包含有紧张、不安、惧怕、烦恼、压抑和担忧的一种复杂的情绪状态。它直接影响运动员正确掌握技术，消除心理障碍在撑竿跳高教学中有着重大意义。

二、造成心理障碍的原因

撑竿跳高训练中，要不断追求新高度，运动员对当前的或预计到的具有潜在威胁的情境产生的担忧倾向，会造成助跑起跳、竿上动作不连贯或空跑等无法正确完成完整技术动作的情况。

1. 客观因素

造成撑竿跳高运动员心理障碍的客观因素，主要有增加的撑竿磅级、握竿高度及架高等。如撑竿磅级、握竿高度或准备过的高度超过自己心理的承受力，在力不从心的心态下形成了见难生畏的消极情绪。

2. 主观因素

主观因素主要是运动员本身的训练动机以及气质特点而引起的心理不良反应。如在练习中难以忍受持竿助跑，在克服握竿较高、磅级较大或悬垂、摆体、伸展和拉转推竿等难度大而复杂的动作时因惧怕而引起极大心理负担，进而产生的一种自卑感和沮丧感。

3. 受不良环境的影响

在训练中教练员的方法和手段选择不合理，出现过早超载和抢先现象，过早创设困难情境（如过早提高握竿点、增大撑竿磅级等），还有场地与器材、天气变化（下雨、顶风）等不良因素，这些势必给运动员造成心理压力，降低其训练的效果。

三、消除心理障碍的手段与方法

1. 消除思想顾虑，建立自信心

建立自信心，必须把激发运动员内在的动机放在首位，找出运动员心理障碍的具体解决措施。可以通过正确的示范和重点的讲解，使运动员不再感到动作的复杂与惊险，增强运动员的自信心。倾听运动员倾诉，结合实际情况，帮助其分析自己的实际能力和运动基础，使运动员相信自己是能够完成技术动作的。在训练中教练员还要注意自己的精神状态和情绪，当运动员遇到挫折时，首先应当理解运动员的心情，并通过各种方式，如关切的目光、贴心的问候、解决问题的提议等，给运动员以及时的鼓励和支持，而不是横加指责，以免挫伤运动员的训练积极性。

2. 采取积极的保护与帮助措施

采取切实可行的保护与帮助措施，使运动员免除疑虑，增强信心，顺利掌握动作。不同的运动员要有不同的准备，根据不同的对象，采用不同的方法。对于一些掌握动作尚不熟练或胆怯的运动员，除助力帮助外，还可借助语言进行帮助，使运动员的心态与完成动作的速度、力量、节奏同步，转移和分散运动员的障碍心理。

3. 强化信心的自我暗示和想象训练

直面压力，满怀信心，从容应对，有信心不一定能赢，但失掉信心意味着已经败下阵了。虚假盲目的自信或逃避现实的不自信，都会将训练带入失败的泥潭。而真正的自信能使运动员对成功怀有合理的预期，可对训练行为进行积极有序的处理，使思维更加迅速、合理，技术感觉更加清晰、协调，这就为训练奠定了基础。而自我暗示是从认知的角度，利用简洁而积极的言语强化信心，如使用一些暗示语："我对风向的处理比较好""我换的竿和前一竿差不多""无论发生什么情况，我都会坚持到底""敢于成功，不怕失败"……

4. 利用正诱导刺激，转移动作失败情境

运动员在练习时，有时因握竿点的提高或撑竿磅级的提高，技术动作会发生变化，运动员感到危险，从而不敢再跳了。教练员在这种情况下，言行举动要尽量温和平静，减少消极语言提示，以安定情绪为主，不能给运动员施加心理压力，更不能简单行事，否则会使运动员产生逆反心理和不良情绪。教练员要做好运动员的工作，帮助运动员分析动作失败的原因，树立继续学习的信心。在练习时注意改变环境的刺激，利用正诱导的方法改换练习，并且进行技术和理论的指导；反复观察其他人的练习，重新建立正确动作的概念。重新练习时由易到难，直到建立正确条件反射，消除心理障碍。

四、结论

造成心理障碍的因素是复杂和变化的。消除心理障碍的手段与方法要做到对症下药，注意激发运动员的训练动机。提高运动员的心理适应能力和自我控制能力，同时排除不良因素的影响。注意改变训练条件，降低练习难度，运用各种手段进行练习，让运动员反复实践。当运动员安全感和自信心不断增强后，技术问题就可以较顺利地解决，心理障碍就可以克服。总之，心理训练是竞技体育训练的三大支柱（技术训练、体能训练和心理训练）中不可或缺的一部分。

对当前田径远度跳跃项目体能训练主要问题的审视

河北省体育局田径运动管理中心　吴冀

田径远度跳跃项目对运动员基本体能要求较高，同时对专项技术也有着较高的要求。随着“走出去，请进来”战略的进一步深化，美国国家体能协会（NSCA）的体能训练理念与方法被广泛引入我国，并已经在各个竞技体育领域应用。在这种学习与借鉴的过程中，开拓了田径远度跳跃项目的训练思路，提高了训练体系的科学化和完整性。但随着实践的深入，也发现了一些问题，在未来的训练中，解决好这些训练问题是进一步高效应用先进训练理论与方法的重要因素。

首先，我们长期以来接触的体能训练，一般性训练占绝大多数，这涉及如何将这些训练中的有益要素迁移至远度跳跃项目原有训练体系中的问题。对于高水平远度跳跃项目运动员来说，训练具有高度的专项化特征，且整个训练体系严丝合缝，相对完备。引入新的训练理念，会一定程度地破坏原有训练体系，这是教练员首先要解决的矛盾。当然，这些矛盾如果能够得到很好的解决，训练的科学性和有效性必然会上升至新的高度。但还有一种可能，即应用过程中较少考虑关于训练体系的矛盾。因此，不仅新的体能训练理念无法有效地对专项训练形成支撑，而且还会破坏原有专项训练体系。体能训练的全新视角铺天盖地地席卷整个竞技体育的过程，其实不是完全有益的，是否能够在训练实践中合理地应用需要长期的摸索，就当前的总体效果来讲，还处于模仿与提高阶段，不能过于期待通过体能训练的部分理念有效或者大幅度地帮助运动员提高竞技能力。

其次，在远度跳跃项目运动员的训练体系中，体能训练的比例、负荷、强度也是较难有效控制的因素之一。体能训练比例过高会降低运动员的专项竞技能力，而体能训练的比例或负荷过低又无法达到相应的训练目标。目前国内很多运动项目的体能训练都由专职体能训练师负责，田径项目一般在外训阶段会安排专职体能训练师，大多数教练员团队中不安排专职体能训练师。其实，我们最需要的是对专项训练具有深刻理解，能够准确把握专项需要的体能训练师，而当前这部分工作主要由运动员的主教练负责。在国内，精通远度跳跃项目的体能训练师极度匮乏。这也是当前大量训练方法与手段在应用过程中无法达到理想效果，甚至降低运动员专项竞技能力的重要原因。体能训练是营养学、解剖学、生理学、运动生物化学、运动生物力学、训练学等多门学科的综合应用过程，实践性极强。同时，体能训练的主要任务是服务于专项，落脚点在专项竞技中。因此，对于一般训练与专项训练的各种关系需要有深刻的理解。

再次，本人作为一线教练员，长期以来非常关注基层青少年训练。在美国国家体能协会的训练理念中，帮助青少年建立合理的动作感觉、合理的动力链传递感觉、各种力量训练的科学操作方法是体能训练在该阶段该水平运动员中重点发展的内容。而当前青少年运动员在体能训练中过度地追求训练手段的应用，只学外在形式，忽略了内在的肌肉发力过程。其短期内运动成绩得到了一定的提高，但从成年后运动成绩提高的持续性和达到高水平后保持运动成绩的视角出发，这种体能训练在青少年训练阶段的应用有着不少的问题。如2000年核心力量概念出现，并在基层训练中逐渐普及，成为训练手段更新的热点。但对于核心力量训练的技术要求、负荷控制、周期安排，以及功能和目的、与其他训练手段如何配合衔接，知之甚少，甚至有些教练员将核心力量训练的功能过度放大，减少甚至取消了原有的传统核心力量训练，导致训练过程走了弯路。这就是训练认识层面的问题，在训练实践过程中，教练员必须有相对稳定的训练理念，在此基础上不断追求训练理念的更新，这个稳定和更新并非矛盾体。两者必须同时存在于训练中，才有可能保证训练的科学性，以及训练水平和认识能力的提高。通过交流和学习得到的新信息、新动态在训练实践中的应用是有前提、有条件的，根本在于教练员的认知水平，手段依托于方法，方法依托于训练体系，如何将这些有机结合并化解其中各因素的矛盾才是教练员水平的最高体现。单纯学习方法和手段，无法提高训练本身的水平。也就是说当前的基层教练员普遍面临两个问题，一个是缺乏再学习和再提高的好教材和好老师，又缺乏具有高度实践应用价值的书籍作为自学材料，也没有与高水平教练员学习和交流的平台。另一个是有学习与交流的平台，但无法把握训练实质，类似于体能训练理念在训练实践中的应用。

综上所述，新的训练理念的应用，越是高水平教练员越谨慎，在没有达到深入了解和高度可控的程度，是不会盲目应用的。在当前的远度跳跃项目训练中，体能训练理念可以融入专项训练中，这是一种提高原有专项训练科学性的有效途径。而体能训练的具体方法、手段虽然在进行实践，但是比例要控制在合理范围内。毕竟我们还需要思考一个重要的问题，我们学习的体能训练方法与理念，必须要充分结合我国运动员的特点，完全复制美国的训练体系和思路，在我国培养高水平运动员的过程中必然会出现问题。

浅析800米运动员的专项力量训练

甘肃省体育运动学校　吴建军

一、前　言

800米属于极限下强度的运动项目。800米运动员的肌肉活动的强度仅次于短跑，运动员的体能特征主要表现为速度耐力突出，运动员必须具备用较高的速度跑完全程的能力才能取得优异成绩。800米在跑的周期和力的作用方面与短跑相同，而且运动持续时间比短跑长，在跑的过程中，氧的供应赶不上需要，整个运动过程是在缺氧情况下完成的。800米运动员所需的专项力量主要包括快速力量和快速力量耐力，为保证专项技术效果，运动员不仅需要支撑力量，同时也需要摆动力量。因此，专项力量训练在该项目中显得尤为重要。

二、研究方法

（一）文献资料法

查阅关于800米及中长跑项目的书籍、国内外参考文献和资料，了解相关领域的研究现状和前沿动态，为本文的研究提供科学依据。

（二）综述法

通过对文献资料的分析总结，找出专项力量训练的可靠依据，结合作者多年中跑训练的数据记录和心得体会及带领运动员参赛的经验，提出自己的观点和训练手段。

三、800米项目特点分析

（一）从距离的角度分析

从距离上看，800米介于短跑与长跑之间，属于中跑项目。优秀运动员200米的成绩，应高于自己100米成绩的2倍，而800米距离相对较长，是400米的2倍，不能用最高速度跑完全程，所以跑时要求步幅开阔、省力，并合理分配跑的速度，才能高效地跑完全程。

（二）途中跑动力特点分析

近年来，田径学术界对“后蹬跑的动力来源”的传统理论提出了异议，如“跑的动力来源于支撑足固定于地面的条件下发生的转动力矩，而转动可以带动躯干向前平动，而不是后蹬的作用力”“人体跑的动力来源是摆动腿由后下方向前上方摆动和由前上方向后下方积极下压扒地的动作时产生的力量”等。目前比较有影响的且被大多数人普遍接受的是“屈髋和伸髋的推动力，伴以摆动腿的作用，而不是支撑腿的动作本身，推动人体沿着规定方向前进”的髋动力论。这种新的理论，为专项力量训练提供了有力的依据。

（三）800米项目技术分析

从跑的技术上看，它摆脱了原有的快频率型技术跑法，逐渐向短跑的技术跑法发展。膝关节摆动位置非常关键，它决定了步幅的大小，频率的快慢，大腿、膝关节摆动的向前性，应该充分认识到后摆的目的是更好地前摆，促进膝关节的领先前摆。强调大小腿积极下压，向后扒地技术，踝关节的有力支撑，鞭打落地动作，注重伸髋肌群工作能力的训练，缩短落地前支撑的阻力过程变为动力过程的时间，这样不仅提高了步频，更增加了步幅并保持身体重心的平衡。

（四）800米能量供应特点分析

从生理学的角度分析，800米是有氧代谢与无氧代谢混合的项目，无氧供能系统所占的比例越来越大。研究表明，800米有氧代谢和无氧代谢的比例分别是70%和30%，要发展速度耐力主要是提高运动员体内糖酵解供能能力。乳酸供能的最高值在30秒至40秒，可以维持2分钟，相当于快跑200米至800米的距离。800米项目的运动员在比赛中跑出100多米后，机体就要动用糖酵解系统产生能量，来维持机体所需。

四、800米运动员专项力量训练的必要性

（1）发展适宜的肌肉力量，尽量减少受伤的可能性；提高一般和专项负荷的耐受性，以适应当今高强度比赛的负荷量。

（2）适当发展短跑能力，在体内乳酸大量出现的情况下，仍能保持合理的动作和技术，并一直维持到终点。

（3）增大肌纤维横截面，增加肌糖原储备，提高心血管功能与肌肉代谢能力，改善无氧糖酵解供能能力。

（4）提高运动员对训练的兴趣，变化力量训练的形式，以减轻运动员的单调感以及生理、心理上的压力。

五、800米运动员专项力量训练的原则

（一）评定专项力量水平

在开始进行系统而有规律的力量训练之前，先要对运动员现有的力量水平及其肌肉系统做出评估。这种对个人现有力量水平的客观评定须借助力量测试仪来进行。如果没有条件，教练员可以有规律地每隔一段时间对运动员进行一次标准测试。另外，还可以通过分析运动员跑的技术来推测他们现有的力量水平。除此之外，教练员还可以采用主观评定的方法，采用让运动员回答问题的方式，如“哪一部分肌力较弱”，“在承受哪些训练和比赛负荷时表现得尤为明显”，“在进行哪种力量负荷或哪个动作训练后感到肌力得到了改善”等。每个教练员和运动员都知道，不分析肌肉条件是很难因人而异地进行各种改善800米跑专项素质的力量训练的。

（二）力量训练应持续，不能间断

在整个训练计划完成的过程中都须因人而异进行各种正确定量的专项力量训练（不能中断）。为了避免各种力量能力明显下降，甚至在过渡阶段也要进行一定的力量练习。

（三）应做出详细的训练记录

对完成的力量训练负荷量要做精确记录。记录是收集和评定所选练习的训练定量和训练形式、训练效果的一种不可缺少的方法。因为只有通过记录才能总结经验，提高运动员的力量训练效果，以及更合理地利用训练时间。

（四）体重指标是运动员主要的生理指标，应做出详细的指标记录

为了能尽早发现运动员体重与理想体重的偏离情况，每周至少要测量一次体重。800米训练的目的是在不明显偏离最佳体重(增加体重)的情况下提高力量能力。

（五）有规律的放松是运动员专项力量训练中不可缺少的环节

在力量训练期以及其后，应该进行各种相应的伸展和放松练习，使运动员身体得到彻底放松。

六、800米运动员专项力量训练的手段

（1）负重练习：负重向上跳、杠铃全蹲和半蹲。一次训练课中每种练习3～4组，每种练习间歇4～5分钟，可做轻松小步跑。随着训练水平提高，应将每组10次重复提高到15次重复。

（2）举腿练习：手握墙上的杠子，悬吊空中，两腿反复上举，高度与地面平行，要求25～30次为一组，练习4～5组，每组间歇8～10分钟。

（3）大强度“短”跳练习：例如，单腿10级跨跳，要求成绩的立定跳远和五级跳，要求计时的20米换腿跳。练习3～4组，每组3～5次重复，每次间歇3～4分钟，每组间歇10～15分钟。

（4）变换强度的换腿“长”跳练习：80～100米强调后蹬练习，150～200米强调前蹬练习。前者每课做2～3组，每组按2～4次重复，组间休息10～15分钟；后者练习1～2组，2～3次重复，每次间歇8～10分钟，每组间歇10～15分钟。

（5）立定跳跃练习：应采用多种跳跃练习，每个练习做10次，间歇1.5～2分钟做小步跑。每组总时间10分钟。

（6）“小跳步跑”：模仿跑的动作，动作幅度要小些，向前上方蹬地不宜充分，动作不宜过大。距离为300～400米，重复1～2次，每次间歇10~15分钟。

（7）增加难度的各种跑：例如，在沙地、雪地的跑步练习和水平跑练习。

（8）各种形式的负重跑：例如，穿沙衣、负重腰带、拖汽车轮胎跑练习。

（9）150～200米上坡跑：强调积极蹬地，2～3组，每组重复3～4次，每重复间歇8～10分钟，每组间歇20分钟。

以上几种练习手段在每次训练课中要合理搭配，例如把负杠铃练习与“短”跳练习结合，或者“短”跳练习与“长”跳练习结合。上坡跑最好为一次独立的调练课。另外，要严格遵守上述间歇时间，或接近这个时间，这样做是为了补偿非乳酸氧债，提高无氧工作能力和专门耐力，有利于提高运动员的能量潜能和能量利用率。

七、结束语

综上所述，800米是田径运动中一个独特的项目，有一定的特殊性，不仅要求运动员绝对速度、一般耐力，还要具备专项力量能力。在专项力量训练中要遵循该项目的特点，要有合理、科学的训练手段。在具体实施中，应该把握不同运动员的特点，调整训练期间的负荷大小、心理和生理因素、营养等。在训练中不断完善技术，使步幅与步频合理搭配。要有良好的心理素质和勇于拼搏的精神。因此，作者认为专项力量训练在该项目中显得尤为重要，每一位教练员、体育科研人员，都应该去积极探索，不断进行研究、创新，才能使800米项目的成绩有新的突破。

参考文献

[1]袁作生，南仲喜. 现代田径运动科学训练法[M]. 北京：人民体育出版社，1997.

[2]孙楠，熊西北，张英波. 现代田径训练高级教程[M]. 北京：北京体育大学出版社，2011.

[3]文超. 田径运动高级教程（修订版）[M]. 北京：人民体育出版社，2011.

略论短道速滑体能训练

黑龙江冬季运动项目后备人才训练中心　杨美贞

短道速滑本身具有技术难度大、战术变化复杂、竞争中干扰严重等鲜明特点。短道速滑运动水平是运动员综合能力的体现，身体素质是竞赛能力的基础，短道速滑的运动员之所以能够保持较长时间的快速滑行，从根本上讲是技术、力量、耐力、速度耐力、速度、灵活性、柔韧性等多方面的共同作用结果，全面发展运动员的身体素质是非常重要的。

一、短道速滑的训练特点

（一）周期性

短道速滑是周期性体能类的运动项目，在训练中必须按每个技术环节的动作结构、要领、方法合理地要求运动员，让他们掌握得准确无误。如果错误的技术动作得不到及时纠正，形成错误的动作定型，将会造成严重的后果。因此，合理、熟练地掌握周期性动作，协调做功与休息的交替配合是技术训练的关键。

（二）平衡难度大

平衡是短道速滑的基础训练内容之一，冰感是在平衡能力的基础上建立起来的一种专门性能力，是技术的组成部分。冰感的建立需要较长的时间，它是通过多次反复训练，体会身体的空间位置，并将肌肉感觉反映到肌肉神经中枢而形成敏感的方位感觉，以及发力的时机和大小的感觉。这些感觉在脑中形成动作表象，留下痕迹，以支配并调整机体的运动，从而提高运动员的应变能力、机动能力和熟练性。

（三）全面性

短道速滑运动员的身体素质包括力量、耐力、速度和速度耐力。力量是蹬冰动作所产生的力，是使运动员前进的动力。此外，支撑腿还要承受自身重力和离心力等。运动员在完成滑行动作时还要克服气流的阻力，克服冰刀与冰面的摩擦力等。由此可见，力量是短道速滑不可缺少的运动素质。短道速滑所需要的力量主要有绝对力量、相对力量、速度力量、力量耐力和起动力等。耐力是短道速滑运动员的重要素质之一。短道速滑的各个竞赛项目所需要的耐力是有所侧重的。如500米所需要的耐力主要为无氧耐力，3000米所需要的耐力侧重于有氧耐力。就整体来讲，短道速滑运动所需的耐力主要有有氧耐力、非乳酸能无氧耐力和乳酸能无氧耐力等。运动员的速度能力是取得胜利的重要因素。短道速滑运动所需要的速度包括反应速度、动作速度和位移速度。反应速度对起跑、躲闪十分重要。动作速度是反映运动员技术水平的重要技术指标之一。位移速度实际是决定运动员滑跑成绩的主要因素，也是完成超越的基本条件。

二、短道速滑的技术训练手段

（一）身体姿势

身体姿势是指身体各部分在练习过程中所处的状态，在一个完整的身体练习中，身体姿势可分为开始姿势、练习过程中的姿势和结束姿势。身体练习根据个人特点不同，选择着力点也不同，不能盲目强求一致。

（二）动作的熟练性

动作的熟练性是深化提高的表现，是评定动作质量的一个重要方面。训练时要注重动作的连贯性与流畅性，运动员有意识支配肌肉活动的比例要相对减少，形成特殊的感觉，动作表现轻松自如。

（三）动作节奏

动作节奏是指身体各个部分的用力强弱、所需时间长短、动作幅度大小的比例关系，任何一个身体练习都有明显的节奏特征，这一点在周期性运动中更明显。节奏在一定程度上是身体练习和技术练习的综合表现。

三、小　结

短道速滑是一个需要全面身体素质作为基础的运动项目，在训练的初期阶段应重视全面身体素质训练，尤其应将有氧耐力和影响神经系统功能的训练放在重要位置，打好训练的基础，这是保证成绩持续提高的根本。根据身体素质发展的敏感期，在不同年龄阶段侧重发展不同的身体素质，尤其是应在适宜的时期训练运动员的柔韧性、协调性、反应速度及动作速度。

青少年三级跳远训练的难点与对策

福建省青少年体育学校　俞华秀

三级跳远是一项对技术、生理、心理要求很高的综合性体育运动。它包括助跑、起跳、单脚跳、跨步跳、跳跃等部分。其要求运动员利用高速的助跑、准确的踏板和爆发性的起跳来完成运动。成绩的取得有两方面的原因：一是运动员自身条件；二是教练员训练方法的应用。但是由于训练方法、自身条件、教练员的不正确指导，很多青少年在训练中成绩得不到质的提高，从而影响青少年运动员的整体发展水平。三级跳远的技术特点是在助跑后段的高重心、高步频以及助跑节奏快、踏板快、三跳的起跳快等。若想成绩进一步提高必须具备高超的技术、较快的速度、较大的力量以及爆发力。

一、研究对象与方法

（一）研究对象

研究对象为莆田市体育运动学校的三级跳远运动员。

（二）研究方法

1. 文献资料法

通过图书馆、网站等途径对国内外相关资料进行检索，并进行针对性阅读，收集相关资料30多篇。

2. 专家访谈法

在调查过程中，对莆田市体育运动学校林文理、姚向彬两位教练员进行访谈，探讨关于青少年三级跳远训练的现状和问题。

3. 逻辑推理法

通过逻辑推理，分析青少年三级跳远训练中的难点与对策。

二、结果与分析

（一）三级跳远技术特点的分析

1. 三级跳远助跑与起跳的结合

众所周知，要想跳得远就必须跑得快。许多研究表明，跳跃的远度90%都取决于助跑速度。快速助跑是三级跳远取得优异成绩的保证。运动员为了在快速助跑中完成爆发式起跳，要建立正确的跑的技术概念，改进和完善跑的技术，提高快速跑的能力，这是青少年运动员三级跳远速度训练的关键。所以，三级跳远对运动员的助跑速度要求很高。在三级跳远训练中，助跑是一个关键的问题，助跑是为了获得最快的速度并为准确的踏板做准备。助跑节奏稳定才能踏板正确，从而发挥运动员的潜能，并取得优异的成绩。青少年已经拥有一定的速度素质，但是助跑节奏不稳定和对速度的利用率差导致了踏板不准确。因而应在青少年时期培养运动员正确的助跑技术和稳定的助跑节奏。助跑可分为三种：一是逐渐加速法，二是积极加速法，三是积极增长步幅到积极加快步频的加速方法。三级跳远助跑的距离和加速方式都取决于运动员的加速能力和专项训练水平。固定的起跑姿势和稳定的加速方式对整个助跑的准确性有直接影响，特别是最后几步助跑的节奏稳定性。跑动时，重心高，上体正直或稍前倾，两腿交替的动作快而富有节奏，最后一步积极快速放脚，大腿抬得略低于前几步助跑的抬腿幅度，有利于保持最后助跑的水平速度以加快起跳速度。

2. 三级跳远三跳技术特点分析

三跳比例和节奏是三级跳远技术的重点。三级跳远是人体通过快速的助跑和有力的三次起跳获得远度的运动。后面两跳技术取决于第一跳技术，它不同于跳远，通过一次起跳动作获得最佳的跳跃远度，而是需要做三次起跳动作，所以力求减少水平速度的损失，在三次连跳的每一跳中保持水平速度是三级跳远技术的难点。三级跳远技术经历了从“自由跳”“高跳型”到“平跳型”再到“速度型”的发展过程，三跳比例发生了一定的变化。对运动员来说，好的技术并不一定是最适合的，不能盲目地让运动员去选择模仿某一种技术，应该与自身条件相结合，能充分发挥个人能力的技术才是最好的。最重要的一点就是尽量减少速度的损失，最大限度地保持第三跳的速度。三级跳远的第一跳是以单足跳完成的，其起跳脚的蹬地角为60~65度，身体重心腾起角为14~18度，所以为了合理地安排，三跳腾空不宜过高，相对平一些；第二跳是跨步跳，身体腾空时必须保持跨步姿势，其蹬地角度约为60度，身体重心腾起角为12~15度，与单足跳起跳角度差不多，所以不宜腾空过高，应向前一点以免因腾空时间太久而减少水平速度；第三跳为跳跃，腾起角度为16~20度，其起跳角度和身体重心腾起角度过大，因此起跳时应向前上方，尽可能地获得远度。其次，三级跳远对运动员的爆发力要求很高，而且运动员在跳跃过程中还要克服自身体重，因此运动员既要提高绝对力量，也要提高相对力量。为了保证下肢与躯干以及下肢与上肢用力的整体性，达到不影响跳跃效果、保持跳跃过程中的身体平衡的目的，在三级跳远中，当第一跳（单腿跳）和第二跳（跨步跳）落地时，腿部受到的作用力要比跳远更大，可达到运动员自身体重的20倍。这不足为奇，因为三级跳远运动员在向心收缩阶段开始前不得不吸收大量向下的速度。运动员并没有因为屈膝和延长起跳时间而过多地缓冲对腿部作用力。如果真是如此，运动员就会损失大量的水平速度且起跳效果也较差。运动员可以通过降低单腿跳时的高度和长度来减少腿部负荷，但这显然要损失跳跃距离。理想的方法是提高腿部肌肉承受负荷的能力，这样，三级跳远运动员可以进一步提高单腿跳的高度，同时起跳腿落地时不至于过度弯曲。实际上，起跳腿落地时承受负荷的能力是影响三级跳远成绩的一个因素。

3. 三级跳远落地技术特点分析

在中学业余三级跳远训练中，大多教师只重视助跑、起跳和三跳的腾空技术训练，落地技术常被忽视。训练中最常见的就是落地时后坐。落地时应要求运动员在着地瞬间将两脚并齐，并在着地后使身体各部分顺利移过双脚的触沙点。近几年通过对市、县级运动会的观察，不正确的落地技术不仅限制了成绩的发挥，而且还导致了许多伤病事故的发生。

（二）青少年三级跳远的技术难点及易犯错误

1. 青少年在助跑与起跳训练中的难点及易犯的错误

在三级跳远训练中，常发现运动员助跑步点不正确，助跑时起跳蹬伸不充分，起跳时身体过分前倾，起跳无力，三跳过程中“粘地”时间太长等，以至于限制了成绩的提高。为了提高三级跳远运动员快速起跳的能力，必须先了解三级跳远起跳的特征，改变教学、训练的观念，设计出简单、易懂的训练方法与手段。

2. 青少年的三跳技术训练难点及易犯的错误

（1）第一跳起跳不充分：产生的原因是助跑节奏不好，最后一步跨大步伸小腿起跳，起跳时身体过分前倾或后仰。可采取的解决方法：加强运动员对第一步技术原理的理解，然后在快速的助跑中反复进行助跑接第一跳的练习，提高运动员起跳能力，形成稳定的助跑节奏。

（2）第一跳腾空过高：产生的原因为只想跳得远或起跳动作不好。解决方法：按照三跳比例进行练习，加强助跑与起跳的结合练习，在踏上起跳板时重心高，上板快。

（3）第二跳跳不起来：产生的原因是第一跳过高、过大，脚部力量差，支撑不了。可以采取的手段有：适当缩小第一跳的距离或者降低第一跳的高度，加强起跳支撑腿的力量练习，用标记物限制第一跳的远度，在第二跳落地点放标志物。

（4）第三跳跳不起来：产生的原因是腿部力量弱或者着地腿过于弯曲，身体前倾角度太大，着地腿前伸太远。可以采用弱腿起跳技术练习改进第三跳跳不起来的现象。腿部力量差可以加强相应的力量练习。

（5）三跳节奏不好：产生的原因是双腿力量不均匀，摆臂动作不协调，第一跳过高，第二跳太小。可采取的练习方法：增加弱腿的力量练习，进行前面两跳的结合练习，控制第一跳高度，加强第二跳的向前能力。也可以在地面上划三跳合理比例的标志线，中程助跑进行三跳练习。

（6）空中动作不平稳：产生的原因是起跳放脚不正确，身体左右歪斜，起跳时身体重心不合理，造成上体前旋或后仰，腿与两臂的配合不协调。可采取的手段：短程助跑改进最后几步与起跳放脚的动作；短程助跑改进蹬地，摆腿送髋使身体腾空处于支撑点上方的合理位置；短程助跑的完整技术练习，改进上下肢的协调配合。

3. 三级跳远落地训练易犯的错误

在中学业余三级跳跃训练中，最常见的就是腾空后收腹动作过大或过小。收腹动作过大，则两脚前伸太远，上体跟不上，重心滞后或者双腿半屈式前脚掌落地，双脚着地后，臀部高，然后坐到沙坑。形成这种错误动作的原因是腾空后身体过分前倾、起跳角过大或过小、身体素质差等。落地后屈膝弹性缓冲不够，也是造成前扑和运动伤害事故的主要原因。

三、三级跳远错误动作的纠正方法与对策

（一）纠正助跑与起跳错误动作的对策

助跑时步点不正确，助跑时起跳蹬伸不充分，都会直接影响成绩。首先，可进行提高快速跑能力的练习，如变速跑、加速跑、各种距离的反复跑、下坡跑和上坡跑等。重点练习跑的节奏和稳定性等，在快速跑能力达到一定程度后，再进行针对性的助跑练习。

（1）踩标记跑：此练习可加大运动员的步长。

（2）定点踩标记跑：在全程助跑的过程中，开始阶段可设置2～3步标志，以保证起动后前几步的稳定，在助跑的最后6步设置5个标志，以检查运动员最后6步的步长与节奏，熟练后可进行助跑与起跳的结合练习，逐渐过渡到完整的技术练习。

（3）听节拍跑：教练员可用击掌指引运动员逐步加快助跑频率，最后6步应达到最高速度。跑动时身体重心要高，上体正直，保持正常跑的动作结构。

（4）下坡跑和顺风跑：跑动时利用向前的惯性和借助顺风的推动力，体会高频率迈步，来练习三级跳远的助跑和起跳的结合。

在跑道上按全程助跑距离再延长2步的方式进行助跑节奏练习。如运动员全程助跑距离为16步，练习时可延长到18步，即以18步处为起跳点，16步处则以最快的速度跑过，以此使运动员大胆助跑、积极攻板，建立良好的助跑节奏，提高速度的利用率。

（二）纠正起跳错误动作的对策

为了提高练习的专门性，在全程助跑的大量起跳练习中，只要做出起跳接第一步的动作即可。这是为避免过分注重完成三跳动作而“喧宾夺主”，忽略起跳环节。提高快速起跳能力也可采取素质练习，如提高力量和弹跳力的练习方法。但是由于青少年的身体发育尚未完善，所以不宜进行大负荷的力量训练，应遵循青少年的生长发育规律，循序渐进。同时，还应进行协调性练习。练习的主要目的是增加韧带弹性和伸展能力，增强肌肉力量，扩大各关节的活动幅度，使肢体在三级跳远中能进行大幅度的摆动，同时具有预防损伤的作用。

1. 力量练习

肌肉力量是人体运动的动力来源，一般来说，肌肉力量越大，越有利于完成动作，但是由于运动项目特点的不同，对肌肉的要求也不同。三级跳远属于快速爆发性的项目，因此要求运动员必须具备在短时间发挥最大力量和快速力量的能力。

最大力量可利用杠铃进行大强度训练，如高翻、肩负杠铃深蹲、肩负杠铃半蹲、肩负杠铃半蹲跳等。

快速力量除了采用重量相对较轻的杠铃进行弓箭步连续快速抓举、抓提、快速半蹲、快速半蹲跳以及徒手连续跳栏，还应结合三级跳远起跳的技术特征进行训练。

训练方法主要是循环练习，组与组之间要有一定的休息时间，使机体在每一次练习时保持较快的速度。要重视力量练习前的准备活动和力量练习后的拉伸性练习，以促进肌肉的放松和恢复。

2. 弹跳练习

弹跳练习和技术练习是密不可分、相辅相成的。每个技术练习都是在发展弹跳力，每个弹跳练习都是在做技术练习，所以要求动作规范、正确，为提高、改进技术创造条件。弹跳练习的方法包括立定跳、多级跳、十级跨步跳、单足跳、跳深练习等。

在练习时要安排好跳的距离跟次数，动作要协调，技术要规范，每组与轻松加速跑结合起来，效果更好。

3. 协调性练习

运动员的平衡能力在三级跳远的三跳过程中极其重要，失去平衡就会直接破坏三跳的节奏，影响整个技术动作的顺利完成。培养起跳能力是三级跳远训练的重要任务。这种能力对运动员的协调性要求很高，除了采取球类活动、体操、跳绳等方式发展其协调能力外，不同节奏的蹦床练习对于改善运动员的平衡能力也具有一定的作用。

（三）纠正三级跳远三跳技术错误动作的对策

相对来说，三级跳跃的技术动作比起跳复杂。三级跳跃技术的本质特点是助跑后沿着直线进行的趋于水平方向的三次跳跃。对青少年初学者来说，掌握正确的技术动作是十分必要的，但是由于青少年的技术动作接受能力有限，要把三跳技术进行分解练习，待熟练后再进行全程技术的练习，尽可能改正错误动作。

（1）助跑多级单足跳：采用6~8步助跑结合第一跳起跳，连续5次单足跳，腾空中进行一次换步动作，体验起跳腿做扒地式落地动作，用于发展第一跳的能力。

（2）助跑多级跨步跳：采用6~8步助跑结合第二跳起跳，连续5次跨步跳，在空中形成跨步姿势，高抬大腿带动小腿向下向后做扒地动作，用于发展第二跳的能力。

（3）助跑后单足跳接跨步跳：采用6~8步助跑，进行单足跳结合跨步跳的二级跳，第二跳落入沙坑，用于发展第一跳和第二跳的能力。

（4）助跑跨步跳接跳跃：采用6~8步助跑，进行跨步跳结合跳跃的二级跳，第三跳落入沙坑，用于发展第二跳和第三跳的能力。

（5）助跑第三跳：采用6~8步助跑，用弱腿起跳，在空中以挺身或蹲踞式落地，用于发展弱腿的跳跃能力。

（6）短程助跑技术练习：在地面做出的三跳比例标志，短程助跑6~8步，起跳后尽量按标志进行三跳，有利于提高三跳的节奏感。

（7）全程助跑技术练习：先用80%~90%的最大速度跑全程的距离，进行三级跳远练习，然后逐步提高助跑的速度，进行三级跳远练习，有利于提高三级跳远完整的技术动作。

（四）纠正三级跳远落地错误动作的对策

正确稳定的空中动作需要强有力的腰腹肌。而落地前高举大腿的动作则需要高度协调的髋部肌肉，尤其是髂腰肌的协调性。练习方法有以下几种。

（1）跳沙坑练习：向上跳，双腿用力向上收起，尽量每次都贴近胸部，小腿放松。重点体会髂腰肌及腹肌用力的感觉。

（2）单杠练习：单杠悬垂摆动，当向前摆至垂直面时，松手并迅速收举大腿，两臂摆动配合向前落入沙坑，注意屈膝缓冲的动作。

（3）橡皮筋练习：仰卧垫上，在膝关节处系上橡皮带，另一端固定。用力收大腿，尽可能每次都贴近胸部，小腿放松。重点体会髂腰肌及腹肌用力的感觉。

（4）结合全程技术动作做落地练习。同时还可以进行仰卧起坐、仰卧两头起、俯卧挺身、收腹举腿等练习。

四、结论

三级跳远的技术特点是在助跑后段的高重心、高步频以及助跑节奏快、踏板快、三跳起跳快。因此，速度和力量训练对提升运动员的成绩具有重要作用。在现实训练中三级跳远运动员的错误动作限制了其成绩的提高，所以训练中教练员要做长远打算，不能鼠目寸光，只为短期的提高而训练，这样运动员得不到质的提高，也会影响其身心发展。教练员应认真观察运动员在训练中的不足，及时与运动员沟通，根据运动员在三级跳远训练中存在的实际情况，遵循青少年生长发育规律和循序渐进的原则，因材施教，重视训练前的准备活动和训练后的恢复放松，保证运动员以良好的身体状态参与训练，防止运动员在运动中出现不必要的损伤，并制订长远计划，科学训练，使运动员有更好的发展。

参考文献

[1]李登光. 对三级跳远运动员专项速度训练的探讨[J]. 安徽体育科技，2008，6（3）：34–36.

[2]张贵敏. 现代田径运动教学与训练[M]. 北京：人民出版社，2005：401–

405.
[3]陶志翔. 田径技巧[M]. 北京：中国社会出版社，2009：81–84.
[4]宋跃先. 田径跳跃项目训练纵横谈[M]. 长沙：湖南出版社，2006：107–109.
[5]冉冰. 现代三级跳远训练的发展趋势[J]. 山东体育学院学报，1998（9）：21–23.
[6]李鸿江，张贵敏. 三级跳远[M]. 北京：人民出版社，2001.
[7]刘建国. 田径运动[M]. 北京：高等教育出版社，2010：340–342.
[8]熊西北. 田径基础教程[M]. 北京：北京体育大学出版社，1997：146–150.
[9]张国华. 试论青少年三级跳远运动员的训练[J]. 北京体育大学学报，2003（3）：163–165.
[10]王青. 影响三级跳远运动成绩的几个主要因素[J]. 中国体育教练员，2002（3）：126–128.

兴旺发展的天津市体校女子举重班

天津市体育运动学校　周松青

女子举重项目在城市的生存现状是不必赘述的，天津市体育运动学校（以下简称体校）从1994年成立该项目运动队时的3名学生，发展到在校生50余人。近8年，体校在全国青少年举重锦标赛、全国（13~16岁）举重锦标赛中有30余人获得金牌，2017年在校生罗杰获得全国青年举重锦标赛+90kg级3项冠军并在全运会预选赛中发挥出色进入决赛。

一、政策的支持是项目发展的根基

体校领导一直对举重项目加以扶持，信任教练员的工作思路，在多沟通、勤了解的工作环境中逐渐形成了完善的运行机制，使队伍稳步发展。近10年，国家体育总局举重摔跤柔道运动管理中心举重部对青少年比赛进行了改革，增加比赛次数、增加年龄分组、放开参赛队报名限制等政策都为发展艰难的女子举重提供了支持。

女子举重招生难，如果正常从应届初中毕业生招生，我们的生源就相当少且没有训练基础，业余训练学校输送的学生平均一年也就1～2人。通过研究协调，体校领导同意女子举重从小学6年级开始招生，这样学生在体校的平均训练年限达到5年，即使没有训练基础，通过5年的训练基本可以完成青少年基础训练的任务。

国家体育总局举重摔跤柔道运动管理中心举重部对青少年比赛的改革增加了比赛次数，增加了年龄分组，给我们带来了阳光。全国比赛多、分组多，可派出运动员的机会就增加了。我们克服各种困难积极参赛，获得的名次相应增加，虽然没有奖金，但运动员的输送校受益非常，随之而来的是其他项目愿意给举重输送生源，体校举重队进入了良性循环。

二、队伍建设的主导思想

体校的任务是为高水平运动队输送优秀后备人才。淘汰率虽然是检验体校工作成果的数据之一，但也是优中选优的表现，金字塔理论才更适合我们。把队伍做大，塔尖才能更高，体校举重队在校生从10人到现在的54人，教练员多年的坚持得到了应有的回报。

学生多、年龄跨度大的问题出现后，教练员在制订训练计划时就要有针对性，不能偷懒，从多年计划、年度计划、阶段计划、周计划到每堂训练课的计划都要分年龄段、分训练水平对待，尽量做到细化。

三、学生管理

管理和思想教育工作是教练员工作的重点。纪律严明，全方位监管，严重违纪坚决开除，督促学生的文化课学习，不定期检查课堂纪律，在全校，女子举重班是表现最好的班队，2人获得市级“三好学生”称号。鼓励学生积极参加全校各类活动，参与学生会活动，3人获得市级“优秀学生会干部”称号。坚持训练馆卫生学生自己做，学生知道了劳动的辛苦才会珍惜别人的劳动成果。此举得到了学生家长的理解和赞同。对学生关怀备至，教练员与学生相处的时间比家长长，那我们就要比家长更细心地关心、爱护他们，从生活上、思想上深入了解，及时发现问题，让问题在萌芽状态就被解决。严格管理、细心教导带来了家长对我们的认可，也起到了对外的宣传作用。

四、训练

我们的生源基本是没有训练基础的，为了防止生源流失，从田径项目或学校直接选来后，要尽可能早地调入预备班，这使得我们教练员需要从零开始。面对更大的工作量，我们的训练宗旨是潜心培养，打好基础，不急于提高专项成绩，要为学生的长远发展考虑。不轻易放弃一个学生，尽全力把他们推上更高的训练水平。

五、积极参与本专项比赛的工作

我们的4名教练员中有2人是举重国际A级裁判，1人是举重国际B级裁判，强大的裁判员阵容使体校有资质承办市级比赛。从2005年开始至今，天津市举重项目年度青少年比赛一直是我们承办的，包括制订比赛规程方面，我们都有话语权。承办比赛不是目的，通过比赛宣传举重，促使比赛起到推动本项目发展的作用才是我们最终的目标。

总结天津市体校女子举重的发展历程，我认为关键是教练员是否有对工作负责的态度，如果教练员只是本着把自己的成材率、输送率完成，重点培养1 ~ 2个精品队员，那么这支队伍将会很快萎缩。在现今生源少、人才少的情况下，我认为应该宏观、微观都要抓，既重视优秀后备人才的挖掘培养，也要培养我们的“鱼塘”，把“水质”维护好，以引来“小鱼”，把“鱼塘”扩大，以接收更多的“鱼”，这样才能从中受益。

努力学习，提高执教能力

福建省青少年体育学校　周志琴

举重是我国的优势体育项目。中国举重队号称“梦之队”，尤其是中国女子举重队，更是长期处于世界举坛霸主地位。2000年悉尼奥运会上，女子举重成为正式比赛项目，中国的女力士们初次登场就包揽了全部4块金牌。作为一名来自基层的举重教练员，既为我国选手取得的优异成绩感到骄傲与自豪，也深感自己肩负的重任。

国家体育总局精英教练员双百计划的实施是为了加强我国高素质教练员队伍建设，培养一批具有国际视野、创新思维和较高执教水平的领军型教练员，推进竞技体育可持续发展。通过层层选拔、考核和答辩，自己很荣幸能够成为首期精英教练员培训班的一员，我倍感骄傲又感到压力巨大。要成为领军型教练员，机遇和挑战并存，希望能通过赴澳大利亚学习的机会，全面地提高自己。

一、运动训练方面的研究——以邓薇青少年阶段（2004—2007年）训练特征为例

2016年里约奥运会上，我国女子举重63kg级运动员邓薇以抓举115kg、挺举147kg、总成绩262kg获得冠军，同时创造了挺举和总成绩的新的世界纪录，延续了我国女子举重项目在世界举坛的优势。本文以邓薇2004—2007年在福建省体校训练阶段的训练计划为研究对象，探讨邓薇青少年阶段的训练特征。

（一）邓薇2004—2007年成绩特征

有研究表明，我国女子举重运动员进入运动体校的平均年龄为12.8 ± 1.5 岁，进入省队的平均年龄为14.6 ± 0.7 岁。女子举重的训练分为四个阶段：基础训练阶段、专项提高阶段、最佳竞技阶段和竞技保持阶段。其中基础训练阶段为10~12岁，跨度2年；专项提高阶段为13~17岁，跨度4年。这两个阶段是奠定运动员举重专项成绩的关键阶段。邓薇出生于1993年，2004年7月进入福建省体校试训，2007年离开体校，进入福建省专业队训练，3年的训练时间衔接了基础训练和专项提高两个阶段。

如表1、表2所示，邓薇正式进入福建省体校时体重仅为39.5千克，抓举和挺举成绩分别为50千克和65千克，已显示比同龄人优越的力量素质。经过3年系统的基础训练，2004年7月—2007年7月，邓薇体重稳步提高，为初始体重的136%，专项成绩快速提升，2007年7月成绩达到初试成绩的169.5%。

表1　邓薇2004年7月进入福建省体校初始数据一览表

姓名	出生年份	体重/千克	身高/厘米	后蹲/千克	硬拉/千克	抓举/千克	挺举/千克
邓薇	1993年	39.5	145	105	90	50	65

表2　邓薇不同时期专项成绩变化一览表

时间	2004年9月	2004年11月	2005年11月	2006年7月	2007年7月
体重/千克	40	44	48	52.5	53
抓举/千克	55	62.5	72.5	80	90
挺举/千克	70	75	90	96	105
总成绩/千克	117.5	137.5	162.5	176	195
年度提高率		117%	118%	108%	111%

（二）结合个体特点因材施教

选好材是成功的一半，而最终的成功靠的是育好才。面对有一定天赋的运动员，如何科学训练是非常关键的。邓薇在进入体校的初期，就显示出优于同龄人的两个典型特征：力量素质较好，性格沉稳。虽然在这个年龄段（12~15岁）训练的主要任务仍然是打基础，完善和较熟练掌握标准动作和主要辅助练习的正确技术，但应根据运动员的身体特点，有区别地安排训练节奏。邓薇在体校期间的训练，首先是全面提高身体素质，为专项力量夯实基础；同时，规范专项技术，稳字当头，充分发挥其稳重的个性特征，提升技术效率，为未来的专项发展打开空间。女运动员14岁前后进入力量素质发展的敏感期，此时主要以提升专项力量为主，稳步提高专项成绩，切忌提前上强度、拔苗助长。力量强度要随着年龄的增长而适当增加，同时考虑不同运动员的特点，因人而异制订多年训练计划。

（三）合理安排女子举重运动员青春期的训练节奏

结合女运动员的生理特点，根据月经周期安排训练节奏。女子一般13岁开始出现月经，在训练女子举重运动员时，要特别注意掌握节奏。坚持每月一周大、一周小、一周大、一周中，四月一循环的训练节奏。周训练负荷安排如表3所示。

表3　周训练负荷安排

	周一	周二	周三	周四	周五	周六
训练量	大	中	大	小	中	中
强度	中	小	中	小	大	小

（四）青春期训练的内容特征

邓薇在体校训练时的年龄为12~15岁，处于青春发育期，也是提高身体素质的基础时期，该阶段的主要任务在于夯实力量基础，在后期抓住力量素质发展的敏感期，稳步提高专项力量，切忌急功近利，拔苗助长。只有在各方面的发育逐渐成熟，运动能力快速增长后，才可以进行专项训练比例较高的训练计划，为专项训练阶段和最佳竞技阶段奠定基础。

1. 多年训练的内容特征

12 ~ 15岁，运动员正处于生长发育期。因此，在安排训练内容上，应全面发展，兼顾提高身体素质和专项技术动作，合理安排二者比例，进而提高专项力量。邓薇在体校训练的第一年，主要以全面身体素质和基本技术训练为主，力量训练的比例偏小；第二年，减少基本素质训练的比例，继续强化专项技术，力量训练的比例稍增；第三年，身体素质训练适当减少，重点练好技术，力量训练的比例在第二年的基础上适当增大，见表4。

表4　多年训练内容安排

内容	第一年	第二年	第三年
身体素质训练	30%	25%	20%
技术训练	40%	40%	40%
力量训练	30%	35%	40%
心理训练	穿插在整个训练中		

2. 年度训练的内容安排

体校训练阶段，每年有寒假和暑假两个假期，全年围绕全国青少年锦标赛，通常把年度训练分为三个阶段：基础阶段、全面提高阶段和专项提升阶段，见表5。其中，基础训练阶段重点在于全面发展身体素质和局部力量，一般训练的比例较大；全面提高阶段的训练主要将力量训练与技术训练相结合，稳定技术动作，提高绝对力量；专项提升阶段，则针对赛前提升专项力量、专项技术和爆发力，突出训练强度和技术的稳定性，为年度比赛做准备。

表5　年度训练各阶段内容安排

训练阶段	训练任务	一般训练与专项训练的比例	典型内容
基础阶段	全面提高身体素质以及所需的专项力量	7：3	上下肢、腰腹力量，弹跳力，柔韧性，灵敏性
全面提高阶段	与技术相结合，进一步提升身体素质和专项素质	8：2	全身绝对力量
专项提升阶段	突出强度和技术稳定性，提高专项成绩，积极参赛	3：7	专项技术、爆发力

3. 全面身体素质训练

全面身体素质训练阶段，主要任务在于尽可能地提高各项身体素质，尤其为专项训练储备力量素质和心肺功能基础，为少年运动员成年后达到较高的竞技水平，延长“运动寿命”奠定基础。针对举重项目的特征，全面身体素质训练主要提高四大素质，即速度、爆发力、协调性、耐力。各项内容主要采取的训练手段见表6。

表6　主要身体素质的训练手段

素质类型	典型训练手段
速度	30米、60米、100米快速跑
爆发力	立定跳远、三级跳、多级蛙跳、跳台阶、纵跳等
协调性	吊、压各部关节韧带和垫上技巧运动，如前后滚翻等
耐力	800米、1500米中长距离跑

4. 专项技术训练

举重项目的专项技术是指以奥林匹克抓举和挺举技术为基础的完整或局部动作的模式。专项技术训练包括抓举、挺举完整动作，以及高翻、支撑、深蹲等部分环节的训练。

抓举、挺举技术结构复杂，动作难度大，如果一开始就做完整动作，对初学者来讲是难以理解和掌握的，为了使初学举重的少年运动员，迅速掌握举重技术，采取正确的训练方法，就显得十分重要。根据举重完整技术动作的结构和用力特点，要遵循由浅入深、先易后难的训练原则，实践中先教分解动作，后教完整动作，逐渐整合。上拉、支撑、深蹲既是抓举和挺举技术的动作环节，也是完成抓举和挺举所必需的力量储备的训练方式。

5. 专项力量训练

举重专项训练是指以举重专项技术动作模式或部分环节为载体的力量和爆发力训练。除完整的抓举和挺举的力量之外，主要专项力量还包括上拉力量、支撑力量和深蹲力量，各环节力量的主要训练方法及练习频率见表7。练习拉、支、蹲三个环节的力量时应保持与完整抓举和挺举一致的用力顺序和动作结构，这样练出来的力量才符合专项需求。

表7 举重项目专项力量的典型训练方法及练习频率

专项力量	典型训练方法及练习频率
上拉力量	宽窄上拉（每周2~3次）、垫铃宽窄拉（每周各1次）、直立拉（每周1~2次）、提肘拉（每周1~2次）
支撑力量	架上借力推（每周1~2次）、半挺（每周1次）、架出分腿挺（每周1~2次）
深蹲力量	主要前蹲、后蹲（每周1次），架上半蹲、预蹲等。半蹲、预蹲等适量安排

二、实践经验总结

（一）结合先天优势因材施教

针对个人特点因材施教。针对力量大的运动员，以技术练习为基础，针对技术型的运动员，则考虑在力量练习方面下功夫。特别是对尖子运动员，训练要更严，标准要更高。邓薇在入队初期，就显出较好的力量素质基础，因此，在3年的体校训练阶段，始终将技术训练放在突出位置，提高技术效率和比赛成功率。

（二）以专项技术为核心，合理安排训练节奏

突出训练负荷节奏。体校训练阶段，女运动员一般13岁就开始出现月经初潮。因此，实践中可结合女运动员的生理特点，以月经周期为基础安排训练。

技术训练应先易后难，先分解后完整。强调技术要点：发力强调速度，上拉强调贴身，向上有高度。为形成稳定、规范的技术动作，可采用中小强度、多组数、多次数的重复练习法，以促进形成正确的动力定型。

逐渐提高专项力量训练强度，保持辅助性力量训练与技术链的一致性。3年的体校训练，随年龄的增长，专项训练强度每年递增5% ~ 15%。而辅助性力量训练，既要为技术练习奠定力量基础，又要与技术动作相一致。

赛前训练，要强化比赛动作的技术和强度，调整运动员的运动竞技能力和身体机能能力，让运动员充满信心、决心地投入比赛。注意比赛动作的成功率，尤其是开把重量的成功率，突出一把稳定，二把要成绩，三把拼成绩的比赛节奏。

（三）强化心理素质训练

运动员在体能、技能、智能和战术水平大体相当的情况下，心理素质的优劣，是决定胜负的关键因素，所以少年时期的业余训练就要把心理素质训练列入训练内容。技术不好，不能增加试举重量；力量不够，也不能增加试举重量。递增重量绝不能过重，女运动员大部分较男运动员胆子小，因此递增重量要先少加，成功后再加重，做到不举则罢，一举就要成功，越举胆子越大，增强自信心。常言道：“艺高人胆大，胆大艺更高。”另外，要提高训练的积极性，让每个运动员都全心投入每天的训练。从准备活动开始到训练结束，教练员要保持高度的训练热情，要求运动员必须互相鼓励，呐喊助威，提高士气和斗志。在技术课中，比速度、比动作、比成功率。安排队内小型比赛，既可以活跃训练气氛，又可以锤炼技术，心理素质也相应得到改善。实践证明，这是个行之有效的手段。

（四）营造竞争氛围

正所谓“独木难成林”，当今的竞技体育越来越重视团队的管理。举重虽是个人项目，但是集体训练；虽分级设项，但共同竞争；虽逐人挑战，但集体指挥团体作战。只有调动运动员个人的主观能动性，变“要我练”为“我要练”，才能真正感受到运动训练中的幸福感、成就感。形成教练员与运动员“心往一处想”“劲往一处使”的高度默契，在认识上合法，在思想上合心，在行动上合拍，在比赛上合力，形成良性竞争、奋发向上的团队文化。

（五）建议

邓薇离开体校多年后取得了奥运冠军，但回过头来看，虽然体校训练给邓薇专项能力奠定了基础，但训练总体来说还比较粗放，训练过程的控制主要依赖于教练员的执教经验。

1. 注重医务监督和科研攻关

青春期既是身体发育的关键时期，也是专项竞技能力的提升时期。由于生理、心理发育相对不成熟，该阶段容易出现技术不稳定，或者形成错误的动作定型。在基本技术未稳定的情况下，如果训练节奏控制不好，容易出现伤病，不利于运动员未来的成长。因此，要注意青春期训练的医务监督，防伤防病，同时，针对个人技术关键环节加强科研攻关，提高技术效率，更有利于运动员的长远发展。

2. 加强营养补充

充足的营养供给和及时的营养补充，是保证训练效果和延续训练状态的物质基础。在身体发育和全面提高身体素质的青春期，仅仅依靠一日三餐的常规饮食很难满足运动员的营养需求。当前运动营养干预的研究成果认为：采取一日多餐，不让运动员存在饥饿感，可以有效避免运动员肌肉的流失，充分利用训练后45分钟的时间窗口进行蛋白质和糖的补充，更有利于运动员的恢复。

3. 加强训练的恢复

没有恢复和再生就没有提高。以前的训练很少注重训练后的恢复与再生，往往训练的主要内容完成后就结束了训练，或者只进行简单的牵拉，这样容易导致肌肉僵硬、弹性不足。因此，针对青春期女子举重运动员，应加强训练后的恢复，采取冰敷、牵拉、理疗等多种方式，促进运动员身体机能的快速恢复。